·国家大中小学外语教材建设重点研究基地（北京外国语大学）成果
·由中国外语教材研究中心和北京外国语大学"双一流"重大标志性项目
　"全球外语教材研究与资源建设：多维视角下的大中小学外语教材研究"资助

 外语教材研究丛书　　　总主编　孙有中

英语教学新发展研究：
教材、教学与测评

杨莉芳　著

外语教学与研究出版社
北京

图书在版编目（CIP）数据

英语教学新发展研究：教材、教学与测评 / 杨莉芳著. -- 北京：外语教学与研究出版社，2024.5（2024.11 重印）
（外语教材研究丛书 / 孙有中总主编）
ISBN 978-7-5213-5230-6

Ⅰ.①英… Ⅱ.①杨… Ⅲ.①英语－教学研究 Ⅳ.①H319.3

中国国家版本馆 CIP 数据核字（2024）第 094987 号

英语教学新发展研究：教材、教学与测评
YINGYU JIAOXUE XIN FAZHAN YANJIU: JIAOCAI, JIAOXUE YU CEPING

出 版 人　王　芳
责任编辑　李婉婧
责任校对　段长城
封面设计　郭　莹　梧桐影
出版发行　外语教学与研究出版社
社　　址　北京市西三环北路 19 号（100089）
网　　址　https://www.fltrp.com
印　　刷　北京九州迅驰传媒文化有限公司
开　　本　650×980　1/16
印　　张　18.75
字　　数　315 千字
版　　次　2024 年 5 月第 1 版
印　　次　2024 年 11 月第 3 次印刷
书　　号　ISBN 978-7-5213-5230-6
定　　价　86.90 元

如有图书采购需求，图书内容或印刷装订等问题，侵权、盗版书籍等线索，请拨打以下电话或关注官方服务号：
客服电话：400 898 7008
官方服务号：微信搜索并关注公众号"外研社官方服务号"
外研社购书网址：https://fltrp.tmall.com

物料号：352300001

目　录

第一部分　教材研究

第二部分　教学研究

第三部分　测评研究

序　言

　　面对百年未有之大变局，提高人才培养质量是当前我国教育改革与发展的迫切任务。而人才培养的质量取决于两大根本支撑，其一是教师，其二就是教材。教材的重要性不仅在于它为教学提供知识内容与教学方法，而且在于它在很大程度上决定了人才培养的价值取向，即为谁培养人这一问题。在此意义上，教材成为国家事权。目前，我国教育界普遍认识到，教材必须体现党和国家意志，必须坚持马克思主义指导地位，体现马克思主义中国化要求，体现中国和中华民族风格，体现党和国家对教育的基本要求，体现国家和民族的基本价值观，体现人类文化知识积累和创新成果。

　　外语教材在我国教育体系中占有突出的重要地位。外语（英语）是唯一贯穿我国基础教育和高等教育全过程的科目，又是直接输入外国文化特别是西方文化的科目，教学内容承载着各种意识形态和价值观，影响学生时间最长、人数最多。在高等教育阶段，外语不仅是人人必修的公共课程，而且成为最大的专业类课程之一。不仅如此，外语（专业）教学较之其他科目（专业）的教学，更多地依靠教材所提供的学习材料。就教材的种类和出版的数量而言，外语教材无疑名列前茅。因此，外语教材的建设和研究应受到特别重视。

　　当前，加强外语教材研究应着眼于两个基本目标。一是把握方向，即保障外语教材正确的价值导向，服务于立德树人与培养社会主义建设者和接班人的根本教育方针。二是提高质量，即根据外语教育教学的基本规律，结合我国外语教育教学的实践经验，揭示具有中国特色的外语教材编写理论与方法，打造融通中外的外语精品教材。

　　随着全国首届教材工作会议的召开，外语教材建设和研究进入新的发展时期。中国高等教育和外语教育的提质升级对外语教材建设和研究提出了一系列重大课题：在外语教材编写中，如何全面贯彻党的教育方针，落实立德树人的根本任务？如何扎根中国大地，站稳中国立场？如何体现社会主义核心价值观？如何加强爱国主义、集体主义、社会主义教育？如何引导学生坚定道路自信、理论自信、制度自信、文化自信，成为担当民族复兴大任的时代新人？在中观和微观层面，外语教材编写如何吸收语言学、应用语言学、教育学研究的最新成果？如何提炼和继承中国外语教育教学的宝贵经验并开拓创新？如何借鉴国际外语教材编写的先进理念与方法？在全面贯彻落实《教育信息化 2.0 行动计划》的时代背景下，外语教材如何支持和引领混合式教学、翻转课堂乃至慕课建设？一句话，外语教材如何为培养具有国际视野、中国情怀、思辨能力和跨文化能力的国际化人才提供坚实支撑？所有这些紧迫问题，都需要中国外语教材研究者用具有中国特色的理论与实践做出回答。

在此背景下，北京外国语大学作为国家大中小学外语教材建设重点研究基地，积极促进外语教材研究成果的产出与传播。中国外语教材研究中心与外语教学与研究出版社共同策划了"外语教材研究丛书"。本套丛书一方面积极引进国外外语教材研究经典著作，一方面大力推出我国学者的原创性外语教材研究成果。我们精选引进了一批国外外语教材研究力作，包括：

——《外语教材中的文化呈现》（*Representations of the World in Language Textbooks*）

——《英语教材研发：创新设计》（*Creativity and Innovations in ELT Materials Development: Looking Beyond the Current Design*）

——《英语教材研究：内容、使用与出版》（*English Language Teaching Textbooks: Content, Consumption, Production*）

——《英语教材研究：国际视角》（*International Perspectives on Materials in ELT*）

——《英语教材与教师角色：理论与实践》（*Teaching Materials and the Roles of EFL/ESL Teachers: Practice and Theory*）

——《英语的建构：国际英语教材的文化、使用与推广》（*The Construction of English: Culture, Consumerism and Promotion in the ELT Global Coursebook*）

——《语言教学材料的真实性设计》（*Designing Authenticity into Language Learning Materials*）

"他山之石，可以攻玉"，引进的目的在于批判性地借鉴和自主创新。同时我们也推出国内学者外语教材研究的优秀成果，首批包括：

——《新形态外语教材研究》

——《中国基础外语教材研究》

——《中小学英语教材史研究》

本套丛书为开放性丛书，后续将不断更新。期待本套丛书为中国外语教材研究提供理论启迪和实践指导，最终为中国特色外语教材的编写、使用、研究做出贡献。

孙有中

2023 年 10 月 30 日于北外

前　言

　　过去十年，英语教育教学领域经历了一系列重大变革，从人才培养目标到人才培养途径和人才选拔方式都在进行新的探索。新时代国家战略发展要求大力培养具有全球视野、通晓国际规则、熟练运用外语、精通中外谈判和沟通的国际化人才。国际化人才在中国与世界沟通交流间搭建桥梁，不仅要有扎实的语言能力，还应具备思辨能力、跨文化能力，具有中国情怀、国际视野和社会责任感。英语教学不再仅仅是语言教学，应该融合多元能力与育人目标。为切实实现多元培养目标，需要探索有效的教学途径，主要议题包括如何通过教材革新推动教学发展，如何开展能力融合的教学，如何通过教学评一体化的良性循环提升教学效果等等。伴随教学改革，人才选拔的方式也推陈出新，人才培养的效果如何，是否达到包括语言能力在内的多元能力要求，须通过设计能有效测评多元能力的测试来进行检验。与此同时，数字技术与信息化技术的飞速发展也进一步赋能英语教学提质增效，新形态教材为智慧教学提供整体设计方案，文献计量分析软件为基于众多研究文献提炼英语教学的发展方向提供工具，眼动追踪等技术为研究学习者行为、认知和决策过程提供准确深入的信息。

　　在此背景下，有必要在英语教学的整体框架下开展系列探索性研究，《英语教学新发展研究：教材、教学与测评》一书从教材、教学与测评几项核心要素切入，探究多元能力融合、教学评一体化以及技术赋能的理论与实践。全书由三部分组成，共十四章。第一部分为教材研究，第二部分为教学研究，第三部分为测评研究。

　　第一部分教材研究包括六章。第一章"基于多元能力目标的大学英语教材编写"探讨大学英语教材编写中多元能力融合的尝试，从理念确立、目标解析、整体设计、具体编写等方面阐述编写原则与策略。第二章、第三章探讨教学评一体化理念如何通过教材设计得以实现。第二章"课堂评价的发展与教材设计"首先梳理课堂评价的内涵，继而通过三个教材设计案例分析课堂评价的活动设计。第三章"教材中形成性评价活动的比较分析"通过比较与分析国内较为有代表性的大学英语教材，为教材中的形成性评价活动设计现状画像，得出在教材设计及教学实践中开展形成性评价活动的启示。第四章、第五章、第六章探讨技术赋能下大学英语教材的发展。第四章"教材产出驱动活动的微课设计"阐释基于教材的微课开发案例，描述微课制作与多轮修改的全过程，反思微课制作的难点与解决方案。第五章"大学英语新形态教材的内涵特征"探究高等教育数字化转型背景下的新生事物——大学英语新形态教材，提炼大学英语新形态教材的本质属性，分析其核心特征。第六章"国内外新形态大学英语教材研究综览"通过分析国内外有关新形态大学英语教材的研究文献，揭示已有研究主题的分布及研究热点历时变化，探索未来发展的趋势。

第二部分教学研究包括四章。第七章和第八章探讨英语教学中的多元能力融合实践。第七章"培养多元能力的英语专业课程教学"以一门英语专业知识课程和一门英语专业技能课程为例，探索英语教学中多元能力培养的具体路径。第八章"英语阅读课堂教学中的思辨能力培养"聚焦具体课堂教学的过程，探究如何通过课堂提问在语言教学的同时培养思辨能力。第九章和第十章探讨英语教学中教学评一体化实践与研究。第九章"英语阅读课评测工具的设计"以一项精读课程的测试改革项目为例，从课程测试的角度，探讨如何设计反映教学目标和内容的教学考试，发挥对教学的积极引导和促进作用。第十章"外语教学中的课堂评价研究综览"运用文献计量软件分析国内外核心期刊中外语教学课堂评价研究的相关文献，通过得出的核心研究主题及研究热点变化，探究外语教学中开展课堂评价研究的未来方向。

第三部分测评研究包括四章。第十一章、第十二章、第十三章阐述融合多元能力的语言测试实践的新发展。第十一章"融合多元能力的语言测试任务设计"从测试设计的角度，探索如何在语言测试任务中融合对思辨能力与跨文化能力的考察，从任务形式、任务内容、评分标准三个方面进行分析。第十二章"多元能力语言测试任务中的考生表现"通过分析测试中考生的表现，检验融合思辨能力与跨文化能力的语言测试任务对多元能力测评的有效性。第十三章"语言测试任务的多元能力评分"通过分析评分员行为和评分结果，验证融合多元能力的语言测试任务的效度，探究多元能力是否有效反映在评分中。第十四章"读写综合测试任务的认知机制"报告了一项技术赋能的语言测试研究，通过眼动和击键追踪技术探查考生在任务过程中的认知特点及动态变化，从而深入展现综合性语言沟通任务的机制，为新时期英语测评的发展提供理论支持。

英语教学是由繁多要素构成、包含多重和多维互动关系的复杂系统。尽管有关英语教学的具体研究可能只是管中窥豹的尝试，但若能将这些尝试按图索骥拼接起来，或许能令我们愈发接近对全貌的了解。宏观上看，教材、教学与测评仿佛是英语教学的前端、中端和后端。教材是教学的前端设计，为教师教学构建基本框架，提供理念、方法与资源，亦助力教师发展。教学是实现教育教学目标的核心过程，教材的前端设计须在此过程中进行本土化实现。测评是检验教学效果的后端必要环节，是人才培养的出口。微观上看，教材、教学与测评又紧密地交织在一起，教材是教与学的基本材料，是教学最基本的工具，教学实践又是教材不断升级迭代的源泉，设计得当的测评可以促进教学，还可以成为教学活动的一部分。英语教学的新理念应贯彻于教材、教学与测评诸方面，从而在三者的相互作用下形成合力，进一步推进英语教学的新发展。

杨莉芳

北京外国语大学

2023 年 11 月

表　目

图　目

第一部分　教材研究

第一章 基于多元能力目标的大学英语教材编写

教材是开展英语教学的基本材料。作为教学内容的主要载体和教学必备工具，大学英语教材直接影响使用教材的教师如何组织课堂、实施教学，学生学习什么样的输入、进行什么样的产出、培养什么样的能力。为满足新时代培养国际化人才的需求，大学英语教学确立了多元能力培养目标，这些目标应通过教材编写落地在具体的教学内容和活动设计上，从而引导教学实践真正服务于能力培养。本章以《新未来大学英语》教材为例，探讨以多元能力为导向的大学英语教材的编写理念与实践，提炼核心原则与策略，为教材开发与教学设计提供参考。

1.1 教材对英语教学的影响

英语教学中教材发挥了关键作用。纵观英语教学历史，教材始终为教与学的过程提供系统化的内容和框架，成为教师的支柱（Allen 2015: 249）。研究表明，教材能够为教师提供教学理念、教学方法、教学资源，绝大多数教师无法离开教材开展教学（McGrath 2006）。具体来说，在教学中，合格的教材其功能包括：一、通过有趣有用的内容激发学生的学习动机，满足学生循序渐进提高的需求；二、通过真实的语言材料令学生接触各种题材、体裁和风格的目标语言；三、提供关于语言、学习者训练、策略使用以及文化等各方面的知识；四、以语言学习为切入点促进学生提升更广泛的能力，培养自主性；五、为教师教育提供支持（Mishan & Timmis 2015）。

教材的影响在国内日益得到重视。2019 年 12 月教育部印发了《普通高等学校教材管理办法》，对教材编写、审核、选用、支持保障、检查监督等方面提出了明确要求，以期能切实提高教材建设水平。大学英语教学领域亦明确了教材的地位，指出高校英语教材是英语专业教师和大学英语教师组织课程、实施教学的重要材料，也是学生语言输入、文化学习、世界观、人生观和价值观塑造的主要来源和重要渠道（何莲珍 2020a）。

但与此同时，研究也发现目前高校英语教材质量有待进一步提高（李民、王文斌 2018），普遍存在的问题包括：高校英语教师对教材的认可度较低；教材的内容设计、编写原则等问题较为明显，如输入材料主题与体裁缺乏多样性、选材的时代性与趣味性不强、中华文化融入不足、练习活动设计不够多元等（张虹等 2021a）。这些问题有待通过教材编写的研究与实践进行解决。

1.2　英语教材编写研究

教材对英语教学的作用至关重要，但教材的编写却是一项要求极高的任务（Norton & Buchanan 2022），编写高质量的教材需要结合教学、编写与研究等多维度的能力与专业素养（Dubin & Olshtain 1986），可视为应用语言学的终极挑战（Timmis 2021）。因此催生了关于教材编写的研究，研究主要包括两个方向，一是材料的真实性设计，二是服务于技能教学的材料编写。

已有较充分的研究表明真实的材料与任务是促使学习发生的重要因素，能够提高语言输入的效果（Gilmore 2007; Lin 2010）、提升学习动机（Jones 2017; Peacock 1997）和学习者投入（Timmis 2005, 2018; Tomlinson 2017）。真实性的设计包括材料真实性和任务真实性（Tomlinson 2017）。关于材料真实性的探讨已有较长的历史，其定义从刚开始强调必须是母语者产出的文本（Little *et al.* 1989），到 ELF（English as a Lingua Franca）环境下转变为是真实语言使用者出于真实沟通目的产出的传递真实信息的文本（Jenkins *et al.* 2018），以及在教学与测评情境下强调真实性的关键是材料具备目标语言使用特征（Bachman & Palmer 2010）。从中提取出真实性的核心是传递意义、符合目标语言使用域，从而能为学习者所用（Jones 2022）。任务真实性则是指，教学活动应为学习者提供机会使用语言的意义功能，完成真实的交际沟通（Candlin 2001; Guariento & Morley 2001）。教材中设计真实的任务通常应遵循的原则有：能反映输入文本的沟通目的，与所依托的文本结合紧密，接近真实世界的语言使用任务，能激活学习者的目标语言知识与文化，促使学习者之间开展有目的的交流（Mishan 2017, 2022）。从相关调查结果来看，我国大学英语教材的真实性有待提升，主要问题表现为一方面输入材料远离学生和实际生活，且文章改编造成语言质量下降，另一方面教材练习 / 活动类型单一、形式陈旧，缺少真实交际性的活动，练习 / 活动与输入材料的结合不紧密（张虹等 2021a：71）。

　　为了探索更有效的教学材料，不少研究聚焦针对具体技能教学的教材编写，试图归纳出一些编写原则。口语教学材料应遵循的编写原则有：须包含不同情境和语体下的交际活动（Bygate 2001; Goh 2007, 2017; Hughes 2002），口语活动的任务目标须匹配学习者水平与实际需要（Hughes 2010; Thornbury 2005），口语活动须提供脚手架帮助学习者产出（Burns & Hill 2013; Goh 2017），输入材料能够提升学习者对目标语词汇、语法和语篇特点的认识（Burns & Hill 2013; Hughes 2010）。写作教学材料应遵循的编写原则有：输入材料能够激发写作产出、提供内容框架与交际目的（Hinkel 2006; Hyland 2013），应分步骤设计与组织写作活动从而搭建脚手架帮助学习者形成最终产出（Hyland 2013），应为学习者提供目标产出的示范文本（Badger & White 2000），应根据教学需要结合不同的教学模式（Badger & White 2000; Hedge 2005）。听力教学材料应遵循的编写原则有：应平衡地发展 bottom-up 和 top-down 听力策略（Ableeva & Stranks 2013; Siegel 2014），教材应该培养而非测试听力（Vandergrift 2007），教学活动应有助于发展学生元认知策略（Siegel 2014）。阅读教学材料应遵循的编写原则有：输入材料难度适当、能够激发学习者兴趣（Maley & Prowse 2013），阅读活动匹配输入文本、促使学习者对文本进行深度处理（Macalister 2014）。这些原则对教材编写有重要参考价值，但尚缺乏对原则如何具体落实于教材编写实践的探讨（Timmis 2022）。

　　基于技能教学的教材编写通常以语言能力为唯一教学目标。然而，在培养国际化人才的新时代，我国英语教学应基于语言并超越语言，培养多元能力。《大学英语教学指南（2020 版）》规定大学英语教学目标包括英语应用能力、思辨能力与跨文化能力等（教育部高等学校大学外语教学指导委员会，2020）。鉴于此，有必要探索以培养多元能力为目标的教材编写。

1.3　多元能力导向的教材编写

　　《新未来大学英语综合教程》（以下简称《新未来》）是一套以多元能力为导向的大学英语教材，编写历经三年。我们将以《新未来》为研究对象，通过分析其编写过程，探讨基于多元能力目标的教材编写，为多元能力导向的大学英语教学与教材研发提供参考。

　　《新未来》的编写过程主要历经四个阶段，包括教材理念确立、能力目标解析、主题与结构设计、材料与活动编写。

1.3.1 教材理念确立

《新未来》的立项背景是为响应教育部关于加快建设高水平本科教育、全面提高人才培养能力的号召，满足培养国家急需的具有中国情怀和国际视野的国际化人才的需求。因此，编写团队一方面对国际化人才的基本能力素养要求进行分析，另一方面对这些能力素养在英语教学中的培养途径进行探究，结合总主编在外语教学理论与实践中的探索成果（孙有中 2016，2017，2019a），归纳得出《新未来》多元能力培养模型（见图1.1）。模型从课程、教师和学生的角度着眼，分别提出教育目标、教学原则和学习方法。作为高等教育的重要组成部分，大学英语课程需要实现立德树人的目标；高等英语教育的重要功能在于培养能够代表中国进行有效跨文化国际沟通的人才，因此大学英语课程需实现跨文化教育的目标。课程目标决定了有效的教学原则是以能力为导向、以学习为中心，教学内容与教学设计以能力培养为纲，对教学有效性的评判以是否令学习发生为标准。学生的学习方法为体验式学习、混合式学习，体验式学习能够促进能力的有效内化，混合式学习符合信息化、数字化时代学生的学习特征，代表了大学英语教育的发展方向。教育目标、教学原则和学习方法围绕的核心是培养学生的多元能力和素养，包括沟通能力、跨文化能力、思辨能力、创新能力、研究能力、合作能力、学习能力等。

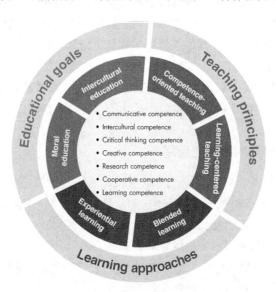

图1.1 《新未来》多元能力培养模型

多元能力培养模型为教材编写提供了基本理论指导，决定了教材从宏观设计到具体撰写的方向。由于模型所包含的要素众多，为更加直观地呈现教材的显著特色，编写团队基于模型提炼出教材的核心理念（见图1.2），以树为示意。树冠代表了能力目标，大学英语教学的核心能力目标是语言能力，在此基础上须叠加跨文化能力和思辨能力，才能令学习者成为真正有效的跨文化沟通者；学习能力是培养能力的基础，只有具备学习能力，学习者才能真正内化知识和各项目标能力并将其迁移至未来真实的沟通任务中。树干代表实现能力培养目标的途径，即通过学生的体验式学习和混合式学习达成。而整棵树蓬勃成长的基底，即开展大学英语教学的根本，是立德树人。

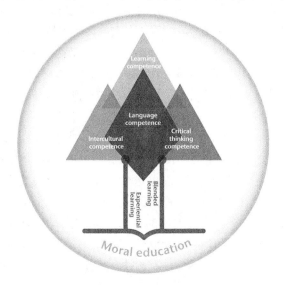

图 1.2 《新未来》理念树

1.3.2 能力目标解析

确立教材理念后，以能力为导向的教材编写需对能力目标进行解析，一方面明确每项能力的内涵，另一方面分析能力的子目标，从而将能力落地在每单元具体的教学内容与活动的设计中。通过对相关文献的理论与实证研究成果进行比较分析，编写团队厘清了各项能力的内涵与子目标。这里我们以语言能力、思辨能力与跨文化能力为例，进行探讨。

语言教学与测评中最有影响力的语言能力模型当属 Bachman（1990）提出的交际语言能力模型，将语言能力定义为语言使用者能够创造并解释话语的能力，由语言知识和策略能力两部分组成。语言知识包括组织知识和语用知识，组织知识使人能够理解、构成句子或话语，并将其组织成文本，语用知识则将句子、话语和文本与意义、语言使用者的意图以及语境联系起来，以便语言使用者创造或解释语篇（Bachman & Palmer 1996, 2010）。在交际语言能力模型中，Bachman 将语言知识和语境、社会文化因素结合起来，认为语言能力是一个动态的概念，在动态交际中使用（韩宝成 2000）。这给教材编写带来的启示是，学生应该掌握词汇、句子结构、语篇组织、功能与社会语言等各个层面的知识并在语言沟通任务中进行操练运用。《中国英语能力等级量表》结合我国英语教学与测评的实际需求，将语言能力定义为语言使用者参与特定情境下某一话题的语言活动时体现出的语言理解能力和语言表达能力（刘建达、韩宝成 2018）。该定义强调语言使用的情景化、沟通性特征，且从英语使用者的视角将语言能力解析为理解与表达意义的能力。因此，可以从口头沟通中的理解（视听）和表达（说）以及书面沟通中的理解（阅读）和表达（写作）等维度分析主要的微技能，作为教材编写的语言能力目标参考。

对思辨能力内涵的理解可以参考《德尔菲报告》（Facione 1990）、布鲁姆教育目标分类（Anderson & Krathwohl 2001; Bloom *et al.* 1956）和 Paul & Elder（2006）的三元结构模型。布鲁姆教育目标分类将思维能力由低到高描述为识记、理解、应用、分析、评价、创造 6 个层级，低阶思维是基础，要向高阶思维发展。各层级都有对应的典型认知活动，如识记的活动有认识、记忆、回忆等，理解的活动有领会意思、举例、解释等，应用的活动有运用所学知识解决问题等，分析的活动有比较、区分、归类等，评价的活动有判断、选择、论辩等，创造的活动有整合、设计、建构等。上述不同层级思维能力的典型活动为教材内容编写提供了重要参考，尤其有助于以输入材料为基础的活动如何通过有效设计实现学习者高阶思维能力发展。同时，编写团队还从文献中提炼出思辨能力的情感策略与认知策略列表，作为编写思辨能力的显性和隐性教学活动的依据。

关于跨文化能力有较多研究，针对中国外语教育的具体需求，孙有中（2016）将跨文化能力的核心内涵描述为：尊重世界文化多样性，具有跨文化同理心和批判性文化意识；掌握基本的跨文化研究理论知识和分析方法；熟悉所学语言对象国的历史与现状，理解中外文化的基本特点和异同；能对不同文化现象、文本和制品进行阐释和评价；能得体和有效地进行跨文化沟通；能帮助不同语言文化背景的人士进行有效的跨文化沟通。其中的核心要素为掌握不同文化的知识、持有尊重理解不同文化的态度、能在跨文化交流情境下完成有效沟通。Deardorff（2006）也指出跨文化能力包含态度、知识、技能三个维度的不同要素。因此，编写团队在综合文献的基础上提炼出跨文化能力在态度、知识、技能三方面的标准，如态度包含"Appreciate cultural diversity""Value one's own cultural identity"等，知识包含"Understand one's own cultural tradition""Understand the different ways of thinking of different cultures"等，技能包含"Be able to identify and articulate cultural similarities and differences""Be able to explain an event and relate it to events from one's own culture"等，为教材对跨文化能力教学活动的设计提供参考。

在各项能力的培养过程中也应同时达成育人目标。由于外语课程包含大量有关对象国文化以及世界多元文化的信息输入，为跨文化比较与反思提供了丰富的资源，因此从跨文化视角展开外语教学，就会令外语学习成为培养学生人文素养、价值取向、国际视野、文化自信乃至人类命运共同体意识的课程思政过程（孙有中 2020）。编写团队结合英语教学特点，从价值观、文化素养、道德修养等育人方面为教学内容设计做准备。

1.3.3 主题与结构设计

能力培养须以内容为依托，在对能力目标进行解析后，即进入主题与结构设计阶段。根据大学英语教学工具性和人文性有机统一的要求，参照大学生从进大学后到毕业的各阶段不同的发展重点，设立了四册教材的主题分别为青年文化、社会生活、职场经纬、学术视野。涉及的话题围绕人与自我、人与社会、人与自然、人与未来的相关内容。通过对不同语域的语言学习，凸显大学英语的工具性；通过对话题的知识学习与深入探讨，凸显大学英语的人文性。

在单元结构设计上，一方面采用体验式学习的范式，创造真实的交际情境，搭建脚手架逐步帮助学生达成产出，实现有效沟通能力的培养；另一方面通过基于输入材料的深度学习，实现综合能力的培养。每单元包括六个板块（见图 1.3）。Objective 板块呈现本单元的教学目标，包括能完成的沟通任务和能力目标。Warming up 板块通常包括两项小活动，激活学生关于本单元话题的已有知识和思考，为接下来的学习做好准备。Section 1 板块以情景剧的形式展开学习，剧中有四名角色（两名中国大学生、两名外国留学生），学生跟随角色体验剧情发展、完成交际任务。情景剧包括两个Episodes，每个Episode都包含对输入材料的学习和完成阶段性的小产出任务（Over to you），在此基础上继而完成大的交际任务（Project）。Section 2板块进行两篇课文的学习，完成阅读能力、思辨能力、跨文化能力等相关任务。Self-reflection板块是对单元学习的自我反思，评价本单元学习目标的完成情况，总结收获，分析进一步学习的目标和内容。针对每单元的主体学习板块Section 1和Section 2，均确立有能力目标（沟通能力 / 阅读能力、思辨能力、跨文化能力的微技能）、语言学习目标（词汇词组、搭配、句子结构等）以及各项产出任务。

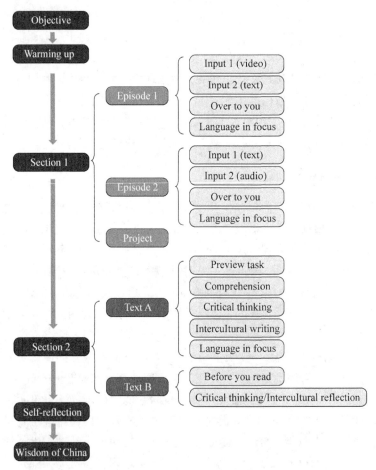

图1.3　《新未来》单元结构

1.3.4 材料与活动编写

确定单元结构设计后，即进入材料与活动编写阶段，这一阶段的主要任务是编写输入材料、设计教学活动，二者交织进行。首先，根据每单元的主题设计主产出任务，主产出任务是 Section 1 的起点和落脚点，直接决定了 Section 1 的相关输入材料与阶段性活动的编写。其次，在围绕主产出任务编写 Section 1 的材料与活动的过程中，也可能根据编写情况对主产出任务进行微调。然后，编写 Section 2 的输入材料与相关教学活动。

教材输入材料的编写须匹配 Section 1 和 Section 2 的不同教学功能。Section 1 是以情景剧的方式呈现学习内容，这部分的输入材料服务于产出任务，学生通过对输入材料的学习积累语言、内容和沟通等方面的资源，应用于产出。因此，Section 1 的输入材料应紧扣产出任务的需求，凸显交际情境，体现真实性，根据沟通特点输入材料包含音频、视频、文本、图表等丰富的类型。这部分的输入材料，每一个体量相对较小，适合即时处理、即学即用，也符合数字时代碎片化阅读特色，有助于激发学习兴趣。Section 2 的输入材料主要为两篇与单元主题相关的课文，Text A 用于深度阅读，Text B 用于泛读。课文的内容体现时代性和思想性，注重中外多元文化视角。每单元最后的 Wisdom of China 是教材的特色板块，呈现与单元主题相关的中华优秀传统文化和社会主义先进文化，篇幅精炼，内容多样，能够帮助学生领悟中国智慧，坚定文化自信，讲好中国故事。

基于输入材料还须设计相关教学活动，这些教学活动的设计是实现多元能力培养的关键。活动设计的基本思路是融合式教学，体现为多元能力融合、输入产出融合、形式功能融合、学习评价融合、教学育人融合。我们将以《新未来》综合教程 3A 册（职场篇）（杨莉芳、胡杰辉 2021）第五单元为例来进行探讨。该册在培养通用英语的基础上促进职场英语能力发展，每单元主题与产出任务均为职场情境下的沟通。第五单元的主题为"Changing with the times"，关注顺应时代变化的企业发展，主产出任务是为某企业撰写未来发展计划。Section 1 的输入材料包括 Episode 1 的阅读文本 "The death of a newspaper"——报道因未能跟随数字化时代变化而破产的一家报纸，Episode 1 的视频材料——情景剧的两位主角为一家公司进行 SWOT 分析讨论，Episode 2 的音频材料——一位主角访谈两家公司负责人，获知他们如何应对变化，Episode 2 的阅读材料———一份未来发展提案。围绕上述输入材料，编写团队进行 Section 1 的具体活动设计。

　　首先，关于能力融合的设计。培养多元能力时，并不是切割教学时间分配至每一项能力，而是根据各项能力的特点将其融合地设计在教学活动中。在英语教学情境下，任何用英语完成的活动本身都服务于语言学习，当语言学习融合思辨能力、跨文化能力及育人等各项目标时，既可以隐性、也可以显性。图 1.4 的活动体现了思辨能力与语言能力隐性融合的设计。基于阅读材料（未来发展提案），学生需要完成的阅读练习，首先是总结材料各部分的主要内容，然后回答问题，这些问题包括提取信息以及分析事件原因，最后对提案进行评价。从语言能力教学来看，阅读活动匹配输入文本、且促使学习者对文本进行深度处理（Macalister 2014）。与此同时，三项练习依次对应布鲁姆教育目标分类六个层级中的理解、分析和评价，引导学生从低阶思维向高阶思维发展，符合思辨能力的发展路径，从而实现思辨能力与语言能力的融合发展。语言学习能力也可以与其他能力进行显性融合。图 1.5 所示的活动基于 Episode 2 音频材料（访谈）。访谈中的一位受访企业家 Ms. Akano 谈及在不同国家企业工作时面对的不同企业文化，由此设计了关于跨文化能力的教学活动：通过技能框提供对跨文化能力的显性教学，学生再运用所学对输入材料中的现象进行分析，并将此能力迁移至自己的产出任务中。

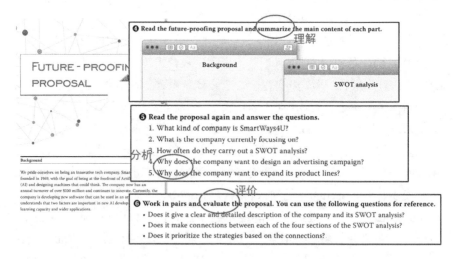

图 1.4　能力隐性融合设计的教学活动

❸ **Work in pairs and discuss the questions. You can refer to the Intercultural skill.**

1. How do you think social or cultural factors affected the businesses that Ms. Akano talks about?
2. What were the social or cultural factors that affected Max's family restaurant?
3. What social and cultural factors do you think are important to the company you have chosen in OTY 1? Why?

A: Ms. Akano talks about a business in Japan that was too slow to adapt to new trends.

B: Yes, I think this has something to do with the fact that the Japanese tend to be cautious about making changes.

A: Right, ...

Intercultural skill

Identifying social and cultural factors affecting business

When we talk about social and cultural factors affecting business, we are referring to large-scale forces within cultures and societies that affect people's thoughts, feelings, and behaviors. They are some of the most important factors influencing marketing decisions.

The social factors affecting business include distribution of wealth, access to education, buying habits, and customer preferences. The cultural factors include lifestyles, ethical norms, beliefs and values, etc.

Companies that understand both the social and cultural factors are more likely to be able to adapt to change and last longer.

图 1.5　能力显性融合设计的教学活动

第二，关于输入产出融合的设计。Section 1 的教学以产出为导向，学生通过对输入材料的学习逐步实现能力培养，完成产出任务。因此基于输入材料所设计的练习活动是连接输入与产出的渠道，是融合输入与产出的关键。图 1.6 显示的是基于 Episode 1 视频材料的练习活动，学生需要理解视频中两位主角的讨论内容然后填空完成 SWOT 分析表，这个练习的设计符合所输入材料的沟通情境，体现了真实性设计。同时，通过将内容归纳在 SWOT 四个方面，有助于学生内化 SWOT 分析的框架，从而为 Episode 1 学习后的阶段性产出任务（完成自己的 SWOT 分析）搭建了有效的脚手架。

第三，关于形式功能融合的设计。在教材编写的第二阶段即能力目标解析阶段，编写团队厘清语言能力的内涵是运用语言理解和表达意义、进行沟通，因此教材中所有语言练习的设计都遵循形式与功能相融合的设计。具体体现为，一是对词汇短语搭配的学习都通过使用语言来开展，如用词汇和短语的正确形式填空完成句子，运用目标词汇短语将中文文段翻译成英文；二是所有语言练习中所呈现的句子和文段都围绕本单元主题，符合职场英语语体特征，可供相关话题和任务的产出使用。

第四，关于学习评价融合的设计。评价不仅是促进学习的重要手段，也是发展思辨能力和学习能力的必要环节，优秀的学习者往往是反思型学习者。

因此，在活动设计时，遵循学习与评价相融合的思路，对所有的产出任务做到逢产出必评价。针对 Episode 1 和 Episode 2 的两项阶段性产出任务以及单元主产出任务，教师用书都提供了详细的评价标准，供教师组织学生开展自评和互评。在单元学习最后的自我反思板块，一方面通过列表的形式请学生对照本单元的产出任务与培养的各项能力，对自己的学习情况做出评价，另一方面通过开放式问题引导学生总结收获、反思不足、拟定未来学习计划。评价与反思既有利于学生内化评价标准从而更好地明确学习目标，也有助于学生提升学习动机、提高计划行动与实施行动的有效性。关于教学与评价的有效融合，我们将在下一章详细探讨。

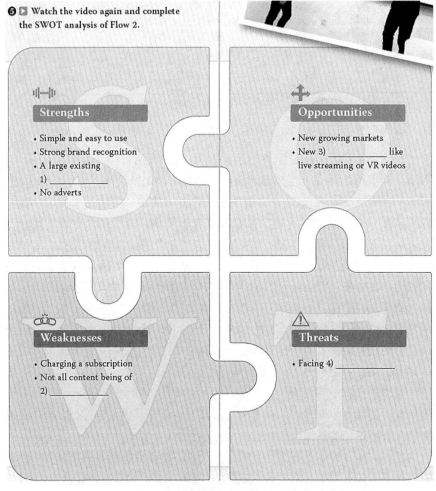

图 1.6　输入产出融合设计的教学活动

第五，关于教学育人融合的设计。思政育人的目标不应变成与教学内容无关的生硬说教，而是要在知识传授和能力培养的过程中有机融入思政教育元素，达到润物无声、盐溶于水的效果（孙有中 2020）。因此，在活动设计时应有机融入育人目标。例如，语言练习的文段翻译，内容都与中国有关，其中一段介绍中国高铁的发展与意义，另一段运用老子"祸福相依"的辩证思想来分析企业面临机遇与风险时应采取的策略，有助于学生更好地理解中国优秀传统文化与现代化发展，增强文化自信，培养讲中国故事的能力。

1.4　小结

本章以《新未来》教材为例，探讨了基于多元能力目标的大学英语教材的编写实践。对学界已有的教材编写研究的回顾表明，尽管关于真实性活动设计与技能教学的教材编写原则仍具有参考价值，但针对中国大学英语教学的目标要求，亟需探讨多元能力培养如何通过教材编写予以实现。《新未来》以多元能力培养为导向，教材的编写主要历经教材理念确立、能力目标解析、主题与结构设计、材料与活动编写四个阶段。理念的确立决定了后续所有设计的宗旨，明确了教学目标与教学方法；对各项能力内涵与要素的解析为教学内容的设计提供了依据；主题与结构设计为教材具体内容的编写提供了框架，建立了内部逻辑；最终材料与活动的编写是实现能力培养的关键，采用融合式教学的基本思路，通过多元能力融合、输入产出融合、形式功能融合、学习评价融合、教学育人融合的设计策略，令培养目标落地。

第二章 课堂评价的发展与教材设计

上一章关注多元能力融合的教学在大学英语教材编写中的实现，其中包含融合学习与评价的设计策略。本章将进一步聚焦评价与学习的关系及其对教材设计的影响，探讨教学评一体化理念在教材设计中的实现。教学评一体化的核心在于教学与评价的有机融合，发挥评价的促学作用。这里所说的评价与大规模高利害测试存在本质区别，后者的选拔功能决定了其测试目标、手段与实施方式不同于服务教学的课堂评价。经典测试理论与研究以大规模高利害测试为对象，已发展出了较为完善的实践与研究体系；课堂评价作为相对新生的事物，受到关注较晚，且处于传统教学研究与测试研究的界面，相关理念尚待厘清，有效实践尚待探索。本章探讨以学习为中心的课堂评价所涉及的相关概念，通过梳理纵向发展与横向比较，探究以学习为中心的课堂评价的内涵，然后分析其在教材设计中的实现。

2.1 以促学为核心的课堂评价

教育评估从"测试文化"（testing culture）转向"评价文化"（assessment culture），评价的促学作用也越来越受到重视。课堂评价作为评价与教学的结合体，得到语言测试领域与二语习得领域研究者的共同关注。在这样的背景下，许多与课堂评价相关的新术语被陆续提出，如"对学习的评价（Assessment of Learning）"（Harlen 2007）、"促进学习的评价（Assessment for Learning）"（Black & Wiliam 1998a）、"作为学习的评价（Assessment as Learning）"（Earl 2003）等。

这些概念在丰富课堂评价内涵的同时也带来了一些问题。学界对课堂评价的解释视角多样、定义不一，各种术语存在界定不清、被混淆或被混用的情况。由于对概念认识的偏差，在不少实践与研究中评价被等同于活动的表面形式，即一旦使用了学生自评、同伴互评等评价的形式，就等于实施了课堂评价，实现了评价的促学目的。同时，由于缺乏对课堂评价本质的把握，不少研究停留在对活动形式的探讨和对评价工具的信、效度进行验证等层面，忽视了课堂评价的核心问题——评价是否真正实现了促学功能，以及实现了哪种促学功能。例如对欧洲诊断性语言测验系统——DIALANG 的研究，仍采用经典测试研究的思路，通过对比与不同评测工具所得的学生分数检验该评价系统的信度和效度（Kharkhurin 2012），却并未深入探究该系统作为一种诊断性测评工具对教和学有何促进作用。可见有必要系统地梳理课堂评价的发展与相关概念，界定内涵，从而推动真正有效的实践与研究。

2.2　课堂评价理论的发展

2.2.1　从"终结性评价"到"形成性评价"，让评价伴随教学

20 世纪 70 年代以前，"终结性评价"（summative assessment）一度占据垄断地位。终结性评价的目的是对学生所学习的知识进行测评和总结，这种评价方式通常发生于课程结束时，以课堂测验的形式检查教学效果，分数反映出学生在多大程度上达成了教学目标，但并未指出他们在未来学习中该如何改进（Brown 2004）。

Scriven（1967）提出了"形成性评价"（formative assessment）这一概念，以此区别于终结性评价。他认为终结性评价是检验教学成果的一个重要手段，但无法评价教学过程这一重要环节，而形成性评价则弥补了其不足：通过形成性评价的各种手段和方法，教师可以不断获取反馈信息，及时调整教学过程或方法，促进学生高效学习。形成性评价和终结性评价的主要区别在于，首先实施目的不同，前者服务于课程发展，后者用于探测课程效果；其次评价对象不同，前者评价"你正在做的"，后者评价"你已经做了的"，因而发生的时间不同，前者发生于教学中，后者发生于教学后（Wilson & Black 1996）。若用一个形象比喻，做菜过程中厨师品尝味道就好比形成性评价，菜做好了由客人品尝，那就是终结性评价。二者最核心的区别还是评价的功能，当评价数据、信息、方法，用来帮助改进教学和提升学习时，就是形成性评价；而用于认证、鉴定、汇报时，则是终结性评价。

2.2.2　从"形成性评价"到"促进学习的评价"，让评价作用于教学

此后，以"形成性评价"为代表的课堂评价主要有两大走向。第一大走向是更频繁地测验，如举行经常性的测试，收集与分析学生考试的成绩，旨在通过频繁测验发现学生学习的漏洞和问题，这带动了许多出版商设计和出售大量的形成性测试题。从评价目的上来看，这种形成性评价主要是回顾和

补救教学，而不是改善教学，换言之，它面向学生过去或当下的知识学习结果，不关注学生后续学习行为的改善（郑东辉 2014）。因此，这种评价虽有形成性评价在教学中进行的特点，实际上却并未能达到形成性评价的促学目的（Stiggins 2005a）。

鉴于此，Stiggins（2005a）提出"从形成性评价走向学习性评价"，构建了"促进学习的评价"这一概念，从而成为形成性评价的第二大走向。促进学习的评价是在形成性评价基础上发展而来（丁邦平 2008），是评价活动的最重要的目的之一（Assessment Reform Group 1999）。Wiliam（2010）从教学过程的视角界定了促进学习的评价，指出其旨在帮助学生厘清三个问题：(1) 我要去哪里，即我的学习目标是什么？(2) 我现在在哪里，即我现在学得怎么样？(3) 我该怎样到那里，即我怎样做才能弥补现状与目标之间的差距？

应注意，促进学习的评价这一概念尽管最初来源于形成性评价，但随着实践的发展，其含义已超出传统的形成性评价。首先，它不再将评价形式作为基本特征，而是从评价的终极目的出发来审视课堂评价实践。其次，促进学习的评价不是独立于教学对教学做出判断，而是教学的一部分，服务于改善教学。因此在时间性上，促进学习的评价不同于形成性评价中教–学–评分离的状态，而是融合在教与学的过程中，评价基于教学目标（学习结果）展开，最终服务于教和学。

21 世纪以来，有学者提出了面向学习的评价理论（learning-oriented assessment, LOA），将形成性和终结性评价纳入同一个测评系统，对两者予以同样重视，测评系统由与课堂无关测试及与课堂有关测试构成，前者主要是大规模高利害考试，后者相当于促进学习的测试。无论是有计划性测试还是即时评估，都强调教师的主体性（Carless 2009; Turner & Purpura 2016; 金艳 2021）。

2.2.3　从"促进学习的评价"到"作为学习的评价"，让评价成为学习

基于建构主义学习理论，测评发展趋势是把评价整合到学习活动之中。促进学习的评价向"学评融合"趋近，具体表现为将评估信息既用于矫正和促进教师的教学，也用于矫正和促进学生的学习（曾文婕、黄甫全 2015）。然而，促进学习的评价的首要目标还是为教师和学生提供调整教与学的信息，从而促进学生的学习，学生是评价信息的使用者（Chappius & Chappius

2008; Stiggins 2005b），并未成为开展评价活动的主体（陈晓等2015）。基于此，Earl（2003）提出了"作为学习的评价"。

作为学习的评价旨在追求"评价即学习"，促使学习和评价完全一体化，让学生成为评价活动的主体，对学习活动展开自我评估和同伴互评，随时反思、监控和调节自己的学习过程，在评价过程中获取有效的反馈信息，丰富评估活动经验，增长评价知识与技能，培养可持续发展的评估素养，成长为优秀的自我评估者和自主的终身学习者。

概括来说，作为学习的评价具有以下两个特点：第一，学生主导。作为学习的评价是要让学生成为自己最好的评估者，即凸显学生对学习过程进行自我反思、自我监控和自我调节的重要性（Earl 2003）。第二，元认知驱动。作为学习的评价要促使学生积极参与和投入到学习活动之中，包括思考和设定学习目标、考虑和选择学习策略、监控和调整学习步调、检视和控制学习过程、开发和使用反馈信息，从而形成新理解，并将这些新理解与已有知识建立起联系进而改进学习目标或策略等（曾文婕、黄甫全2015）。应当注意的是，虽然作为学习的评价强调了学生在评价中的主体地位，但这绝不意味着要否定教师在学习过程中的重要地位，教师作为学习的促进者，在作为学习的评价中为学生提供引导和支持，从而确保学生评价的有效性。

2.2.4 课堂评价主要概念的关系

从评价理论发展历程可以看出，课堂评价促学的本质还是来自区别于终结性评价的形成性评价，其后在不同阶段发展出来的概念都通过试图强调某个侧重点探讨更有效的促学方式。对学习的评价，评价活动相对独立于教学，通过评价介入和干预教学；促进学习的评价，评价与教学建立了更强的关联，评价成为教学过程的一部分；作为学习的评价，评价活动即教学活动。三者的发展体现出评价促学的功能逐渐丰富，课堂评价真正确立以"以学习为中心"的方向。

Davison & Leung（2009）指出形成性评价的两个基本功能是知会（informing）与形成（forming），前者指提供促学的反馈信息，后者指通过有针对性的后续教学行动提升学习效果，这是对形成性评价促学本质较为透彻的解析。可见，对学习的评价、促进学习的评价和作为学习的评价，三者仍然可以统一在形成性评价的概念里，代表的是不同类别的评价活动，活动间的区别与转化体现在不同的评价活动参数中。主要参数包括：评价主体是谁、反馈的对象是谁、反馈的功能是什么（参见表 2.1）。关于评价主体，三种评价分别是教师、教师和学生以及学生。关于反馈，只有产生反馈才是合格的课堂评价，三者的反馈对象分别是教师、教师和 / 或学生以及学生。三者反馈的功能分别是，对学习的评价服务于教，是对已完成的教学的质量评估，为未进行的教学提供起点或宏观参考；促进学习的评价服务于教和学，为即将展开的教设立目标及提供行动计划，为即将开展的学确立目标与路径；作为学习的评价，评价等于学，是学习的一种方式，通过使用评价标准来内化标准、发展元认知能力。

表 2.1　对学习的评价、促进学习的评价和作为学习的评价的比较

参数	对学习的评价	促进学习的评价	作为学习的评价
评价主体	教师	教师与学生	学生
主要反馈对象	教师	教师和 / 或学生	学生
主要反馈功能	对已完成的教的质量评估，为未进行的教学提供起点或宏观参考	服务于教和学，为即将展开的教设立目标及提供行动计划，为即将开展的学确立目标与路径	作为学习的一种方式，通过使用评价标准来内化标准、发展元认知能力

在三种评价活动中，作为学习的评价特别值得进一步关注，原因有二，其一，作为较晚产生的概念，其具体实践原则尚待进一步厘清；其二，在外语教学多元能力培养目标下，课堂评测文化从教师为主体逐渐转为教师主体加教师指导下的学生主体，学生从被动接受反馈转向主动生产反馈，评价从以语言为单一评测目标转向复合型构念，这些评价特质都较好地反映在作为学习的评价中。

2.3　课堂评价的教材设计案例

学界研究大多证实了作为学习的评价对学习的正面影响，包括激发学生的学习动机，提高学习自主性和自信心（Yoon & Lee 2013）。因此，有必要探索如何有效地实施作为学习的评价。

Sambell（2013）创建了学生互评学习模型，主要包括计划、实践、反思三个循环的过程。计划阶段主要是教师带领学生分析任务特征、评分标准、确定同伴评价的目标等；实践阶段主要是让学生基于评价标准对同伴的作业做出评价并给予反馈；在反思阶段，教师和学生一起反思评价标准、反思如何提高自己的学习等，从而为下一个阶段的计划做准备。国内现有的实践尝试都是教师或研究者在课堂教学中自主进行，通常针对英语技能教学，主要是产出型技能，尤以写作为甚（杨莉芳、王婷婷 2022a），探索同伴互评为主，如同伴作文互评的评价标准制定（白丽茹 2012）、互评对写作质量提升的作用（邓鹂鸣、岑粤 2010）。

在此基础上，有待进一步探讨如何开展学生自评，如何对语言能力及多元能力进行学生自我评价，如何通过作为学习的评价有机融合教学与评价。因此，接下来我们将通过一些案例探讨从教材设计层面解决上述问题的途径。

2.3.1　以自我评价开启学习：《新标准大学英语综合教程》的设计

《新标准大学英语》（第三版）系列教材以"产出导向法"理论体系为设计纲要，致力于解决我国外语教育中存在的"学用分离、文道割裂"问题。教材设计的基本思路是以具有交际真实性的产出任务为抓手，根据产出目标提供学习素材，环环相扣设计练习活动，使教学内容有效促成产出，实现学生学以致用。根据产出导向法理论，教学流程的第一个环节是"驱动"，即通过学生对产出任务的初步尝试，令学生发现自己的不足从而产生学习的动机，促使其开展接下来有针对性的学习。这是基于产出导向法进行教学非常关键的步骤，对教师来说也最具挑战性（文秋芳 2015a）。

《新标准大学英语综合教程》（第三版）在"驱动"这一起始环节融入作为学习的评价的设计，从而有效实现驱动学习的目的。以第三册第四单元（金利民等 2023）为例，该单元主题是"城市"，核心学习目标为描述家乡城市特点、通过具体信息对城市特点进行解释说明、有效使用视觉辅助工具发表关于家乡城市的推介演讲。教材在单元开头首先呈现交际场景：世界文化旅游论坛举办城市博览会，参展城市将设立推介展台，吸引游客，学生将作为自己城市展台的志愿工作者发表一个演讲推介自己的城市。接下来，学生尝试完成这项交际任务，然后对自己的任务完成情况进行评价、完成评价表（参见图 2.1）。学生自评共对照 4 个方面的必备要求，第一是内容，包括描述城市的特点以及运用支撑信息对城市特点进行详细说明；第二是语言，包括词汇、句子和语言风格；第三是结构，要求发言逻辑清晰、有条理；第四是交际技能，要求在发言中有效使用视觉辅助工具。学生须对照四个方面的要求，评价自己的任务表现，分析每个方面的不足。

Try it out

1 Try to do the task above.

2 What difficulties did you experience while doing the task? List two or three major ones in English or Chinese in the following table.

	Aspects	Difficulties
Content	Describing the characteristics of my city	
	Illustrating my city's characteristics with supporting information	
Language	Vocabulary / Sentence / Style	
Structure	Organizing my presentation in a clear and logical way	
Communication	Using visual aids effectively to present my city	

图 2.1　《新标准大学英语综合教程 3》（第三版）第四单元交际任务评价表

　　这是一项典型的作为学习的评价活动，在进行评价时，学生需要学习和理解评价要求，因此一方面能够内化学习的目标，即成功的任务表现必须从内容、语言、结构以及交际技能四个方面达到什么样的标准；另一方面明确发展路径，即为了能够最终完成该交际任务需要从这四个方面分别做准备。根据有意义学习理论，有意义学习的内部条件是（1）学习者头脑中具有同化新知识的认知结构；（2）学习者必须具有学习新知识的愿望；（3）学习者积极主动地使用新知识与认知结构中的现有知识相互作用（张庆宗 2023：14）。"驱动"环节的这项评价活动，由于令学生内化了学习目标及明确了发展路径，从而帮助学生建立起学习新知识的认知结构；由于令学生分析自己的不足、与目标的差距，从而催生学生学习新知识的愿望；由于学生的评价基于自身的尝试，从而激活已有知识，为建立新知识与已有知识的链接做好准备。在"驱动"环节后的"促成"阶段，教材设计的单元内容分别从内容、语言、结构与交际技能几个方面开展有针对性的教学，帮助学生最终能够完成产出任务、实现单元学习目标。这样的设计实现了有意义学习的外部条件，即学习材料本身具有逻辑意义，能够为学习者所理解，且匹配学习者所建立的学习新知识的认知结构。

《新标准大学英语综合教程》（第三版）的设计，展现了如何通过作为学习的评价开启学习。自我评价活动即是学习和内化目标的过程，令学生在主观愿望与认知结构上都为接下来的学习做好了准备。

2.3.2 以自我评价强化学习：《大学英语听说教程》的设计

《大学英语听说教程》（第二版）的总体设计遵循"学用一体"的教学理念，注重交际策略与语用能力发展，着眼于语言理解和表达能力的协同发展。教材每个单元从视听开始，素材体裁多样，包含新闻、对话、篇章等；再基于听力理解设计口语任务，关注口语能力发展的基础环节，包含发音训练、短文朗读等。交际策略培养既关注语言表达，又注重会话技巧，通过层层递进的设计逐步提高学生的听力理解、分析、归纳和推理能力，改进学生发音，提升表达能力与交际能力。每单元最后均设计有一项显性的自我评价活动，起到强化学习的作用。

以该教材第四册第四单元（杨莉芳、杨华 2023）为例，单元主题为"与自然和谐相处"，单元主要学习目标包括：能够在句内和句间运用正确的音调进行朗读、在交谈或辩论中表达不同意见、在演讲中进行引用。单元主要教学内容包括：首先完成跟读练习进行语音训练；然后完成新闻听力练习学习听力理解策略；继而进行输入与产出相结合的活动，分别为完成对话听力练习，根据所听内容进行组对辩论口语练习（利用技能框学习表达不同观点的语言），完成篇章听力练习后围绕相关话题进行演讲（利用技能框学习进行引用的语言），阅读有关中国内容的短文后进行讲述，以及观看全球视角的视频后组对讨论。完成整个单元学习后，学生需要进行自我评价，完成评价表（参见图 2.2）。评价表共包含三部分，第一部分关于语言学习，表中列出本单元所学的表达不同意见与进行引用的主要语言表达，学生对照检查哪些是自己已掌握的；第二部分关于技能学习，表中列出本单元所学的主要口语和交际技能，学生对照检查自己的掌握情况；第三部分关于内容学习，学生须思考从本单元学习获得了哪些有用的信息和观点，将其写下来。

这一自我评价也体现了作为学习的评价活动的特点。评价表所有内容均对应本单元的学习目标与教学内容，学生进行评价的过程亦是对已学内容进行复习和强化的过程。针对语言学习，学生需要浏览所学的主要语言表达，并针对每个表达评估自己的掌握情况，因而通过再次熟悉语言形式和激活相关的语言功能知识，巩固了对这些语言的学习。针对技能学习，在做出评价时，学生须复习每项技能所指的内容、回顾自己在每项技能上的表现，因而加强了已掌握技能、激发对未能掌握好的技能的进一步学习。针对内容学习，学生须进行回忆和提炼并记录下来，这是对所学信息和观点进行再次深加工然后产出，因而强化了本单元所学内容。

EXIT TICKET

1　Check the functional language you have learned in this unit.

Making suggestions

☐ Why not ...?
☐ Why don't you ...?
☐ You'd better ...
☐ Try to ...
☐ You may as well ...
☐ If I were you, I would ...
☐ It would be a good idea if ...
☐ That way, it will make you ...
☐ By doing this, you will ...
☐ My suggestion is that ...
☐ Let's ...
☐ You could try ...
☐ Maybe you should ...
☐ I recommend / suggest ...

Giving examples

☐ Take the case of ...
☐ Take ... for example.
☐ This can be illustrated by ...
☐ ... in particular, ...
☐ ... such as ...
☐ ... is a case in point.
☐ One example is ...
☐ Another example is ...

2　Check the skills you have learned in this unit.

☐ Read sentences with proper sense group pauses
☐ Make suggestions in a conversation
☐ Give examples in a presentation

3　Note down the useful ideas you have learned in this unit.

• _____
• _____

图 2.2　《大学英语听说教程 4》（第二版）第四单元自评表

2.3.3　以自我评价反思学习:《新未来大学英语综合教程》的设计

《新未来大学英语》系列教材采用体验式外语学习范式,融合外语教育与全人教育(孙有中 2020)。在设计上通过营造真实交际环境,搭建任务脚手架,创设深度学习体验。学生参与完成不断发展的交际任务,学习语言、训练思维、提高素养,从而实现知识与能力的有效内化。教材的核心目标是培养学生多元能力和素养,实现途径是引导和帮助学生完成各项交际任务。该套教材的综合教程内容以情景剧的形式展开,学生与教材中的大学生角色一起经历校园生活(第 1 册)、探索社会发展(第 2 册)、进入职场实习(第 3A 册)、开展学术探究(第 3B 册)。每个单元学习主要包括:分两个阶段(Episode 1 & Episode 2)在交际情境中进行视听说读写活动,每阶段最后分别完成一项产出型交际任务;在两个阶段学习积累的基础上,通过脚手架的帮助,完成综合产出任务;学习两篇与单元主题相关的课文,以课文为载体进行思辨性讨论和跨文化写作;完成单元学习自我评价。

以《新未来大学英语综合教程 3B》第一单元(季佩英、潘海英 2023)为例,单元主题是"人工智能",开头带领学生进入本单元的交际情境:大学举办以"AI+"为话题的学术演讲竞赛,学生与教材中的两位角色一道参加竞赛,于是开启接下来的一系列活动。在第一阶段,学生将读到两位角色所收集的一些调研材料,了解 AI 在不同领域的应用与影响,分析其利弊,然后将听到角色对一位科技专家的访谈,在理解内容的同时学习访谈中的提问技能,本阶段的产出任务为确定演讲题目拟定演讲提纲。在第二阶段,学生首先阅读角色所找到的关于如何做学术演讲的文章,学习在国际学术论坛面对多种文化背景的观众的演讲技能,然后观看角色找到的一段视频,学习如何准备演讲的问答环节,本阶段的产出任务为写出演讲问答环节观众可能会提出的问题与自己的回答。基于第一、二阶段的学习和产出,学生完成综合产出任务:参照两位角色设计的演讲 PPT,按步骤设计自己的 PPT、撰写演讲要点、预演与打磨演讲以及进行正式演讲。在课文学习部分,学生阅读两篇关于 AI 的文章,学习阅读技能、思辨技能,完成跨文化写作。最后,学生完成自评表(参见图 2.3),对本单元学习进行反思。自评表包括三部分,第一部分是对照每个阶段的主要产出任务检查完成情况,包括第一阶段产出任务、第二阶段产出任务、综合产出任务、课文学习部分的写作任务。第二部分是对照每个部分所学的主要技能检查学习情况,包括基于交际情境学习部分的学术技能、思辨技能和跨文化技能以及课文学习部分的阅读技能、思辨技能和跨文化技能。第三部分是回答两个反思问题，总结本单元所学到的最有用的是什么，还有什么需要继续提高、如何提高。

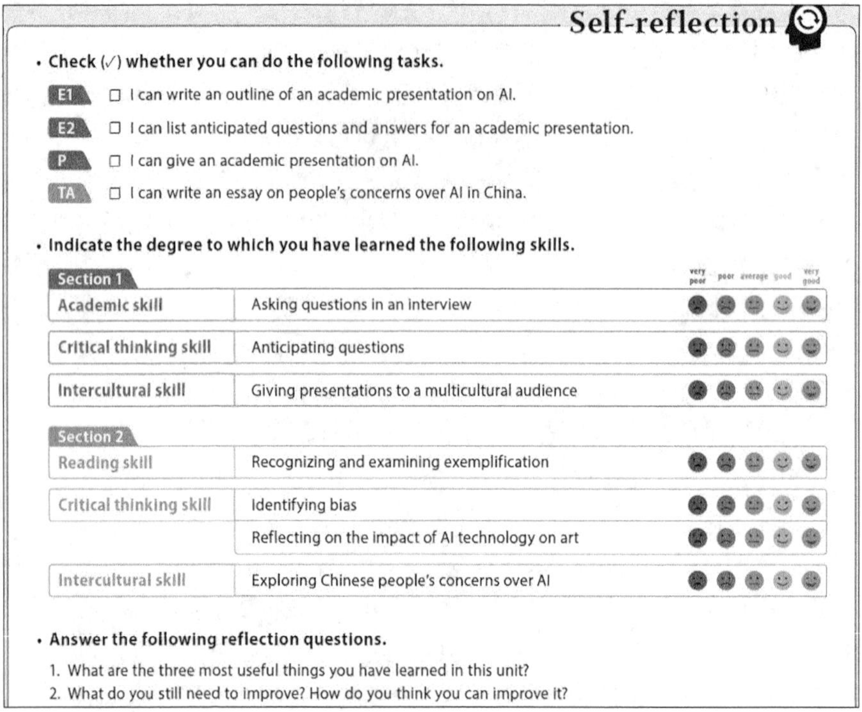

Self-reflection

- Check (✓) whether you can do the following tasks.
  - E1 ☐ I can write an outline of an academic presentation on AI.
  - E2 ☐ I can list anticipated questions and answers for an academic presentation.
  - P ☐ I can give an academic presentation on AI.
  - TA ☐ I can write an essay on people's concerns over AI in China.

- Indicate the degree to which you have learned the following skills.

		very poor	poor	average	good	very good
Section 1						
Academic skill	Asking questions in an interview					
Critical thinking skill	Anticipating questions					
Intercultural skill	Giving presentations to a multicultural audience					
Section 2						
Reading skill	Recognizing and examining exemplification					
Critical thinking skill	Identifying bias					
	Reflecting on the impact of AI technology on art					
Intercultural skill	Exploring Chinese people's concerns over AI					

- Answer the following reflection questions.
  1. What are the three most useful things you have learned in this unit?
  2. What do you still need to improve? How do you think you can improve it?

图 2.3 《新未来大学英语综合教程 3B》第一单元自评表

这项作为学习的评价活动从不同维度引导学生进行反思，一方面有助于学生更好地内化对英语学习的认识，另一方面促使学生思考和发展学习方法、提升学习自主性。该教材的活动设计多样、内容容量较大，学生学习过程中经历了丰富的体验，在整个单元结束时，需要对具象的学习体验进行梳理，提炼学习的核心要素。自评表通过能做什么（产出任务）和其中所包含的可迁移能力（技能）两个维度提供显性的线索，学生根据线索对学习体验形成概念化认识，即本单元所完成的活动最终应实现什么目标，也同时内化对英语学习的认识——学习语言旨在运用语言进行沟通，要能够有效地沟通需要具有包括语言能力（学术情境下的语言沟通能力）、思辨能力和跨文化能力在内的各项能力。在自评活动中涵盖对思辨能力与跨文化能力的评价，也符合该教材突出多元能力培养、对思辨能力与跨文化能力进行显性教学的特色。自我评价表所列举的能做的事和具备的能力，在单元开头的"学习目标"中已经呈现出来，这种前后呼应的设计使得学生带着目标开始学习，在丰富的学习体验后反思目标的实现情况，形成学习评价的有机融合。自评表还用开放性问题引导学生总结学习所得，分析有待进步之处，思考进步的路径。这符合人本主义学习理论所强调的人的自主性，学会评价自己的学习表现是发展自主性的重要途径，当学习者通过评价明确自己的学习目的，才会真正对自己学习负责（张庆宗 2023：28），总结收获、分析尚待提高之处就是确立下一轮学习目标的过程。人本主义特别强调学习方法的掌握，指出最好的学习是学会如何进行学习，通过自评内化对学习的认识以及思考自己提高的路径，都是反思和发展学习方法的过程。

2.4.　小结

本章首先对课堂评价相关概念的发展进行了梳理，分析对学习的评价、促进学习的评价和作为学习的评价三个核心概念之间的关系，然后以作为学习的评价为切入点，探讨如何有机融合教学与评价。通过分析教材设计的案例，我们发现作为学习的评价活动可以在前期开启驱动学习，也可以在后期强化学习效果，还可以通过反思内化学习认识、发展学习能力、提高自主性。评价表内容的设计对评价活动的功能起决定作用，评价表细目与具体教学目标的高度匹配以及评价活动与教学活动的紧密逻辑关系是实现教学与评价融合的重要途径。

第三章 教材中形成性评价活动的比较分析

上一章通过三个教材设计案例探讨作为学习的评价的活动设计。本章将进一步扩大研究范围，通过比较与分析国内较为有代表性的 10 部大学英语教材，探究教材中形成性评价活动的频度与特点，从而为教材中的形成性评价活动设计现状画像，进而讨论大学英语教材形成性评价活动设计的关键问题，为未来教材编写与教学实践提供参考建议。

3.1　形成性评价的意义

形成性评价既是一种测评行为，也是课堂教学活动的一部分，是指对所获取学生的学习表现证据加以分析解释，从而得出结论指导下一步学习和教学的过程（Black & Wiliam 2009）。形成性评价对教学的促进作用已由大量实证研究验证（Black & Wiliam 1998b; Kluger & DeNisi 1996; Wiliam *et al.* 2004），结论是执行得当的形成性评价活动可以令学生学习效率成倍增长（Wiliam 2007）。国内大学英语教学领域对形成性评价的重要性有相当认识（杨满珍、刘建达 2019），形成性评价已纳入《大学英语教学指南（2020 版）》（教育部高等学校大学外语教学指导委员会 2020）。由于目前大学英语教学实践仍是教材驱动，课程内容、教学设计与教学实施均围绕教材开展，教材中形成性评价活动的设计情况将直接影响教学中的形成性评价实践。

3.2　形成性评价与教材研究

不同于终结性评价的大规模、标准化考试，形成性评价发生于教学过程中、以促学为目的（Bloom *et al.* 1971）。Black & Wiliam（1998b）基于对250 篇形成性评价研究的元分析，发现形成性评价对学习具有巨大促进作用，此后形成性评价在世界范围内得到广泛的实践和研究。研究一方面聚焦评价的某种形式，如同伴互评（Yu & Hu 2017; 周季鸣、束定芳 2019），或某个环节，如反馈（Zhang 2020; 牛瑞英、张蕊 2018），探究评价的促学机制；另一方面以技能为线索，探讨教学中的形成性评价实践（如 Ranalli 2018; 田朝霞 2018；文秋芳 2011），其中尤以写作评价的研究数量最为突出（杨莉芳、王婷婷 2022a）。

大学英语教学情境下的形成性评价是国内研究关注的重点（杨满珍、刘建达 2019），实证研究基于真实课堂，总结出具有借鉴与推广意义的特点（如杨华、文秋芳 2014）。然而，也有研究发现（Stiggins 2002; 江进林 2019），教师普遍缺乏评价培训与相关支持，难以顺利开展形成性评价活动，因而很难达成评价的真正促学效果。调查表明，高校英语教师的整体测评素养偏低（江进林 2019）。尽管测评课程和培训对提升教师测评素养有一定作用，但作用范围有限。作为教学最重要的工具，教材对教师与教学的指导作用毋庸置疑，研究发现，教师在使用教材时很少改编教材已有的活动（张虹等 2021b）。因此，形成性评价活动是否充分、有效地包含在大学英语教材设计中，直接影响甚至可能决定教学实践中形成性评价的开展情况。

有关大学英语教材的研究，国内较多关注编写教材的理念与原则（如孙有中 2020；张敬源等 2017）、教材的使用与评估（如林娟、战菊 2015；谭萍 2017）。不少学者强调形成性评价纳入教材的重要性（胡壮麟 2005；郑晓红 2018），指出教材应培养学生自主学习能力，教材活动设计应注重给予学生自我评估的空间，以引导学生为下一步学习制定目标和计划（隋晓冰、周天豪 2012）。但目前尚缺乏针对形成性评价活动的教材实证研究。鉴于此，本章将探究大学英语教材中形成性评价活动的特点，并对各册教材进行分析与比较，具体研究问题包括：

（1）大学英语教材中是否设计了形成性评价活动？若是，频度如何？

（2）大学英语教材中形成性评价活动设计呈现什么样的特点？

3.3　教材中形成性评价活动的收集与分析

本章研究对象为国内 10 部主流大学英语教材综合教程第一册学生用书与教师用书，包括教师用书的原因在于，学生用书中一些练习活动的评价标准、实施评价的步骤等信息会通过教师用书提供。教材的选取遵循下列原则：使用面广，既有经典教材又有近期出版的新教材，包括不同出版社出版的教材。最后选定的教材信息见表 3.1，教材名与出版社名称均用字母代替。

表 3.1　教材信息

教材名称	A	B	C	D	E	F	G	H	I	J
出版时间	2012	2010	2014	2017	2021	2016	2017	2018	2020	2021
出版社	X	Y				Z				

　　研究数据收集于 10 部教材学生用书中除输入性文本外的所有练习活动，以及对应的教师用书中对活动的教学建议。数据分析的编码框架（见表 3.3）结合了形成性评价理论以及对本研究数据自下而上的分析。基于语言测评界对形成性评价活动基本要素的研究成果（Boston 2002; Gu 2021; Heritage 2007; Wiliam & Thompson 2007），确定评价活动的五个要素为：（1）明确目标，即点名学习的具体目标是什么；（2）获取表现，即通过设计任务来获取学生学习的表现；（3）评价表现，即对所获取学习表现的质量进行评估与解释；（4）提供反馈，即报告对表现的评估结果、提出建议；（5）促学行动，即根据反馈采取后续行动促进学习表现的提升。每个要素下包括具体的维度指标，来自对本研究数据的扎根理论分析。

　　基于上述编码框架，笔者首先对一位有经验的编码员（语言测评方向硕士毕业生，曾参加三项语言测评研究的编码工作）进行编码培训，然后两位编码者独立编码，在编码过程中有不确定之处时提出共同商讨。编码者间信度检验 Cohen's kappa 系数为 0.92，符合标准，编码不一致之处在商讨后确定。

3.4　教材中形成性评价活动的频度与特点

　　完成对所选教材中形成性评价活动的分析后，我们围绕两个研究问题，从形成性评价活动的频度与特点来报告研究发现。

3.4.1　形成性评价活动频度

　　10 部教材都包含形成性评价活动，共 88 项，但每部教材的形成性评价活动频度存在显著差异（见表 3.2）。其中三部教材（A、D、E）平均每单元一项形成性评价活动，四部教材（C、F、G、I）平均每单元不足一项，三部教材（B、H、J）平均每单元超过一项。形成性评价活动频度最高的 J 教材平均每单元超过四项活动，频度最低的 G 教材全册共两项活动、平均每四个单元一项。出版较早的教材 A（2012）与 B（2010）平均每单元约一项形成性评价活动，最近出版的教材 J（2021）平均每单元约四项。尽管没有线性相关，新近出版的教材有可能更注重形成性评价活动的设计。

表 3.2　各部教材第一册的形成性评价活动

教材	单元数	形成性评价活动频数	要素频数				
			明确目标	获取表现	评价表现	提供反馈	促学行动
A	8	8	8	8	8	8	8
B	8	10	8	10	10	8	8
C	8	3	1	3	3	1	1
D	6	6	6	6	6	6	0
E	8	8	8	8	8	8	8
F	8	5	5	5	5	5	3
G	8	2	2	2	2	2	0
H	8	16	16	16	16	16	7
I	8	4	4	4	4	4	0
J	6	26	26	26	26	23	10
合计	76	88	84	88	88	81	45

　　教材的形成性评价活动中，各要素分布不均衡：所有活动均包含"获取表现"与"评价表现"，95% 包含"明确目标"，92% 包含"提供反馈"，仅 51% 包含"促学行动"。若以具备所有五要素才构成完整的形成性评价活动为标准（顾永琦、李加义 2020），则仅有半数形成性评价活动达标，10 部教材的第一册共 76 个单元，仅包含 45 项完整的形成性评价活动。

3.4.2　形成性评价活动特点

　　通过每个要素下各指标频数的情况，我们可以得出教材中形成性评价活动的主要特征（见表 3.3）：评价的目标绝大多数基于具体任务，任务形式以书面产出为主，对任务表现的评价基本具备明确的评价标准，评价标准的内容以语言能力为主导，半数评价活动要求提供开放式的评论和建议作为反馈，半数评价活动包含后续促学行动，行动的目标主要是任务表现。

表 3.3　形成性评价活动各要素指标特点

要素	频数	指标		频数	占比
（a）明确目标	84	（a1）目标内容	（a1.1）课程学习目标	1	1.2%
			（a1.2）单元学习目标	14	16.7%
			（a1.3）具体任务目标	69	82.1%
		（a2）目标形式	（a2.1）罗列目标	16	19.0%
			（a2.2）任务要求	50	59.5%
			（a2.3）步骤指导	23	27.4%
（b）获取表现	88	（b1）阶段性学习表现		8	9.1%
		（b2）单元学习表现		14	15.9%
		（b3）具体任务表现	（b3.1）视听理解	5	5.7%
			（b3.2）阅读理解	2	2.3%
			（b3.3）口头产出	15	17.0%
			（b3.4）书面产出	44	50.0%
			（b3.5）思辨产出	1	1.1%
（c）评价表现	88	（c1）评价标准	（c1.1）笼统	5	5.7%
			（c1.2）针对一类任务	44	50.0%
			（c1.3）针对单个任务	51	58.0%
			（c1.4）针对罗列目标	20	22.7%
		（c2）评价内容	（c2.1）语言能力	81	92.0%
			（c2.2）思辨能力	7	8.0%
			（c2.3）跨文化能力	7	8.0%
			（c2.4）学习能力	3	3.4%
		（c3）评价主体	（c3.0）未指明	7	8.0%
			（c3.1）学生自身	43	48.9%
			（c3.2）同伴	44	50.0%
			（c3.3）教师	16	18.2%

（待续）

（续表）

要素	频数	指标		频数	占比
（d）提供反馈	81	（d1）反馈内容	（d1.1）分数／名次	5	6.2%
			（d1.2）是否判定	24	29.6%
			（d1.3）程度判定	38	46.9%
			（d1.4）开放式内容	41	50.6%
		（d2）反馈对象	（d2.1）学生	74	91.4%
			（d2.2）教师	7	8.6%
（e）促学行动	45	（e1）行动主体	（e1.1）学生	42	93.3%
			（e1.2）教师	9	20.0%
		（e2）行动目标	（e2.1）学习行为	8	17.8%
			（e2.2）已学内容	8	17.8%
			（e2.3）提高任务表现	26	57.8%
			（e2.4）教学策略	3	6.7%

注：占比由指标频数除以要素频数计算得出。

关于要素一"明确目标"，绝大部分评价活动（82.1%）的目标基于具体的任务，目标出现的形式主要有两种，一是出现在任务要求中（59.5%），如教材 D 的一项写作任务"writing a letter of congratulation"的要求为"choose the right form and tone, stay focused on the theme of congratulation"。二是在任务步骤指导中逐渐呈现（27.4%），这种形式的目标往往更为具体，发挥了评价目标与学习脚手架的双重作用，如教材 H 的一项评价活动基于"giving a presentation on digital shopping on campus"任务，任务共有四个步骤，其中 Step 2 develop your ideas 给出具体指导及三项目标"list the most common ways of digital shopping students use on campus, think about the impacts of digital shopping on college students, collect supporting details (facts, data, etc.)"。还有一部分评价活动以单元学习目标为评价目标（16.7%），如"I can write an essay describing my experience of 'learning to become local'"，目标于单元开头列出（19.0%），评价在单元学习结束时进行。值得一提的是，仅一项评价活动以课程学习目标为评价目标（"Evaluate and categorize your learning features under the headings below: strengths, weaknesses"，教材 J)，属于课程教学目标中的学习能力，在该教材前言中有明确列举。

关于要素二"获取表现"，即通过设计具体任务来获取学生的学习表现，以产出型任务尤其是以书面产出（50.0%）为主，如写一封信、写一篇介绍性短文等。获取单元学习表现的形成性评价活动数量不多（15.9%），均设置于单元末，学生完成单元学习后基于单元学习目标对学习表现进行自评（仅教材 A、J）。获取阶段性学习表现的形成性评价活动数量少，但很有特点，分为两类，一是分别完成前半学期和后半学期学习时的阶段测评（仅教材 B、C），二是对之前学习特征的自我评估（仅教材 J）。

关于要素三"评价表现"，绝大多数评价活动具备明确的评价标准。针对具体任务表现的评价活动，其评价标准常常以 checklist 形式出现，既有针对此项任务的具体标准（如 We have included the most important information about digital shopping on campus），又有针对一类任务的通用标准（如演讲中 voice is clear and loud enough），前者常常与要素一中的目标相关联。92.0% 的评价活动以语言能力为评价内容，关注思辨能力、跨文化能力和学习能力的评价活动很少。除 7 项评价活动未明示评价主体外，其他活动主要为学生自评（48.9%）、同伴互评（50.0%）以及少数教师评价（18.2%），有一些活动叠加这几种形式，如运用同一个评价标准先自评再互评。

关于要素四"提供反馈"，在所提供反馈内容中，半数反馈为开放式内容（50.6%），即评价者对被评价者的学习表现提供评论和建议，其次是依据给定标准逐条判断完成的程度（46.9%，如判定完成度属于好、中、差哪个级别）或判断是否完成（29.6%），属于封闭式反馈。另有五项活动的反馈为给学习表现打分，或评选出最佳（如 vote for the best presentation）。接受反馈信息的对象主要是学生（91.4%）。

关于要素五"促学行动"，具备此要素的评价活动共 45 项，其中 93.3% 指明学生要采取后续行动，20.0% 具备教师行动，仅 6 项活动要求学生与教师都开展后续促学行动，教师行动主要体现为答疑。促学行动的目标，以提高任务表现为主（57.8%），如要求学生依据评价结果来修改写作初稿。有的评价活动由于其要素一是单元学习目标，因此促学行动的目标相应地是学习行为（17.8%）（如 figure out what you need to improve and how you can improve it）或已学内容（17.8%）（如 review the section which you found difficult）。有 3 项评价活动建议教师根据评价结果做出相应教学策略的调整（6.7%）

（如 If students find this activity difficult, the teacher may ask them the following hypothetical questions）。

3.5　形成性评价活动设计的经验与不足

基于上述研究发现，并结合对具体数据的分析，可以得出大学英语教材在形成性评价活动设计中的一些经验和不足，从以下四个方面进行探讨。

第一，形成性评价的实现途径。总体来看，形成性评价活动已成为大学英语教材必备的教学活动，所有教材均有设计显性的形成性评价活动。教材 C 和 G 活动频度最低，尽管二者在教材前言中都强调了形成性评价的重要性。较早出版教材的形成性评价活动设计受到终结性评价的设计思路影响，如出版于 2010 年、2014 年的教材 B 和 C，所设计的主要评价活动为两次阶段测评，采用全国大学英语四级考试形式的试题，提供参考答案，但未指明具体的反馈形式与后续行动。

新近出版的教材更能体现教学评一体化的特点。如 2018 年出版的教材 H，每单元的 Unit project 均包含要素完整的形成性评价活动，评价目标同时也是完成任务的脚手架，学生完成任务产出后对任务表现的自评、互评及改进不是额外的附加活动而是任务必备的环节，任务表现的评价标准与任务的具体学习目标一致，这一系列设计使得学习与评价有机结合，评价成为提升学习表现的必经之路。2021 年出版的教材 J 形成性评价活动频度最高，做到了逢产出必评价，评价囊括从小任务到大项目以及单元学习各层面的表现。

第二，形成性评价的能力目标。10 部大学英语教材的形成性评价活动以书面产出表现为主，呼应了形成性评价的研究现状——写作评价的研究数量最为突出（杨莉芳、王婷婷 2022a）。原因可能在于，一方面，产出型任务属于开放式表现，更需要显性的评价设计，同时写作教学中反馈是重要环节，而反馈也是形成性评价的核心要素；另一方面，本章的研究对象均为综合教程，综合教程的传统注重读写，写作任务占比大，因此基于写作的评价活动更多。然而，除书面表达外，口头表达以及阅读和视听理解能力也都是语言能力的重要组成部分，因此亦有必要开展形成性评价。教材 H 中形成性评价活动所涵盖的语言能力就比较均衡，包括书面表达、口头表达、视听理解及阅读理解各类任务。其输入型任务的形成性评价活动采用基于输入材料的开放式问题收集学生的表现，再通过教师用书提供评价的标准与后续促学行动方案。10 部教材形成性评价活动的另一特点是以语言能力为评价内容，较少关注思辨能力、跨文化能力和学习能力。后几项能力同样是大学英语课程的重要教学目标，学界近年也非常关注如何实施相关教学与测试（如孙有中 2016；杨莉芳 2018），因此，有关这几项能力的形成性评价如何开展尚需更多尝试。

第三，形成性评价的要素。基于研究发现，大学英语教材中形成性评价活动的五要素分布不均衡，"提供反馈"与"促学行动"这两个要素值得特别注意。评价活动所设计的反馈中有三分之一为分数或者是否判定，而所有活动中仅有半数具备促学行动的设计。Davison & Leung（2009）指出形成性评价的两个基本功能是知会（informing）与形成（forming），分别通过反馈与促学行动来实现。好的反馈应提供准确可靠的评价结果以及足量的信息。笼统的分数所能提供的促学信息非常有限，而是否判定往往不能准确反映真实情况，因为对学习表现的评价不是在好和差（或有和无）中二选一，而是评估达到何种水平、离目标还有多少距离。有的反馈设计为开放式建议，但仅是笼统描述（如 invite the audience to make comments，教材 I），可能令评价主体无从着力，反馈流于形式。若提供评价的具体方向（如评价主体回答内容、结构、语言三个方面的 6 个评价性问题，教材 H），则反馈更能有针对性地深入开展。

同时，反馈后的促学行动非常重要，"应根据评估结果采取后续行动，只有反馈信息被用于改进学习时，反馈才能发挥形成性作用"（顾永琦、李加义 2020：36）。可见，形成性评价活动需要加强促学行动的设计。

第四，形成性评价的教师主体。本研究所分析的教材中形成性评价活动的评价主体以学生自身（48.9%）和同伴（50.0%）为主，教师（18.2%）较少。这可能与对形成性评价的认识有关，即将操作方法（自评、同伴互评）等同于形成性评价（顾永琦、李加义 2020）。教师在评价活动中的重要作用已有研究证明（如孙曙光 2017），其前提条件是教师懂得如何组织评价活动、开展评价。

教师用书是为教师提供支持和指导的有力途径，但 10 部教材的教师用书在形成性评价活动设计中的作用差异较大。仅半数教材的教师用书（教材 D、F、G、H、J）提供形成性评价活动的相关内容，包含三类情况：一是将学生用书中的活动步骤与评价标准换成教师视角加以阐述，几乎无新增内容；二是学生用书仅呈现任务要求，由教师用书补充教师组织评价活动的详细步骤与评价标准；三是任务要求与自评标准在学生用书中列出，教师用书提供互评和师评的指导步骤与评价标准以及后续促学行动的建议。相较而言，第三类情况能比较完整地覆盖形成性评价活动的要素，对教师开展教学实践的指导与借鉴意义更大。

3.6　启示与建议

在前文对研究发现进行探讨的基础上，我们获得了关于形成性评价活动设计的一些启示，从而尝试提出未来在教材编写与教学实践中发展形成性评价活动的几点建议。

首先，应提高成性评价在教学活动中的占比，促进评价与教学的有机融合。教学评一体化，不是教学与评价各自为政再简单相加，而是将评价作为完整教学活动中的必备环节，通过评价来诊断与反馈教学目标的完成情况，并以此为依据确定下一轮教学的行动计划。在教学设计中，二者的有机融合既可以相对隐性，也可以比较显性。例如通过评价环节串联起系列学习活动形成完整的活动链，在一个单元内可设计有不同阶段的产出任务，第一阶段产出任务完成后，所产出的内容成为第二阶段任务的起点，第二阶段任务须先评价和修改第一阶段任务的产出，然后在此基础上进一步添加元素，生成新的产出。还可将必要的评价素养如反思与评价能力设计为教学内容，如教材 J 某单元的主题为 Learning as living，学生须反思自己的学习者特征、学习现状的长处与短处、制订相应的学习计划与评价方案，这就是对形成性评价能力的显性学习，有助于提高学生的评价素养（Smith *et al.* 2013）。

其次，应丰富形成性评价的能力目标，实现对语言能力、思辨能力、跨文化能力等综合能力的促学效应。评价活动的目标与教学目标应当一致，当前外语教学以发展多元能力为目标，因此形成性评价必然在语言能力基础上融合多元能力与素养目标，从而促进外语教学中综合能力的培养。融合多元能力的形成性评价既可以在具体任务中实现，也可以在整个单元学习的基础上进行宏观设计。前者尤其要结合某项任务的目标与内容，设计任务表现的具体评价标准（杨莉芳、王婷婷 2022b），例如针对一项跨文化写作任务，不仅应该评价任务产出的内容相关性、结构逻辑性和语言的准确性、丰富性等，还应该评价其中所涉及的跨文化知识、技能与态度（Deardorff 2006）。后者需要整个单元进行一体化设计，可在每单元学习完成时让学生进行 self-reflection，即形成性评价中的自评，评价标准中纳入思辨能力、跨文化能力、学习能力细化的子技能以及具体的思政育人目标，而单元开头的学习目标中就应列出各项子技能和具体目标，在单元学习中可运用能力框进行讲解，通过学习任务加以训练，再进行评价，通过教学评贯通的方式实现多元能力培养目标。

再次，应重视评价中的有效反馈与后续促学行动，建立学、评、知、行的良性循环。形成性评价促学的根本路径在于，基于对学生表现的评估和诊断进行反馈，并采取有针对性的后续教学行动，从而解决问题、提升教学效果。目前多数评价活动尚囿于利用评价工具探知学生表现，对反馈的重视不足，导致缺乏反馈或反馈单一（分数或等级）或单薄（简单判定）。有效反馈必须具有充分的诊断性，能够明确分析具体任务表现及学习结果中存在的优点和不足，并给出针对不足的提升方案。因此，建议避免笼统的描述语，或在学生作为评价主体的情况下任其随意点评。在学生开展评价时，应提供评价的具体方向，可采用回答评价问题的形式，或让学生基于标准细则给出评价并列出具体的评价证据，从而促进学生对评价标准的深入学习和思考，实现以评为学，也有利于生成真正有效的反馈。有效的反馈是后续行动的前提，但反馈并不会自然而然地发展为后续行动，因此需要设计后续行动的步骤以及针对可能的行动结果，设计进一步评价的方案，实现教学评的循环发展。

最后，应加强教师在评价中的作用，提升教师的评价素养和评价实践。一方面，教材编写应加强教师端设计，为教师的形成性评价实践提供更多指导与支持。有效的设计包括，结合本册教材总体教学目标和设计提供关于形成性评价的基本内容和原则，结合每单元教学设计提供形成性评价的活动链，以及结合每项具体教学任务提供形成性评价的步骤、指令语、标准及操作建议。另一方面，必须认识到教师在评价活动中肩负多重角色的任务，教师有时是评价主体，须掌握评价学生表现与教学效果的有效方法；当评价主体为学生时（自评、互评），教师是评价活动的引导者，须为学生提供评价必要的支持、搭建评价活动的脚手架、跟进评估评价活动的过程与结果、采取相应措施促进评价活动发展；教师亦是评价活动的设计者，由于不同教材对形成性评价活动的设计存在差异，教师在面对本校所选用的教材时，可参考形成性评价五要素进行分析，利用教材中已具备的要素，补齐所缺失的要素，根据教学评一体化的原则开展形成性评价活动。

3.7　小结

　　本章分析了 10 部大学英语教材综合教程第一册中形成性评价活动的设计情况，发现所有教材均包含形成性评价活动，但频度与特点均存在差异，较早出版的教材中形成性评价有较明显的终结性评价的痕迹，新近出版的教材中形成性评价活动频度更高，更能体现教学评一体化的理念。总体来看，形成性评价活动设计更强调获取表现和评价表现，在提供反馈与促学行动方面有较大提升空间。本研究的发现为我们提供了发展大学英语教学中形成性评价的基本思路，包括提高评价活动的频度，促进评价与教学活动的融合，拓展评价目标涵盖多元能力，强调反馈与后续行动，以及赋能教师的评价实践。

　　本章所分析的教材均为传统纸质教材，未来可以关注纸数结合的新形态教材（杨莉芳 2023a）中形成性评价活动的设计与实现。新形态教材基于智慧教学平台，能够利用数据信息技术收集教与学的全过程数据，分析学习者学习表现、行为特征、能力现状等，在通过评价赋能教学决策方面独具优势，将会推动形成性评价进入新纪元。

第四章　教材产出驱动活动的微课设计

技术赋能是近年高等教育以及外语教育领域关注的热点，对教材的开发与使用也产生了重要影响。将教材的内容制作成微课，是技术赋能下英语教材数字化发展的重要尝试。本章报告基于教材的微课开发案例，以《新一代大学英语综合教程2》一个单元的产出驱动环节为课程内容，探究如何通过设计微课来实现产出导向法"驱动"环节，详细描述了微课制作及多轮修改的全过程，分享了遇到的困难和解决方法，最后通过反思提出了微课进一步优化的方案。

4.1　教材与微课设计的理论基础："产出导向法"及其"驱动"环节

本章所进行的微课设计基于《新一代大学英语综合教程2》，该教材是国内第一本以"产出导向法"为指导进行编写的大学英语教材，面向大学一年级英语程度较好的非英语专业学生。"产出导向法"（production-oriented approach，下文简称POA）是外语教育专家文秋芳提出的具有中国特色的外语教学理论（文秋芳2015a）。该理论体系经过多年的发展与完善（Wen 2014；文秋芳2007，2008，2013，2014，2015a），理论的发展始终与大学英语教学实践和教学试验紧密结合（文秋芳2015a），因此能够非常快速和直接地应用于实际教学。本章微课内容具体针对POA"驱动–促成–评价"教学流程中的"驱动"环节。

POA"驱动"环节通过在每一单元的开头呈现交际场景，令学生在对交际活动的尝试中意识到自我语言的不足，从而产生学习的欲望，明确单元教学目标和产出任务。具体来说，"驱动"环节包括3个教学步骤（文秋芳2015a）：（1）教师呈现交际场景，交际场景应该是学生未来学习和工作中有可能碰到的场景和话题，并且具有一定的认知挑战性；（2）学生尝试完成交际任务，令学生在亲身体验中感受到，完成这些任务并不容易，产生学习的动力；（3）教师说明教学目标和产出任务，目标分为交际目标和语言目标，前者是指通过本单元学习，学生能完成何种交际任务，后者是为完成任务所需掌握的语言。文秋芳（2015a）指出，对于实施 POA 的教师来说，驱动环节最具挑战性。

4.2 微课在"驱动"环节的应用

微课（micro lecture）是以微型教学视频为主要载体，针对某个学科的知识点或教学环节而设计开发的一种情景化、支持多种学习方式的视频课程资源（关中客 2011；胡铁生 2011）。微课的产生与发展受到翻转课堂理念的推动，学生阅读与听讲座任务在课前完成，课上时间用于师生问答和互动（Baker 2000; Crouch & Mazur 2001; Mazur 1997, 2009）。课前学生听的讲座就是教师录制的讲课视频。2009 年，美国墨西哥州圣胡安学院的 David Penrose 等教师在以往网络录像课程的基础上，提出一分钟微课，最长不超过 3 分钟（Shieh 2009）。随着信息技术的快速发展和普及以及碎片化和泛在化学习成为常态（文秋芳 2015b），微课已经被应用于国内外中小学及大学各教育阶段的不同科目和课程（Berrett 2012; Correa 2015; Forsey *et al.* 2013; Siegle 2013；陈智敏等 2014；李艳叶 2015；熊开武 2014；张琛、刘正 2014），微课对学习效果的提升作用得到研究验证（高琳琳等 2019）。伴随技术发展对教学的影响日益深入，国内微课设计也开始蓬勃发展，伴随全国英语教学微课大赛的举办及相关教学实践的开展，大学英语微课设计的认知度和参与度也有了显著提高，但将特定的外语教学理论应用于相关微课设计的专门研究，尚未多见。

文秋芳（2015a）指出，"鉴于目前移动技术的普及，产出'驱动'这一环节可以拍成视频，或者微课，让学生在课前学习"（2015a: 554）。的确，与传统教材和教学方式相比，微课具有一些特点和优势，使其尤为适宜运用在"驱动"环节。首先，微课设计能够通过应用多种信息技术，丰富输入的途径，使学生沉浸于学习内容（陈智敏等 2014；刘庆涛 2015；孟祥增等 2014），契合"驱动"环节尽量真实地呈现交际场景的要求。其次，微课的形式既直接呈现场景、目标，又留给学生自我反思的空间，避免课堂上教师说教和同伴压力的负面效应，能够通过外界刺激—自我尝试—内心反省—激发动力的过程，真正达到"驱动"学习的目的。第三，微课时长短则 1—2 分钟，最长不超过 10 分钟，非常适合"驱动"环节的内容，也有利于减轻学生的认知负荷（胡君 2014；夏传真 2015；张晓君等 2014）。第四，微课可以令教师教与学生学的过程分离，学习可以在无教师的情况下发生，学习形式更加灵活（陈琳、王运武 2015；韩中保、韩扣兰 2014；刘红霞等 2014；

卢海燕 2014；钟绍春等 2014）。"驱动"环节由于其主要目标是制造学生的"饥饿状态"、激发学习欲望，如果通过微课的形式让学生在课前完成，就能腾出更多课上时间用于下一阶段的促成环节。

4.3 "驱动"环节微课设计

微课设计包括课程内容和教案的制定、脚本的设计和修改、课程录制修改和评价几个步骤。产出导向法的教学理念对每个步骤都起到了指导作用。虽然步骤有先后，但整个设计过程并非单向线性进行，当下一步发现问题时，随时可能回到上一步或几步进行修改和调整。

4.3.1 课程内容与教学方案的制定

本研究的微课以《新一代大学英语综合教程 2》"艺术与自然"单元的产出驱动环节为课程内容。单元结构如图 4.1 所示：

图 4.1 《新一代大学英语综合教程 2》"艺术与自然"单元结构

微课教学内容虽然只是产出"驱动"环节，但它不是孤立的环节。为达到驱动输入性学习、与产出任务匹配的目的，教学内容需要考虑教学流程后两个阶段促成和评价的内容。本单元的两篇课文，第一篇介绍西方名画《蒙娜丽莎》的特点以及画家所使用的绘画技巧，第二篇介绍中国画大多以山水为题材其背后的原因。产出任务包括：分别与两篇课文直接关联的两项较小的任务，"与你的外国朋友分享关于西方名画《蒙娜丽莎》的知识"和"为学校艺术论坛的中国画展览写一页小简介，介绍为什么中国画大多以山水为题材"；一项综合性产出任务，"在学校举办的中西方艺术论坛上以'中西方绘画的比较'为题进行发言"。在确定教学内容的基础上，笔者制定了教学方案，如表 4.1 所示。

表 4.1　微课设计方案

课程名称	《新一代大学英语综合教程 2》	
课程内容	"艺术与自然"单元 iPrepare 产出驱动环节	
授课对象	年级：大学一年级，非英语专业	英语水平：较高
授课长度	3—5 分钟	
教学目标	目标 1：通过呈现交际场景激发学生学习输入内容的动力 目标 2：明确单元教学目标	
教学资源	教材、图片、PPT	录影棚

微课教学方案包括课程名称、课程内容、授课对象、授课长度、教学目标、教学资源、教学过程等要素（文秋芳 2015b）。授课对象与教材的目标使用群体相一致。作为学生课前学习的"驱动"环节微课，时间以不超过 5 分钟为宜。教学目标由 POA "驱动"环节的功能决定。教学资源除教材外，还包括教师查找的相关图片和制作的 PPT 课件。

教学方案的核心是教学过程，根据 POA 理论对"驱动"主要环节的描述，本微课设计了相应的教学步骤，如表 4.2 所示。

表 4.2　微课具体教学步骤

POA 产出驱动的基本环节	微课教学过程	
教师呈现交际场景	步骤 1	开场白引入单元主题
	步骤 2	呈现交际场景
学生尝试产出	步骤 3	在交际场景后提问引起思考
	步骤 4	过渡
教师说明教学目标和产出任务	步骤 5	介绍单元教学目标
	步骤 6	结束语

POA 产出驱动的基本环节为：教师呈现交际场景、学生尝试产出、教师说明教学目标和产出任务（文秋芳 2015a：553）。其中第一个环节中的交际场景，学生虽未经历过，但他们能够真实感受到这些情景存在的"可能性"及在这些场景中所要讨论的话题对其认知的挑战性（文秋芳 2015a）。为了与

本单元的三个产出任务相匹配,我们的微课也初步决定呈现三个交际场景(步骤2),交际场景根据目标学生群体的特点和需求进行设计。第二个环节"学生尝试产出",由于受到微课单向呈现方式的限制,很难实现像课堂一样的实时互动,因此将此环节变化为通过提问引发学生的思考(步骤3)。第三个环节中教学目标和产出任务是重合的,因为POA"学用一体说"教学理念指出学习的目的是为了能用英语做事(文秋芳2015a)。微课中,教学目标以"完成本单元学习后,你将能……"的语言形式进行列举(步骤5)。

　　教学过程中,步骤2、步骤3、步骤5是完成POA产出驱动的核心环节,其他步骤起到引入单元主题(步骤1)、从场景过渡到教学目标(步骤4)以及结束语(步骤6)的作用。

4.3.2　微课脚本的设计与修改

　　微课脚本的撰写依照教案中教学过程的5个步骤进行。开场白部分的主要功能是避免直接呈现情境的突兀性,通过对艺术这一话题的引入,解释为什么大学生有可能遇到下面的交流情景。交际场景部分的设计主要对应单元产出任务。在呈现场景结束后,需用简短的语言自然地过渡到本单元教学目标。教学目标是对产出任务和输入性学习内容的综合。在所有内容交待清楚之后,用一句话作为本微课视频的结束语。

　　脚本在撰写完成后,先后交由教材总主编文秋芳教授、其他副主编和编者老师以及出版社的编辑老师审阅,参考所提出的意见和建议,微课设计者经过反思做出相应修改。反思和修改的依据是,所有内容和编排是否能最有效实现"驱动"的效果,是否符合输出驱动假设的初衷。

　　经过前后五轮修改,微课脚本与最初版本相比发生了很多变化(如表4.3所示,阴影部分表示删减内容,粗体部分表示增加内容;受篇幅所限,在此仅展示主要修改之处)。这些变化也体现出基于产出导向法的微课设计有可能遇到的误区和解决方法。

表 4.3　微课脚本前后对比

序号	环节	脚本
1	开场白引入单元	Good morning, everyone! Welcome to today's class!

(待续)

（续表）

序号	环节	脚本
1	开场白引入单元	At the very beginning, may I ask you a question? Why do we learn a foreign language? Well, you may come up with many reasons. And an import one of those may be to communicate with foreigners. Yes! I totally agree with you. To learn a foreign language is to promote the communication across cultures. **It is generally agreed that to learn a foreign language is to promote the communication across cultures.** Talking about culture, one thing we can't do away with is art. Every year there are exhibitions held in China on Western paintings (show picture), and also exhibitions on Chinese paintings abroad (show picture)! As people of higher education, we are expected not only to appreciate art but to share some knowledge on the topic. At times, you may talk about such famous Western paintings as *Mona Lisa*. (show picture) There are also chances when you need to introduce Chinese paintings. (show picture)
2	呈现 3 个 2 个交际场景，在每个交际场景后提问引起思考	You may come across the following situations and other similar ones **In order not to be caught a blank, we want to prepare beforehand for the following situations and other similar ones:** Situation No. 1: You and your foreign friend are talking about art in the West and in China. Friend: *Have you ever been to exhibitions of Western paintings?* You: *Yes, I've seen some western paintings.* Friend: *Well, a famous one you'll never avoid talking about is* Mona Lisa. You: *Yeah, the mysterious smile.*

（待续）

（续表）

序号	环节	脚本
2	呈现3个2个交际场景，在每个交际场景后提问引起思考	Friend: *Right! You know why it looks so mysterious?* You: ...（don't know how to say） **You: *Have you seen famous Chinese paintings?*** **Friend: *Oh, yeah! You know what impresses me most is that so many Chinese painting are about mountains and water. Why is it?*** **You: *Um… well…*** (show 2 cartoon figures on the screen + back voice) **(Video of a real scene)** How would you go on with the conversation? **I'm sure after this unit, you will definitely cope with the conversation much better than the person in the video.** Situation No. 2: Your foreign friends recently attended a number of exhibitions on Chinese traditional paintings. They have noticed that a majority of the exhibits are on mountains and water. They want to know from you why mountain and waters play such an overwhelming role in Chinese art. There could also be other situations than a plain conversation. Let's say: Your school is going to hold an international students' forum. The theme is "East and West—Similar or Different". The forum is to promote understanding on western art and Chinese art. You are attending the painting symposium and are going to give a presentation. The presentation will be about the similarities and differences of Western and Chinese painting. What would you say?
3	呈现场景结束后，介绍教学目标之前的过渡	This unit will help us with accomplishing the above tasks. **In order to accomplish the above tasks, we need relevant knowledge, appropriate language expressions and the proper way of organizing our ideas. Those are what we will be prepared with through this unit. Let's follow the step-**

（续表）

序号	环节	脚本
3	呈现场景结束后，介绍教学目标之前的过渡	by-step learning process and at the end of the unit, you'll find yourself capable and confident in dealing with the situations we just mentioned.
4	介绍单元教学目标	To be specific, after learning this unit, you will be able to: Name and explain some features of world-famous works of art. **First, name and explain some features of world-famous western paintings.** Present views on cultural features of Western and Eastern paintings. **Second, identify and analyze the subject matter in classical Chinese paintings.** Understand and produce sustained discourse on topics about art. **And third, make comparisons between Western and Chinese paintings from various perspectives.** (Show the objectives on PPT + back voice)
5	结束语	Now, what are we waiting for?!

具体修改措施和启示：

（1）简化信息，服务微课的核心目标

原开场白部分从提问为什么要学外语，逐步引入到学外语是为了增强不同文化之间的交流，再从文化引入到艺术的话题。这部分较为繁琐，却与产出驱动内容没有直接关联，用宝贵的时间做了意义不大的事情。后改为一句话概括。这样有助于减轻学生不必要的认知负荷，将精力最大化集中在核心内容上。

（2）灵活呈现交际情景，与产出任务有机结合

原来设计的情景有三个，与本单元三项产出任务简单地一一对应。实际上，在不到5分钟的微课里要呈现三个情景，容易出现这部分过长、呈现形式难以多样化、交流场景有一定重复性等问题。从产出任务和交流情景各自

的特点来分析：由于产出任务要对学生课堂或课下的学习具有可操作性，所以往往话题集中、产出内容短小精悍；真实的交流情景则更为宏观，在场景及交流对象不变的情况下可以衍生出很多相关话题。

原第一和第二情景都是学生和外国朋友的对话，虽然分别关于西方名画和中国画，但可以整合在一个情景下。可见，在设计驱动环节的情景时，情景与单元产出任务不应该是简单的对应，而应该是有机的结合。

（3）利用视频手段，使交际情景更真实

原来的情景一是这样呈现的：学生与外国朋友对话，画面上出现两个人物形象、配上对话背景音。这种形式在制作上比较简单，但不够真实，与学生的实际交流场景有距离，不利于学生产生代入感。后来改为根据脚本录制一段某学生与外国朋友真实对话的录像。在录像中，学生由于不知如何解释《蒙娜丽莎》为什么神秘而只好转换话题，由于不知如何谈论为什么大多数中国画都描绘山水而尴尬得张口结舌。真实的影像具有一定的冲击力，能够令观看微课的学生感同身受，产生"我也说不出"的想法，从而有利于激发学习的欲望。这符合输出驱动假设的主张：一旦学生明确了产出任务的意义和自身的不足后，会更积极主动地为完成产出任务而进行输入性学习，以弥补自己的不足（文秋芳 2014）。

（4）呈现各项促成目标，启动学习

修改后的版本通过在适当的地方添加一些句子，帮助学生明确目前有什么欠缺，通过接下来的输入性学习将得到什么样的帮助。在开始呈现情景之前，"In order not to be caught a blank, we want to prepare beforehand for the following situations and other similar ones"相比原来的"You may come across the following situations and other similar ones"，更能突出为下列交流场景进行学习和准备的必要性。第一个情景的录像有可能让学生感同身受不会说的尴尬，录像结束后教师说"I'm sure after this unit, you will definitely cope with the conversation much better than the person in the video."进一步让学生产生要学才能会说的愿望。

过渡部分，原来是"This unit will help us with accomplishing the above tasks."比较宽泛，不能具体说明本课将为学生提供什么样的帮助。改为"In order to accomplish the above tasks, we need relevant knowledge, appropriate language expressions and the proper way of organizing our ideas. Those are what we will be prepared with through this unit."能令学生明确要完成产出任务，需

要知识、语言、结构三方面的准备，即接下来输入性学习的内容。

（5）呈现可测可量的交际目标，便于评价

在确定单元目标时，原来的表述过于笼统，如"present views on...", "understand and produce..."，不利于测量和评价；"world-famous works of art", "cultural features", "topics about art"范围太大，仅通过本单元的输入性学习和产出任务不足以支撑。

修改后的单元教学目标较为具体，与输入性学习和产出任务关联紧密。完成单元学习后，这些目标能够进行测量和评价。

4.3.3 微课的录制、修改与评价

经过几轮修改，确定最终脚本后，我们进行了微课的录制。为保证画面和音质的清晰，使用出版社录影棚。教师完成录影后再进行视频的后期剪辑制作，主要是将图片、视频、PPT与录影进行配合。微课视频总计3分57秒，符合预期时长。

将完成后期制作的微课视频交给教材主编文秋芳教授观看后，发现了一些问题，如果不解决将不利于"驱动"目标的充分实现。首先，教师一直站在白板前讲话，讲课的感觉太过强烈，与通过真实情景驱动学生学习的目标相悖。其次，从呈现情景二至介绍教学目标，这段时间完全由教师讲述，画面也只是教师，持续1分10秒，占整个微课视频近三分之一时长，非常单调，不利于吸引学生的注意力。再次，介绍三个教学目标时，每一张PPT上分别是一项目标，介绍三个目标PPT需要变换三次，每次时间很短，画面较为凌乱；并且介绍下一个目标时，上一个目标已经消失，有损三个目标之间的联系。

针对这些问题，我们进行了相应的修改：一是采用抠屏技术将白板背景改为虚拟画廊，教师置身于画廊之中谈中外绘画，有利于提高学生学习的沉浸性，帮助学生置身于所驱动的情境中。二是将情景二用PPT展示出来，同步教师介绍的声音，使信息块包括视觉和听觉双重表征，充分调动学生的各学习通道，产生驱动力。三是将三项教学目标放在同一页PPT上，通过动画添加，让三项目标依次显示，介绍下一项目标时，前几项目标保留在屏幕上，有利于学生认识到它们之间的联系。

江南大学董剑桥教授还从微课制作技术的角度对最终的成品微课进行了评价。指出可借鉴之处有：语音解说简洁明了，语音语调地道纯正；图文音

视频应用恰当，配音注意模态同步原则，效果较好；外教与"学生"交谈视频相当出彩，非常真实。可改进之处是：片头宜选用切合主题的动态音视频，可迅速激活知识储存或联想；出镜者站位比较单一，建议采取移位、摇机、推拉镜头等方式，使画面更为生动活泼。这些改进建议都是关于如何使视频对学生更具有吸引力，鼓励以丰富的多媒体材料、活泼多样的对话方式，激发学生的学习兴趣。相信以后的微课设计在采纳这些建议后，能更好地实现"驱动"目标。

微课先后在《新一代大学英语》教材发布会、《新一代大学英语》教学理念与方法研修班上播放给来自全国各地的大学英语教师观看，最受大家好评的部分是情景一"学生与外国朋友"交谈的视频，原因是非常真实，能够促使学生认识到自己的不足、激发学习动力。由此可见，微课最成功的部分正是最能有效实现课程目标即驱动目的的部分。

4.4　小结

本章探讨了如何以产出导向法为指导，设计"驱动"环节的微课。就本微课而言，为更好地服务于产出驱动目标，还有不少可以优化之处，如情景二可以考虑做成动画，更为立体和真实。在有条件的情况下，虚拟画廊的背景可以改为在真正画廊里拍摄，抑或通过虚拟现实技术，将学生带入交流情境，增加临场感。从情景到目标的过渡部分提出知识、语言、结构三方面的准备，可以同时将输入性学习中相对应的内容呈现出来，进一步激发学习兴趣。教师单向传达可以改为教师和学生的对话，减弱讲授氛围，增强交流感。就本单元的驱动环节而言，教师还可以根据不同专业学生的特点，设计更贴近他们需求的不同情景，以期更好地驱动学习。

本次微课设计、反思和修改的过程始终围绕微课的核心目标，即是否达到"驱动"效果，是否符合输出驱动假设的初衷。虽然步骤有先后，但微课的制作过程并非单向线性发展，当发现问题时，可能需要回溯至前一个或几个步骤进行修改和调整。本次尝试对微课设计也有重要启示，虽然很多教师在设计微课时主要依据教师经验或教学传统，但是基于明确的教学理念或理论才是微课设计的致胜法宝，才能使微课在设计之初有据可依、在设计之中有理可查、在完成之后有标可量。

第五章　大学英语新形态教材的内涵特征

上一章记述了通过微课设计所进行的大学英语教材数字化发展的局部尝试。技术赋能的大学英语教学将进行全面的数字化转型，须构建深度融合信息技术、满足互联网时代学习需求的大学英语教育教学新模式，因而亟须建设适切的新形态教材。本章将对大学英语新形态教材这一新生事物进行探究，通过提炼大学英语新形态教材的本质属性探讨其内涵，并在此基础上分析大学英语新形态教材的核心特征，为新形态教材的开发、研究与评价提供参考。

5.1　新形态教材的发展背景

新兴科技的高速发展与变革已推动全世界对教育进行重新思考，无论政策层面抑或学界认识都提出在数字化转型背景下探索教育的新模式。联合国教科文组织于 2021 年 11 月向全球发布《共同重新构想我们的未来：一种新的教育社会契约》报告，对未来至 2050 年的教育进行展望，指出以数字技术为代表的颠覆性技术将给教育带来重大影响，当前教育模式亟须变革与重构。2019 年，中共中央、国务院印发《中国教育现代化 2035》，重点部署了面向教育现代化的十大战略任务，其中第八项任务为"加快信息化时代教育变革。建设智能化校园，统筹建设一体化智能化教学、管理与服务平台"。国内学界亦大力研究数字化转型背景下教育发展的新方向，探索教育新基建的基本内涵与主要特征（杨宗凯 2021）、智慧教育下的数字生态系统（祝智庭等 2022）、信息化教育的数据基础（杨开城、陈宝军 2019）等。在此背景下，外语教育领域的相关研究也方兴未艾，大多数研究从混合式教学入手探讨教学模式的特点（如胡杰辉 2021），很少数研究讨论混合式外语教学情境下的教材实践，主要基于出版的角度（如张传根 2021）。

教材作为教学活动的载体，其形态的变迁与教学模式变革相辅相成。随着传统课堂教学模式和学习方式的变化，仅以纸质教材为媒介的课堂教学载体已不能适应当前的教育需要，纸质教材与数字化资源一体化以及全数字化的新形态教材成为必然。2020 年 1 月，国家教材委员会印发《全国大中小学教材建设规划（2019—2022 年）》，指出要适应信息技术与教育教学深度融合的需要，满足互联网时代学习特性需求，建设高等学校新形态教材。《大学英语教学指南（2020 版）》同样强调积极推进大学英语新形态教材建设。鉴于此，有必要开展大学英语新形态教材的系列研究，而首要回答的问题应是新形态教材是什么、具有什么特征，从而为相关具体研究与实践提供参考。本章在分析中英文相关研究文献以及前期院校调研结果的基础上，提炼与探讨大学英语新形态教材的内涵与核心特征。

5.2　大学英语新形态教材的内涵

新形态教材是混合式教学模式发展的产物（黎宇珍等 2022），因此新形态教材的第一个本质属性是服务混合式新形态教学模式。混合式教学既是教育发展的大趋势，也是外语教育发展的必然方向。2020 年被视为在线课堂元年（祝智庭等 2022），线下转线上初始是为了疫情流行期间的应急需要。然而，疫情却并非教育数字化转型的主因，只是起了催化作用（Audrey *et al.* 2020）。从大学英语的教学来看，全国性的大学英语学时压缩是客观存在的事实，如何在压缩课堂学时的同时保证教学质量、提升教学效果，混合式教学提供了解决方案。混合式教学结合线上和线下优势，突破时空局限，成为"互联网 +"高等教育模式下大学英语改革的必然趋势（黎宇珍等 2022）。过往大学英语混合式教学实践大多由教师基于自己的具体课堂开展（如胡苑艳、曹新宇 2021）。在缺乏相应教学材料设计的情况下，教师花费巨大精力基于传统教材进行混合式教学探索，但结果不一定都令人满意。一方面，教师课程与教学设计的能力有差异；另一方面，若缺乏相关资源的助力，混合式教学改革的过程将费时低效（Hinkelman & Gruba 2012）。因此，亟需匹配混合式教学的新形态教材，其在开发之初即瞄准这种新形态教学模式，根据线上与线下教学特点进行有针对性的设计，既服务混合式新形态教学，又发挥教材的工具作用，推动教学改革。

与传统教材相比，新形态教材的另一本质属性是满足个性化教学的需求。传统教材从出版后即成为相对不可改的静态存在，不论地域、水平、进度差异，所有课堂均使用同一本教材。其原理是，课本是传递知识的载体，一旦所需要传递的知识确定，则因循施教即可，因而出现"千人一面"的教学局面，难以满足具体情境需求。具有主观能动性的教师会对教材进行二次开发，但传统教材的静态化局限性使得教师的创造性教学缺乏有效的脚手架，教材反而限制了教学革新。数字时代外语教学范式从"知识获取"转向"知识创建"（杨港、彭楠 2021），新形态教学须满足学生差异化和个性化学习的需要，构建学生与资源之间的交互空间和渠道。因而，新形态教材也必然推动教学向个性化的方向发展。基于大数据技术，教学全过程数据的采集、分析与即时评价反馈能够帮助实现个性化内容推送和个性化精准教学，从而实现因地、因时、因人制宜的极富个性特征的"千人千面"的学习（徐劲 2021）。

　　融合信息技术与多种介质，是新形态教材的第三个属性。如前所述，满足个性化教学需求的前提是有技术的助力。新形态教材中，信息技术的主要作用至少体现在三个方面：一是教学材料与内容的创建，教学内容可以是数字课本、视频微课、虚拟现实、增强现实等，实现情境化外语学习；二是智能辅助的反馈，通过语音识别与测评系统、智能写作评阅系统等实现对学习者口头与书面产出进行即时评估反馈；三是数据驱动的决策，一方面自适应性学具根据学习表现数据进行诊断后自动生成与推送适切的学习内容，另一方面通过后台抓取学习行为大数据分析学习特点，提供给教师与学习者进行教学活动决策。新形态教材帮助创设以学习者为中心的新一代数字化智慧学习环境，关联多介质、多元素，形成数字生态系统（Godwin-Jones 2016），实现基于人工智能的交互式学习（祝智庭等 2022）。

　　从这个意义上看，新形态教材不适用传统上狭义的教材定义，即仅指教科书（俞理明等 2013），而更符合广义的教材，在外语教学的情境中即为 Tomlinson（2012）所定义的"所有有利于语言学习的材料，包括课本、视频、读物、游戏、网站等等（143）"。在技术赋能外语教学的情境下，新形态教材进一步包括软件、数字课程、网络平台、虚拟学习环境等（Mishan & Timmis 2015）。多介质资源各司其职又互相配合，实现学习效应最大化。技术赋能的新形态教材呈现出更丰富的样态和更强的互动性，从而使智慧教学成为可能。

　　综上，我们试将大学英语新形态教材的内涵表述为：服务混合式新形态外语教学，满足个性化教学需求，融合信息技术，可包含纸质、数字化资源、配套软件平台、虚拟现实等的多介质智能化教材。新形态教材的本质属性决定了其所呈现的核心特征，包括由里及表两个层次。我们用一个三级三角形（图 5.1）来概括新形态教材的内涵与核心特征，其中最里层的三角形展现其内涵的本质属性，第二层级是由内涵直接推导的核心特征，又具化为第三层级。

图 5.1   大学英语新形态教材内涵与核心特征示意图

5.3   大学英语新形态教材的核心特征

5.3.1   线上线下融合设计

新形态教材线上线下融合设计的特征是服务于混合式新形态教学的必然要求。这里的混合式教学是新形态下的混合式教学，也有学者称之为融合式教学（沈欣忆等 2022；祝智庭、胡姣 2021）。其不同于初代混合式教学实践中"线上"与"线下"的简单相加，即将传统教学的一部分（尤其是课前和课后作业）转移到线上，而是将不同层次教学目标对应的内容与活动匹配不同教学形式，线上模式和线下模式有机相融，两者之间互相关联、承接、推动，实现教学效应最大化。因此在这一特征下，新形态教材表征为对教学内容与样态进行前置性设计以及在设计中将教学目标与教学活动进行匹配。

5.3.1.1   内容与样态前置性设计

近年，由于线上教学与混合式教学的需求，大学英语教材开发在传统纸质教材编写基础上已经有所发展，出现了数字化教材。其设计往往是在现有纸质教材的基础上，将一些元素实现为数字化形式，如介绍核心概念或知识点的微课、电子版输入性材料、增补的视听材料和语言练习等，属于对纸质教材进行数字化改造（鲍敏、李霄翔 2017）。这种设计的优点是教材数字化的效率高，能在短期内迅速产出成品、投入教学。但纸质教材先行、数字资源后配也存在先天不足（赵舒静 2018）。由于未能在教材设计之初便将线上与线下教学的特点纳入考量，很难做到令线上线下教学无缝衔接、有机融合。

大学英语新形态教材应在开发时即以混合式教学模式为对象，根据线上教学与线下教学的情境与特征，对教学内容与活动样态进行前置性统一规划与设计。要充分分析和利用线上与线下的优势：线上教学不受时空限制、可重复进行，方便外语学习中的反复操练；线下教学有人际交互，利于发生直观的文化和价值层面的交流。从教材层面合理设计，使得线上线下优势互补、相互赋能，从而更有效地推动教学活动进程，实现混合式新形态教学中的无缝学习体验（祝智庭、胡姣 2021）。

5.3.1.2　目标与活动特征为参照系

大学英语混合式教学其根本不在于追求形式上的创新（Vaughan *et al.* 2017），而是探索实现人才培养目标的最优解。因此教学目标始终是课程的起点和落脚点，是教材研发、教学设计的根据。新形态教材在设计教学内容与教学活动时须以培养目标为准绳，寻求混合式教学中如何实现培养目标。线上线下融合设计的参照系由课程培养目标与学习活动的特征构成，若以目标为横轴，则活动特征为纵轴，定位每项目标最匹配的活动，从而设计相应的教学内容与活动形式。

根据最新版《大学英语教学指南》（教育部高等学校大学外语教学指导委员会 2020），大学英语教学的能力目标包括英语的应用能力、跨文化能力、思辨能力等。根据《大学外语课程思政教学指南》，大学英语课程的思政培养目标包括政治认同、家国情怀、文化素养、宪法法治意识、道德修养等主要方面（赵雯、刘建达 2022）。每项能力和素养目标都有必要分析其内涵与核心要素，从而具化为每个教学内容与活动单位可教、可学、可测的教学目标。例如，根据 Deardorff（2006）的跨文化能力模型，跨文化能力包含态度、知识与技能三个维度，每个维度下又有组成元素。继而，教材研发过程中需要考量每个维度中的每个元素如何匹配到线上与线下的教学活动中。

线上与线下学习最大的差异在于活动的时空性特征，前者属于时空分离型，即师生、生生不在同一时间同一地点开展教学活动，后者属于时空共存型，即该教学活动发生时师生、生生共处同一时空。在时空分离型活动中，学习者拥有更多的独立控制权，能够自我规划、调整学习的容量和节奏；在时空共存型活动中，即时互动给学习者带来更多认知深度发展、情感共鸣和群体归属认同的契机。根据认知负荷理论（Feldon 2007），认知负荷不超出学习者所能承受的认知负荷范围，才能让有意义的学习顺利发生，一次性过量信息输入、学习焦虑和规则约束都能导致认知负荷过大（Chen & Chang 2009）。因此，对于知识摄取类的教学目标而言，学习者自主性更强的时空分离型活动能够发挥较好的作用。基于社会文化理论的二语教学课堂研究发现，在互动过程中所激发的反思会促进深层认知发展（Turuk 2008），因此对应高阶思维层级的目标可设计为线下教学活动。还有实证研究表明，线下教学有利于学生情感认同（Patchan *et al.* 2015），所以更内生层面的能力目标（如跨文化能力中的态度层面、思辨能力的情感倾向层面）以及价值观相关培养目标应大力融入线下教学活动。

5.3.2　集成性动态化发展

大学英语新形态教材的集成性动态化发展特征，出发点在于满足个性化教学需求，通过信息技术手段得以实现。个性化需求千人千面，意味着教材应该是开放的、未固化的，但与此同时，教材的研发又是前置性设计，二者看似是一对矛盾。解决的思路就是教材应提供成型的核心元素、有选择的组合方式以及可自由创造的新空间，体现为教学模块的按需集成以及多维教学材料的动态生成。

5.3.2.1　教学模块按需集成

经典视角下的大学英语教学，每一堂课都是由一些教学环节构成，每一个教学环节都包含内容载体与活动形式，这些都可以由教材提供，教材相当于行动方案，教师相当于执行者。传统教材提供的是线性方案——从第一单元到第八单元、从 Text A 到 Text B、从 Lead-in 到 Explore beyond the text，好的教材呈现紧密的逻辑性，所有材料和活动都环环相扣。教师使用教材最顺畅的方式是完全执行教材要求。但这几乎不可能，因为每位教师面对的学情都不同，甚至同一位教师面对同一个年级不同班级也不能完全复制教学步骤。因此，负责任的教师会进行教材的二次开发，通过增、删、改调整教学内容和活动。然而，在传统教材所提供的线性方案下，若原教学内容活动之间联系紧密，则牵一发动全身，可能损失完整度；若逻辑松散，则教师又不确定主次何在。

新形态教材提供的方案是预设的教学模块＋可选的连通路径，教材使用者可按需集成。每个教学模块由具体教学目标、教学材料、教学活动、评测方案构成（Lazarinis *et al.* 2019），教师与学生可以根据具体需求，以目标为主要抓手选择模块，再根据教学活动的模态（线上或线下）将模块组装起来。教材同时提供多种组装方案并标识每种方案的逻辑与预期效应。在这一特征下，大学英语新形态教材需要具体解决的问题有，基于语言学习与外语教育理论判别教学模块的粒度，每个模块要兼具相对独立性与可组装性（Conole 2013）；依据教学实践情境提供教学模块的目的、类别、难度等元数据标签（郭文革等 2022）；根据外语学习规律提供可行的集成逻辑路径。在按需集成的基础上，形成有意义的教学信息流和教学系统（杨开城、陈宝军 2019），从而生成结构化数据，实现智慧教学。

5.3.2.2　多维材料动态生成

依托信息技术，大学英语新形态教材由不同介质的多维材料构成，但其本质不在于追求形式多样化，而是通过科学设计的多维材料之间的分工协作、连通共创，推动实现新的教学模式和效应，从而提高教学质量。

多维材料既可根据各介质特色匹配至相应的教学内容，也可以通过复现设计提供更多个性化学习的选择。在匹配教学内容方面，可根据教学目标，设定教学材料介质维度。对于外语教学中的技能型目标，可设计为学生能够自主完成的形式，并提供相应脚手架以及对其表现的诊断与反馈（Patchan *et al.* 2015）。可以分析媒介偏向口头还是书面、技能构成是单一还是综合、情境是独立还是交互，从而设计材料。例如，训练阅读能力，输入主要是文本材料供学生独立阅读，在电子文本基础上可集成词汇查询与自适应性语言学习工具、多媒体注释工具等（Liaw & English 2017）。训练听说能力，技能构成更为综合，情境属于交互，材料以视听方式输入，利用语音识别和自然语言处理技术构建人机对话的模拟交流场景。对于知识型目标，若学习抽象概念可设计讲解型微课进行传授阐释，学习具象文化可采用虚拟仿真技术实现体验式学习，习得语言规律则可利用语料库技术令学习者置身于大量真实语料中（Heift & Vyatkina 2017）。对于价值素养型目标，还可以用角色代入案例分析的方式，通过信息技术渲染、直播社区等增加学生的临场感。不同介质维度的材料不仅合理分工也要相互配合，例如近似内容在多种介质下的复现，既可提升学习效果（Patchan *et al.* 2015），也可提供给学生根据学习偏好进行选择的余地。

新形态教材还提供师生可自由创造的新空间，将教学过程中动态生成的材料纳入教材系统。动态生成包括创造生成与加工生成。利用教学平台工具，教师与学生可根据现有相关主题或话题，创造生成新的文本、视频、播客等（Lee & Egbert 2016），供教学使用。学生的创造生成有助于增强学习动机，拓展学习内容疆域，满足个性发展需求，培养探索性学习能力（Lomer & Anthony-Okeke 2019）。加工生成的材料源自教师与学生对教材已有材料的加工，包括教授型加工，如教师所生成的注释、提问、点评，学习型加工如学生针对学习内容的笔记、问题、回答，和互动型加工如师生、生生讨论形成的认识、观点等。基于新形态教材体系，这些教学过程中产生的大量生成性资源并非零散无序地存放，而是与教材中的给定内容紧密关联。依托教学平台与协作机制，学习者能够访问、修改、更新这些关联的生成性资源，从而围绕特定内容、问题或项目开展协作学习，促进知识的分享与创造（胡畔、柳泉波 2018）。

5.3.3　智慧教学生态创设

基于信息技术手段和多介质资源载体，新形态教材为大学英语教学创设智慧教学生态（祝智庭等 2022）。教师能够更有的放矢地实施高成效的教学设计，学习者能够获得更契合个体特征的学习和发展体验，使传统教学情境中的不能变为可能、小能变为大能，在精准、个性、创造的人机协同教学生态中实现师生的成长和发展。

5.3.3.1　数智赋能教学决策

所有教学行为都始于决策，无凭据的决策会导致教学活动缺乏针对性，凭据不准确的决策容易导致教学偏离目标，因此即时的评估、诊断和反馈对于教学极其关键。教学评一体化的教学实践很大程度上依赖教材设计。研究发现传统大学英语教材中形成性评价活动设计存在明显不足，主要体现在缺乏基于诊断的反馈与后续针对性行动（杨莉芳 2023b）。新形态教材基于智慧教学平台、利用数据信息技术，在通过评估赋能教学决策方面具有先天优势。

智慧教学平台收集教与学的全过程数据，分析学习者学习表现、行为特征、能力现状等，分析结果应用于不同决策场景。对于低阶教学目标所对应的活动，可以人工智能自动决策并付诸后续行动，如语法词汇自适应学习内容推送（Ma 2017）。对于高阶目标对应的活动，平台提供数据分析结果和方案建议，供教学各方决策。提供给学习者的即时任务表现质量反馈，可供学习者即时决策对已完成任务的再处理（修改、重做、反思等）及下一任务的计划；为其提供的阶段性学情分析反馈，可有助其学习策略调整。平台提取所记录的实时与历时数据，随时准确评估学生特定时段的学习行为，如活动参与度、具体能力目标的表现变化，数据与评估结果供教师灵活调取使用。教师可据此实施有针对性的个性化学习指导，反思和调整整体教学安排，以及开展教学研究。由于所有数据均为自然教学过程所生成，与传统控制变量的教学研究相比，基于自然数据的教学研究更能真实反映教学有效性以及多因素交互作用的复杂动态系统，教学研究成果对教学改革决策更有参考价值。此外，基于班级、年级、院系等集体的过程性数据均可根据需求建模分析，赋能教学管理、课程改革、院校宏观决策。除线上教学活动数据外，线下学习数据通过智慧教室实时收集分析，经平台连通，实现数据智能融合、全天候全维度准确诊断与反馈。数智赋能潜力可观，通过数据深度挖掘优化，数据生态延伸价值生态，进而可实现教育系统的创新和变革（祝智庭等2022）。

5.3.3.2　技术助推成长型师生

融合信息技术的大学英语新形态教材能够通过多种途径助推成长型学习者。线上独立学习活动给学习者带来更多自主性体验。多介质材料提供给学习者更多的选择权，增强主体性。以虚拟仿真为代表的技术创设深度学习情境，可以增强学习者的投入与学习绩效（陈忆浓、张玉双2022）。材料可动态生成的开放性系统中，学习者可以加工和创造生成新材料，纳入学习系统，大大提升学生的主动参与感与学习动机，发展探索性、创造性学习能力。对学习表现、行为数据的全过程记录分析和诊断反馈，能够提高学习者学习的目的性与策略性（李绿山等2022），激发学生反思性学习，提升学生对自我发展目标的意识和追求。线上与线下融合的多维人机、人人交流方式、协作式学习模式，不断通过人工智能优化学习体验，体现学习者为中心的人文关怀。新形态教材的动态性令教学过程总处于迭代发展中，有助于学习者潜移默化出自我也必然不断提升的预设。

使用新形态教材的大学英语教学也必然推动教师成长。在人机协同的教学模式下，教师需要发展智慧教学能力，提高信息素养，善用智能技术为教学服务（祝智庭等2022）。在技术飞速发展、技术与人的交互也在不断发展变化的今天和未来，我们已经很难复制过去先培训再上岗的模式。新形态教材作为多介质的综合体，能提供教师在实践中学习的资源环境，实现在做中学、用中学。新形态教材集成的相关教学设计功能也有助于促进教师教学能力的提高。通过数字化教学设计工具，教师能够设计、分析、反思、分享自己的教学内容和方法，评价和学习他人的教学设计，建立教学共同体、协作发展。同时，新形态教材辅助学习者独立完成低阶目标的学习，使得教师角色也发生转变，教师对简单低阶学习主要进行监控、管理和评估，更聚焦对学习者高阶能力的培养，以及在文化和道德层面的育人。

5.4　小结

　　教材是学科教学的重要组成部分，对学科建设、人才培养意义重大。在技术革新以惊人加速度改变生产和生活的新时代，数字化转型将引领大学英语教育高质量发展。在小步走的教学改革研究与实践不断取得成果的同时，教材的变革将成为教育教学观念和模式重大转变的有力抓手。

　　大学英语新形态教材将深度赋能大学英语教育教学的升级迭代，实现信息技术与教育教学的深度融合，满足互联网时代学习者的特性需求，助力新时代人才培养。目前，国内已经开展大学英语新形态教材的研发，研发过程面临诸多新问题新挑战，攻关的过程同时也是新形态教材不断发展成熟的过程，以及对新形态教学模式不断进行摸索的过程。新形态教材的开发、使用与评价将是未来大学英语研究的重要方向。

第六章 国内外新形态大学英语教材研究综览

随着教育信息化的发展，新形态大学英语教材研究在外语教育领域的重要性愈发凸显。在上一章对大学英语新形态教材的内涵和特征进行探讨后，本章分析国内外有关新形态大学英语教材的研究文献，通过文献计量软件 Citespace 6.1.R6 对国内外新形态大学英语教材研究进行关键词可视化分析，利用关键词聚类信息及关键词分布时区图信息，揭示已有研究主题的分布及研究热点历时变化，探索未来研究趋势。

6.1 教材的形态

新兴科技变革对外语教育内容和方式产生了重要影响（何莲珍 2020b；蒋洪新等 2020；祝智庭、胡姣 2021）。传统的课堂教学模式和学习方式正在发生变化，仅以纸质教材为媒介的课堂教学载体已不能适应当前的教育需要（何莲珍 2020b）。在教育信息化的背景下，外语教材的内涵被不断拓展，教材的形式和形态更加广泛多样（徐锦芬、刘文波 2023），发展新形态教材是赋能外语教学的必然发展趋势（张帅等 2022）。本章所指的外语教材包括以下五种类别：物理实体（如教科书、搭载于智能手机或电脑的教学软件等）；文本材料（如教材文本、电影、论文等）；学习环境（如 AR 游戏中的大学校园、课堂环境、森林等）；标志（如填表练习中的空白行、教师制作的简笔画、网上图像等）；技术（如可观看电影的流媒体平台、在线词典、AR 游戏等）。这些类型的外语教材均以促进外语学习为最终目的，且在使用中遵循一定的规则（Guerrettaz *et al.* 2021）。

对新形态大学英语教材展开研究已成为学界共识，但相关研究实践尚待发展，从相近术语概念的混用即可见一斑，如"电子教材（赵衢等 2022）""数字教材（张爽等 2022）""新形态教材（黄明东等 2022）"等术语在学术文献以及教育部文件中常交替使用，英文文献中类似的有 CALL materials（Mishan & Timmis 2015）和 e-textbook（如 Nicholas *et al.* 2010）等。

本章对国内外新形态大学英语教材研究进行可视化分析，通过分析研究主题分布及研究热点的历时变化，探明新形态大学英语教材的未来重点研究方向。

6.2　国内外相关研究文献收集

　　本研究的国内文献来源为中国知网（CNKI）的核心数据库（CSSCI），国外文献来源为 Web of Science 的核心数据库。由于新形态大学英语教材研究于近些年开展，且目前尚未有相关综述研究发表，故本研究检索文献时未设置时间限制。在中国知网（CNKI）的核心数据库（CSSCI）检索中，基于前期的文献阅读，研究者使用以下检索式进行主题检索："（新形态教材＋立体化教材＋电子教材＋智能教材＋智慧教材＋混合式教材＋数字化教材＋学习资源＋学习资料）＊大学英语"。尽管本研究在选定关键词时将"教材"放在了核心位置，但由于外语教材研究与外语教学研究的紧密联系，筛选出的文献中仍包含以"外语教学"或"英语教学"研究为主、"教材"或"教学资料"研究为辅的情况。我们保留了这部分文献，以尽可能全面地获取英语教材研究发展的相关信息。最终得到符合研究要求的文献 74 篇，时间跨度为 2001—2022 年，数据最后更新时间为 2023 年 2 月 20 日。

　　在 Web of Science（WoS）的核心数据库检索中，检索式确定如下："((TS=(open textbooks OR e-textbook OR electronic textbooks OR Digital textbooks OR blended materials OR blended teaching materials OR digital materials OR Open Educational Resources (OERs) OR Materials for mobile learning OR CALL materials OR computer assisted language learning materials)) AND TS=(English teaching and learning) AND TS=(university OR college OR higher education OR tertiary education))"，研究者按照筛选中文文献相同标准对英文文献进行整理，得到符合研究要求的文献 170 篇，时间跨度为 2004—2022 年。数据最后更新时间为 2023 年 2 月 20 日。

　　本研究使用 CiteSpace 6.1.R6 软件对下载的文献进行可视化分析，借助 Citespace 的聚类算法，生成施引文献的关键词共现图谱，配合时区图（timezone），探究新形态大学英语教材领域的研究热点以及热点的演变，并揭示该领域的未来研究趋势。

6.3　国内外新形态大学英语教材研究主题分析

在使用 Citespace 处理国内文献时，由于以阈值（Top N1）默认值 50，所得出的关键词共现图谱类似于散点图，未能形成较为规则的网络，无法很好地展现研究现状，故将阈值调整为 45 后再进行聚类分析，共得到 24 个聚类，关键词共现图谱如图 6.1 所示。在处理国外文献时，阈值保留为默认值 50，共得到 53 个聚类，关键词共现图谱如图 6.2 所示。

图 6.1　国内新形态大学英语教材研究关键词共现图谱

在 Citespace 生成的图谱中，模块值（Modularity，简称 Q 值）和平均轮廓值（Sihouette，简称 S 值）两个指标可以作为评判图谱绘制效果的依据。一般而言，Q > 0.3 时就意味着划分出来的社团结构是显著的；当 S 值在 0.7 时，聚类是令人信服的（陈悦等 2014）。图 6.1 与图 6.2 的模块值分别为 0.816 和 0.766，均大于 0.3；图 6.1 与图 6.2 的平均轮廓值分别为 0.9451 和 0.937，

1　ToP N（per slice）指的是每个时间切片内的对象的数量，如分析作者合作网络时，这里的 N 设定为默认值 50，意思就是提取每个时间切片内频次出现排名前 50 位的作者（李杰、陈超美 2017）。Citespace 中默认时间切片为一年，N 的默认值 50。Citespace 中可以通过调整所分析数据的阈值（如 N）来控制网络节点的生成，ToP N 太高时，图谱会类似于散点图，不能形成比较规则的网络（陈悦等 2014）。

均大于 0.7，这表明聚类图谱绘制效果良好，聚类内节点联系紧密，结果具有参考价值。

图 6.2　国外新形态大学英语教材研究关键词共现图谱

　　虽然聚类标签（clustering logo）提取自论文标题、摘要以及关键词，比专家基于经验提供的广义标签更客观、更具体，但是聚类标签多为名词短语，需要研究者结合文献阅读进行解读（Chen *et al.* 2012）。故本研究结合自动生成的聚类结果与文献阅读来总结新形态大学英语教材领域的研究热点，表 6.1、表 6.2 为包含节点数最多（即所包含关键词最多）的前 10 个与国内外新形态大学英语教材研究最密切相关的聚类及其 LLR[1]（log-likelihood ratio）标签描述；表 6.3 呈现为频率较高的关键词统计情况，包括相应关键词的中心性。中心性是测度节点在网络中重要性的一个指标，中心性越高，节点的重要性也越大，中心性大于等于 0.1 的节点在 Citespace 中也被称为转折点（turning point），在关键词共现图谱中该类节点具有紫色外圈（李杰、陈超美 2017）。高频关键词反映该学术领域的研究热点，而中心性反映出该热点的重要性（王薇、鲍彦 2020）。

1　LLR，对数似然算法，是 Citespace 中提取聚类标签的一种算法，用 LLR 算法提取的研究术语，强调研究热点（李杰、陈超美 2017）。

表 6.1 国内新形态大学英语教材研究 10 大主要聚类及标签（2001—2022）

聚类号	聚类标签	节点数	LLR 标签
0	大学英语	28	大学英语；建构主义；翻转课堂；网络学习资源；教材
1	自主学习中心	19	自主学习中心；资源建设；有机融合；交流互动；英语混合式教学
2	自主学习	18	自主学习；模块学习；教学管理；大学英语；探究欲望
3	移动学习	15	移动学习；资源特征；学习对象；英语教材；微型学习
4	实证研究	14	实证研究；网络学习环境；富交互；实践能力；适应性
5	资源应用	13	资源应用；智慧学习环境；资源设计；智慧学习；移动学习资源
6	项目式	13	项目式；大学英语教学；共建共享；创新创优；虚拟教研室
7	教学理论	11	教学理论；资源库；学习理论；多媒体技术；旅游英语
8	体系构建	11	体系构建；智慧教育；人-机-环境；新时代；大学英语课程
9	生活渗透化	11	生活渗透化；出版功能拓展；数字化教材；微课化；编辑出版创新

表 6.2 国外新形态大学英语教材研究 10 大主要聚类及标签（2004—2022）

聚类号	聚类标签	节点数	LLR 标签
0	mobile learning	47	mobile learning; language; improving classroom teaching; adult learning; knowledge
1	higher education	43	higher education; distance education; technology-enhanced learning; education model; impulsivity

（待续）

（续表）

聚类号	聚类标签	节点数	LLR 标签
2	blended learning	42	blended learning; technology-enhanced learning; myenglishlab component; flipped learning; learning app
3	teaching strategies	37	teaching strategies; academic vocabulary; materials; belf; instructional technology
4	tertiary education	36	tertiary education; english for specific purposes; digital learner; moodle platform; greek open university
5	computer-mediated communication	32	computer-mediated communication; technology-mediated pedagogy; efl learners; authentic materials; distributed learning environments
6	covid-19 pandemic	29	covid-19 pandemic; english language teaching; online learning; transformative pedagogies; board games
7	reading comprehension	29	reading comprehension; virtual learning; listening comprehension; toefl; vocabulary teaching and learning
8	communicative competence	27	communicative competence; task-based teaching and learning; core language skills; interconnected; digital revolution
9	smartphone	25	smartphone; multiple involvements; e-mail; world wide web; learner agency

表 6.3　国内外新形态大学英语教材研究关键词频次和中心性统计

国内研究关键词频次及中心性				国外研究关键词频次及中心性			
频次	中心性	年份	关键词	频次	中心性	年份	关键词
20	0.78	2004	大学英语	32	0.36	2009	blended learning
12	0.51	2006	自主学习	12	0.24	2011	higher education
4	0.25	2011	混合式学习	10	0.07	2010	language
4	0.22	2012	自主学习中心	8	0.03	2013	motivation
4	0.17	2013	立体化教材	7	0.09	2009	mobile learning
4	0.12	2012	学习资源	6	0.14	2018	education
4	0.01	2007	大学英语教学	6	0.13	2013	impact
3	0.14	2019	智慧教育	6	0.08	2018	english
3	0.14	2001	教学设计	6	0.05	2009	language learning
3	0.14	2017	数字化教材	6	0.05	2017	technology

本研究基于各聚类的标签描述，按关键词所在聚类号先后顺序（聚类号越靠前，关键词重要性越高），结合高频次高中心性关键词，分别整合出国内外五大研究主题。国内五大研究主题及聚类情况如下：(1) 自主学习（聚类 1、2）；(2) 移动学习（聚类 3、5、9）；(3) 学习环境（聚类 4、5、8）；(4) 教学理论与方法（聚类 0、6、7）；(5) 混合式学习（聚类 1）。国外五大研究主题及聚类情况如下：(1) 移动学习（聚类 0、9）；(2) 混合式学习（聚类 2）；(3) 学习环境（聚类 1、2、4、5、6）；(4) 教学理论与方法（聚类 3、5、6）；(5) 语言能力（聚类 7、8）。国内外共同关注的研究主题有"混合式学习""移动学习""学习环境""教学理论与方法"。

6.3.1　混合式学习

混合式学习通常指混合了在线学习与面授教学的学习方式（Khilchenko *et al.* 2019；冯晓英等 2018；饶国慧 2020）。国内外混合式学习这一研究主题下的教材研究体量最大，主要分为两类，第一类关注混合式学习模式中新形态教材的开发，第二类探索混合式学习模式中新形态教材的使用。

6.3.1.1　混合式学习模式中新形态教材的开发

教材开发是一项多维立体的工作，涉及方方面面（李荫华 2022），已有研究对混合式学习模式中新形态教材的开发进行了多方的分析与探索，主要研究发现包括三个方面。

一是新形态大学英语教材编写的原则。在选材上，新形态教材通常更贴近时代脉搏和现实生活，更能激发学生兴趣（Kwee & Dos santos 2022；张传根 2021），其文化呈现也有自己的特点，如通过教材中加入当地文化元素来提高学习者的积极性（Kwee & Dos santos 2022），以及在新形态教材编写过程中加入了课程思政元素，培养学习者讲好中国故事的能力（如杨港、彭楠 2021）。新形态教材的编写大多基于建构主义学习理论，倡导"以教师为主导，以学生为主体"（如 Khilchenko et al. 2019；朱琳等 2021），也有研究结合认知负荷理论、活动理论、社会文化理论以及交互影响距离理论构建了混合式教学设计模型（如 Wold 2011）。有关新形态教材编写理念的研究多为议论分析类，较少将教学理论与具体的教材编写步骤结合起来分析，以阐明教学理念如何指导教材编写、教学活动及任务设计。教学理论指导下的新形态教材编写实践应是未来研究的重点。

二是新形态大学英语教材中的数字赋能。现今计算机信息技术不只承担辅助外语教学的任务，而是已经成为教学不可分割的一部分（杨港、彭楠 2021）。已有研究发现，相比于纸质版教材，新形态教材强化了教师、学习者、教材之间的交互。多维度呈现的教材内容（如图片、动画、视频等）能够刺激学生感官，激发学生学习兴趣，鼓励学生积极参与自主学习（Obukhova et al. 2019），多模态的教学资源（如电子课件、移动应用等）可以通过提供不同类型的拓展教学资料，辅助教师实施分级目标教学（赵舒静 2018）。也有学者构建了英语视听资源智能协同推荐模型，结合大数据分析用户集体行为和学习者知识储备及偏好，为学习者推荐原版影视片段，增加了学习者与资源之间的互动，有助于学习者进行个性化学习（如王嘉琦等 2020）。新形态教材通过教学平台记录学生在线学习时长、学习进度、答题细节以及评分情况等，进行在线学习行为分析，辅助教师进行教学管理及个性化教学（如 Vymetalkova & Milkova 2016；饶国慧 2020；张传根 2021；赵舒静 2018）。新形态教材依托数字技术便于拓展课程内容及进行资料更新（如 Bogolepova 2021；Vymetalkova & Milkova 2016；张传根 2021），赋能教师对教材的二次开发。已有研究多为议论分析类，相关实证研究尚待进一步开展。在研究主题上，教学材料的个性化研究应不限于某一套教材的某一个板块，全方位探索分层次、分类别的数字课程和资源的打造（张传根 2021）；在研究线上平台的基础上还应探讨线下的学习行为和表现数据的如何进行收集和分析，以及与线上数据进行结合赋能教学。

三是新形态大学英语教材如何支持混合式学习，即如何处理教学内容与教学活动在线上线下、课内课外的分工与合作问题。就分工而言，已有研究多从线上线下着重培养的能力不同、任务设计不同等特点对混合式学习进行分析，如新形态教材的线上部分多负责知识的传授，在课外则培养学生的自主学习能力（如 Ishikawa *et al.* 2014; Mihaes *et al.* 2016; 朱琳等 2021），线下部分多安排互动性强的活动，如开放式任务（open-ended task），鼓励学习者通过交换观点和意见，主动解决学习中的疑惑，对教材内容进行更有效的吸收，以实现知识的内化与应用（如 Ishikawa *et al.* 2014; Wahyuni 2018; 朱琳等 2021）。就合作而言，已有研究多从线上的学情诊断与学习行为分析为线下教学提供参考、线下复习线上所学内容来检验线上学习效果、课外可通过线上教学平台对课内所学内容进一步练习等角度进行分析（如 Docherty & Gaubinger 2019; Mihaes *et al.* 2016; 饶国慧 2020）。值得注意的是，已有研究分析新形态教材如何影响混合式学习模式中线上线下的分工与合作多从技术赋能的角度展开，较少从学习理论、外语教学法或者教学思路等角度对新形态教材如何支持混合式学习进行综合分析与理论探讨。

6.3.1.2　混合式学习模式中新形态教材的使用

新形态教材的使用研究包括从学习者角度与教师角度，前者较多。研究表明多数学习者对新形态教材的使用持积极态度（如 Khan 2021; Kwee & Dos santos 2022; 马武林、张晓鹏 2011; 杨港、彭楠 2021），但也有学习者在使用新形态教材的过程中遇到一些问题（如 Ryabkova 2020; Wahyuni 2018; 杨港、彭楠 2021）。一方面，学习者享受新形态教材丰富新颖的内容、真实的教学材料和及时更新的信息（Brewer & Whiteside 2019; 马武林、张晓鹏 2011; 杨港、彭楠 2021），在使用新形态教材时不受时空限制，可以在课外获取学习资料且学习的时间灵活（Bogolepova 2021; Brewer & Whiteside 2019; Vymetalkova & Milkova 2019），学习者报告新形态教材在使用上的灵活性有助于提高自主学习能力和学习积极性（Khilchenko *et al.* 2019; 马武林、张晓鹏 2011；朱琳等 2021 ）。但另一方面，研究也发现新形态教材相关的负面使用体验包括，任务量与任务难度较大完成时间不够（Ryabkova 2020; 杨港、彭楠 2021），教材中存在重复性高、趣味性低的学习任务（Ryabkova 2020; Sari & Wahyudin 2019）；遇到问题不能得到教师的即时性解决（Sari & Wahyudin 2019），从纸质材料与传统教学模式到混合式学习模式要经历学习观念上的较大转变（Vymetalkova & Milkova 2019），网络连接不稳定等因素也会打乱学习节奏（Sari & Wahyudin 2019）。

针对学习者在新形态教材使用中遇到的问题，有少数研究提出解决建议，比如提倡教师试做任务，考量任务的难度与数量，或邀请任务提早完成的学生做临时助教，为其他小组提供"支架"（韩晔、高雪松 2022）。但总的来说，对于学生使用新形态大学英语教材的适应性以及如何提升体验和学习效果，仍有待深入探究。

从教师角度开展的新形态教材使用研究，多数探索混合式教学模式下教师的角色转变与教师如何利用教材。研究表明教师更多从事组织教学、整合教学材料及评估教学的活动（Jia 2017; 马武林、张晓鹏 2011），教师利用网络资源进行技术整合的能力极大地影响了教学体验与师生互动（Khan 2021）。新形态教材中提供的资源与素材有助于教师因材施教（如杨港、彭楠 2021；赵舒静 2018），所链接的丰富网络资料也有助于教材的二次开发（Bielousova 2020; 杨港、彭楠 2021）。但受益于更为丰富的素材也意味着教师需有筛选合适教学材料的能力，而混合式学习模式对教师的数字素质也提出了更高的要求（马武林、张晓鹏 2011）。

6.3.2　移动学习

移动学习是指学习者可以利用移动设备随时随地实现不同学习目的的学习模式（方海光等 2009；李睿 2014），得到了国内外研究者的共同关注。在移动学习这一主题下，国内外侧重点有所不同。国内研究强调教材资源设计要针对当前青年学生注意力持续时间短、基于移动端进行碎片化学习的特点，实现资源颗粒化，满足学习者使用零碎时间学习的需求（如方海光等 2009；单丽雯 2017）。有研究提出基于移动学习的特点建设移动学习资源系统的方案（如方海光等 2009；李睿 2014；单丽雯 2017），但相关方案尚待进一步实施开展。

国外相关研究更多探究移动学习方式对具体的技能习得如词汇习得的影响，以及移动设备（如智能手机）使用对语言学习的影响。研究表明使用移动设备的英语学习者积极性更高，学习效果更好（如 Agca & Ozdemir 2013; Oberg & Daniels 2013; Xodabande & Hashemi 2022）。移动学习的优势可总结为以下三点：第一，移动设备支持学习者自由回看学习资料，不受时空限制，能促进学习者自主学习，提升学生学习效果（Oberg & Daniels 2013）；第二，学习者使用移动设备学习英语时，除了电子版的教材，还可以同时利用其他手机软件，如词典、笔记软件、多媒体播放器等（Matsumoto 2021; Xodabande & Hashemi 2022），有助于提高学习主动性及学习效率；第三，学习者课上自发使用智能手机可以获取多样化的资源，选择并使用相关学习资源阐述自己的观点，能够在师生互动中掌握更多主动权，从而改变课堂师生互动的状态（Matsumoto 2021）。使用移动设备学习英语也给学习者带来了一些问题，如熟悉相关操作需要一些时间、电子设备屏幕小、容易产生视疲劳、使用过程中容易分心、学习者在课堂上使用智能手机参与师生互动可能会与教师原有的教学规划冲突等（Oberg & Daniels 2013; Xodabande & Hashemi 2022）。相关研究发现为广义上的新形态教材开发，尤其是平台开发、软件集成，提供了重要参考，比如搭载词典、笔记软件等资源，链接可查询多种信息资源的英文网站等。

6.3.3　学习环境

学习环境是新形态大学英语教材中的重要组成部分。根据 Guerrettaz 等人（2021）对外语教学材料以及环境的定义，学习环境是指与学习紧密相关且会对学习产生影响的事物、物质环境以及各种影响的合集。学习环境可以是实体的，包括社会文化的、自然的、人为的，也可以是虚拟的，比如增强现实游戏（AR game）中的大学校园、课堂，甚至树林。在学习环境这一主题下，国内研究关注如何基于已有技术，探索构建交互性强、开放性高、情景性足的新形态学习环境（如戴朝晖 2019；李文光等 2012；周晓玲 2019）。实证研究表明，这样的学习环境有助于学习者增强互动，提高会话能力、写作能力、听力能力等（如李文光等 2012）。国内研究也探讨学习者对新形态学习环境的适应性。研究表明，新形态学习环境中师生互动频率、教师能否针对学习者学习活动进行指导和管理、学习过程中的评价方式（如多模态在线互评）及反馈速度、学习者英语基础等因素会影响学习者的学习积极性及其对新形态学习环境的适应性（戴朝晖 2019；何高大、钟志英 2007；李文光等 2012）。新形态学习环境对教师的数字素养以及教学管理能力提出了更高的要求，教师需要适应新形态学习环境下的师生互动模式，同时应多关注班级内部英语基础高于 / 低于平均水平过多的学习者（戴朝晖 2019）。

关于学习环境，国外研究更多着眼于虚拟现实学习环境（virtual reality learning environment, VRLE）。当前 VRLE 在英语学习中使用较少，已有的 VR 平台中较受学生欢迎的功能有沉浸式学习体验、真实场景模拟、游戏化学习过程等（Symonenko *et al.* 2019）。但也有研究发现，尽管 VRLE 能带给学习者新鲜感，提高学习积极性，却仅有半数学习者认为 VRLE 对写作能力的提高有帮助（Pack *et al.* 2020）。新兴技术在英语学习中的促学效果还有待进一步探索，未来可结合学习者的主观认识与学习效果的客观表现（如成绩的提高、具体技能的发展等）进行分析，结合量化研究与访谈、叙事研究等质性研究，深挖促学机制。

6.3.4　教学理论与方法

对于教学理论与方法主题下的新形态教材研究，国内外既有共性又有差异。其中共同关注的话题可分为两类，一是基于建构主义理论，倡导师生共建共享学习资源，以适应学习者个性化学习的需求（如 Luppi 2022; Smith 2023; 赵玲 2010），二是关注教学材料的真实性（如 Klimova & Pikhart 2021; 王海啸、王文宇 2022）。项目式学习（project-based learning）以及任务型教学法（task-based teaching）要求"项目"以及"任务"联系生活实际，以激活学习者的学习动机，新形态教材如何提升材料的真实性也受到关注。相较而言，国外研究更关注教学方法的趣味性，有研究提出"幽默语言教学法（ludic language pedagogy）"以及"基于游戏的教学路径（game-based approach）"（如 Har 2022; York *et al.* 2021），以增强师生互动以及生生互动，提高学习积极性与主动性。

6.3.5　自主学习及语言能力

聚类结果所呈现的国内外不同研究主题分别为"自主学习"（国内研究主题）与"语言技能"（国外研究主题）。自主学习是一种内在特质，掌握自主学习能力的学习者清楚自己的学习目的和进展情况，有自己的学习规划，

积极参与学习（范烨、彭华 2023 ）。国内在自主学习这一主题下的研究多为
议论分析（16 篇中有 10 篇，占比 62.5% ），侧重讨论已有学习资源在培养
学习者自主学习能力上的不足并提出建议。自主学习资源的质量是自主学习
成效的关键影响因素（林莉兰 2012；章木林、邓鹂鸣 2018 ）。研究表明，以
往自主学习资源存在设备资源不足、资源单一（电子资源仅为纸质资源的
翻版 ）、拓展资源少、资源更新慢等问题（如邓隽等 2012；于文浩、张祖
忻 2009 ）。研究者提出的主要解决方案包括：其一，整合并拓展教育资源，
建立教育资源库，科学管理教育资源库（如何英团、周远梅 2010；林莉兰
2012；单小艳、李文艳 2016；叶蓉、李晓妹 2012 ）。教育资源库必须丰富且
更新及时，教育资源可以根据外语学习规律、外语技能（如听、说、读、写、
译 ）、材料内容（如新闻、影视 ）、材料形式（如视频、音频 ）等进行管理。
其二，建立自主学习资源的评估体系，制定统一的自主学习资源国家标准
（杜中全等 2012；林莉兰 2013 ）。资源评估应贯穿资源建设的初期和全过程，
依据国家标准，提高自主学习资源产品的质量，从而提升自主学习效果。上
述方案的具体实施及成效有待进一步研究。

　　聚类结果表明，"语言能力"这一研究主题在国外研究中比较凸显，新
形态教材对语言能力的培养较受关注，最突出的是交际能力（communicative
competence ）（ 如 Melnik *et al.* 2020 ）、词汇能力（lexical skills/vocabulary
learning ）（ 如 Agca & Ozdemir 2013; Odinokaya *et al.* 2021 ）以及口语能力
（ speaking skills ）（如 Appel *et al.* 2012; Marculescu 2015; Suvorova *et al.* 2018 ）。
研究发现，新形态教材中任务与活动的设计对学习者语言技能的培养有较大
影响，比较有效的任务与活动通常具备的特点有真实性（如 Suvorova *et al.*
2018; Le Vo 2022 ）、互动性（如 Akbari *et al.* 2021; Suvorova *et al.* 2018 ）和趣
味性（如 Akbari *et al.* 2021; Marculescu 2015; Pratiwi & Waluyo 2022 ）。

6.4　国内外新形态大学英语教材研究热点变化

　　为探明研究热点的变化以及了解新形态大学英语教材研究领域的发展趋
势，本研究绘制了关键词共现时区视图（见图 6.3 和图 6.4 ）。在已有研究中
重要性更高的节点具有紫色外圈。

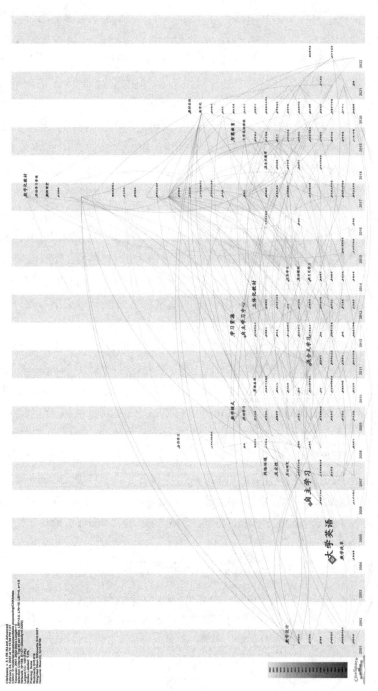

图 6.3　国内新形态大学英语教材研究关键词时区图

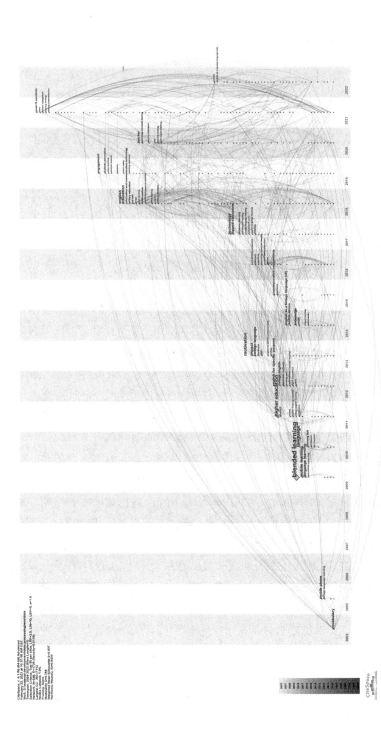

图 6.4 国外新形态大学英语教材研究关键词时区图

6.4.1　国内新形态大学英语教材研究热点变化（2001—2022）

根据图 6.3 的时区图，国内研究大致可以分为三个阶段。2001—2010 年是研究起步阶段。研究内容主要涉及两个方面，一是学习者对网络环境下大学英语教学模式以及多媒体学习资源的适应性；二是各种教学模式（如探究式教学、任务驱动教学）与网络教学资源如何助力培养学习者自主学习能力。图中可见，国内新形态大学英语教材研究与教学改革联系密切。本领域研究第一个重要节点"大学英语"出现在 2004 年，同年教育部审批了 180 所高等院校为首批"大学英语教学改革试点院校"，大学英语教学改革进入了范围较大的试点阶段（张文霞、罗立胜 2004）。

2011—2016 年是研究稳定发展阶段。研究内容主要聚焦混合式学习、学习资源与自主学习。经历了对网络学习资源的探索热潮后，结合了传统学习方式和 e-learning（网络学习方式）优势的混合式学习成为研究热点。早在 2004 年，何克抗（2004）就指出，混合式学习这一概念的重新提出反映了当时教育技术理论的螺旋式上升，人们的认识在深化、提高，国际教育技术界认识到，要结合教师的主导作用及学生的主体作用，使二者优势互补，才能获得最佳的学习效果。2011 年，《教育信息化十年发展规划（2011—2020 年）》等政策出台，强调"教材与技术的深度融合"，也对研究者的研究重心产生一定影响。在混合式学习方式下，学习资源与自主学习中心的建设和科学管理凸显重要性，因而也成为这一阶段的研究焦点。同时，学习泛在化、碎片化的现象作为新学习方式的特征得到关注。值得注意的是，这一阶段研究的热点自主学习中心不受时空限制，但受制于场所的学习环境，因而随着移动学习习惯的形成，其利用率不断下降，运行效果不如预期（章木林、邓鹂鸣 2018），近年相关研究也明显减少（范烨、彭华 2023），泛在化学习环境下自主学习中心何去何从值得进一步思考。

2017—2022 年是研究深入发展阶段，数字化教材和教材出版成为突出的研究热点。从历时角度看，这表明新形态大学英语教材研究更加聚焦，研究重心从教学场景、学习环境、学习模式等逐渐聚焦到教材本身。此阶段的教材研究更关注资源的整合，即大学英语教学要有机融合智慧教学平台、学习资源、课程评估、教学设计等各要素与环节，营造智慧学习环境（李爱萍 2020；周晓玲 2019）。《教育信息化 2.0 行动计划》的出台起到了重要作用，强调信息技术与教育的深度融合，推动新技术支持下教育的模式变革和生态重构。与之相应，国内也出现了将大学英语教学视作生态系统、从生态学的理论视角进行的研究（如李晨、陈坚林 2017）。

6.4.2　国外新形态大学英语教材研究热点变化（2004—2022）

根据图 6.4 的时区图，国外研究也大致可以分为三个阶段。2004—2008年是研究起步阶段，主要关注作为教学手段的移动设备对英语词汇习得的作用以及学习者对视频学习资源的评价（如 Thornton & Houser 2005）。2009—2016 年是研究稳定发展阶段，研究内容主要呈现三个特点。第一，围绕混合式学习进行多方面探索，包括设计混合式教学的原则（如 Wold 2011），探究混合式学习模式下自评系统对学生自主学习能力的促进作用（如 Ishikawa et al. 2014），研究混合式学习平台的效用如 MyEnglishLab（Vymetalkova & Milkova 2016）、MOODLE（Álvaro et al. 2011）等。第二，关注移动学习对英语学习的影响，如移动学习模式对发音学习的影响（Saran et al. 2009）及移动学习资源对特定领域词汇习得的影响（Sun & Chang 2016）。初步得出移动设备能够促进英语学习的结论，但其促学机制尚未明确。第三，探究新形态大学英语教材对具体语言技能习得的影响，如听力技能（Ashraf et al. 2011）、口语技能（Appel et al. 2012）、交际能力（Marculescu 2015）、思辩能力（Yang et al. 2013）等。

2017—2022 年是研究深入发展阶段，聚焦新形态大学英语教材的研究数量明显提升，研究问题更加明确具体。本阶段研究热点主要有翻转课堂、新形态教材的学习者以及教师使用者。翻转课堂在培养学生口语能力以及多元文化人格方面有明显作用，而教学资料的重组能够促进翻转课堂的成功实施（如 Ho 2020; Luppi 2022）。研究表明，新形态教材的使用提高了学习者的学习参与程度（如 Girón-García & Boghiu-Balaur 2021; Zarrinfard et al. 2021）。一方面，新形态教材给学习者提供了随时随地进行碎片化学习的机会，使学习更为便利；另一方面，新形态教材与基于游戏的教学活动结合在一起，增加了教学的趣味性。与学习者相关的自主学习、情绪等研究主题也相继出现。教师作为教材使用者，如何利用技术建设学习资源也得到研究者的关注，如教师可利用语料库选择教学材料，还可利用多模态教学材料激发学习者学习兴趣（如 Xodabande & Hashemi 2022）。

6.4.3　比较国内外新形态大学英语教材研究热点变化

从历时角度看，2001—2022 年，国内外研究热点均呈现逐渐聚焦的特点。国内研究的热点从新形态大学英语教材使用的教学场景（大学英语）到学习模式（混合式学习），再到教材本身（立体化教材、数字教材），不断聚焦，近些年的研究侧重教材中的资源整合。国外研究的热点从新形态大学英语教材使用涉及的学习模式（blended learning）到具体的教学模式（flipped classroom），再到学习者投入（student engagement），研究也不断聚焦。近些年的研究多关注新形态大学英语教材的使用者，即学习者以及教师。

虽然国内外新形态大学英语教材均呈现研究热点不断聚焦的特点，但国内外研究的焦点问题不同，研究发展过程也存在差异，主要体现为：第一，自主学习更受国内研究者的关注，尽管国外研究也探讨自主学习能力的培养，但国内研究主要在新形态大学英语教材研究的视域下探索自主学习能力培养。由于国内大学英语教学班级容量大、课外缺乏语言学习情境，新形态教材对于培养自主学习能力的作用更为凸显。第二，国内研究更加聚焦新形态大学英语教材本身，数字化教材、教材出版等都是近年的重要关键词；国外研究更关注教材的使用者，包括学习者与教师。第三，国内新形态大学英语教材研究与国内政策背景联系紧密，研究主题相对比较宏观，研究结果对教学改革具备参考意义，国外研究更聚焦较微观的研究问题，针对具体语言技能的习得以及教材使用者的使用体验开展实证研究。

6.5　结论与启示

本章运用 CiteSpace 6.1.R6 软件对 2001—2022 年国内外新形态大学英语教材研究进行了可视化分析，对国内外核心研究主题以及研究热点变化进行了分析与比较。总的来说，2001—2022 年国内外新形态大学英语教材的相关研究已取得可观成果，国内外的研究主题分布与热点变化在共性为主的情况下又具有各自的特点，国内研究同步教育教学改革的需求，关注宏观发展和教材本身，国外研究聚焦新技术的应用以及教材对于具体语言技能教学的影响。相关研究成果为我们提供了重要启示，涵盖新形态大学英语教材的编写、开发与使用等各方面。

6.5.1　新形态大学英语教材的编写

已有研究对新形态大学英语教材的编写进行了多方面的探索，主要启示聚焦选材、编写理论原则和活动设计。

就新形态大学英语教材的选材而言，教学材料应具有真实性（如 Klimova & Pikhart 2021; 王海啸、王文宇 2022），材料也应当贴近时代脉搏与现实生活。这样的材料既有利于教学活动与任务的设计，也更能激发学生的学习兴趣（Kwee & Dos santos 2022; 张传根 2021）。教学材料还应具有一定的开放性，体现在学习者获取新形态大学英语教材资源不受时间和空间的控制（如 Sheerah 2020; 戴朝晖 2019）。与此同时，大量丰富的资源材料也意味着学习者需要具备基于自身需求进行有效筛选的能力。因此，有必要提高学习者筛选信息的能力，引导学习者关注应该学什么（what to learn）和如何学（how to learn）（李荫华 2022）。

关于新形态大学英语教材的编写理论原则，目前的实践大多基于已有的外语教学理论，如任务教学法、项目教学法、产出导向法等。国内新形态教材作为新生事物，呈现的趋势是参考较为成熟的理论，进行探索性的应用尝试。如外研社与其子公司外研在线推出的新形态教材《新探索研究生英语》及《新境界大学英语》，运用布鲁姆—安德森教育目标分类模型编写线上与线下的低阶与高阶思维教学内容，探索线上与线下教学的融合问题（徐一洁等 2023）。未来，有待通过实证研究进一步探讨相关理论应用的有效性。同时，亟待开展针对新形态英语教材编写的理论研究，新形态教材因其数字化、智慧化发展的独特性，需要研发有针对性的理论框架，指导整体开发与设计。

围绕新形态大学英语教材中的教学活动，现有研究表明教学活动应具有情景化、互动性和趣味性等特点，从而激发学习者学习兴趣、提高学习主动性。但多数研究就活动谈活动，对比新形态教材与传统教材，未能充分探讨教学理论如何落地于具体教学活动的设计、活动设计中教学目标与活动的逻辑关系、线上与线下的活动设计特点及相互关系、技术如何赋能教学活动等重要问题。由于现阶段的新形态教材主要服务于混合式教学，需要从教材设计层面就确定何种教学活动适合线上学习环境、何种教学活动适合线下学习环境以及线上线下教学活动如何有机结合才能最大程度帮助学习者提高学习效果。已有研究大多笼统地将与知识传授和自主学习能力培养相关的教学活动安排在线上，将互动性强的活动安排在线下，尚需进一步研究论证其机制与有效性。

6.5.2　新形态大学英语教材的多介质资源开发

由于新形态大学英语教材多介质资源的特点，理顺其内部关系、探索资源开发是新形态教材研究的重要任务。现有研究带来的启示主要包括纸质资源与数字资源的关系和课堂内辅助教学功能开发等方面。

当前新形态大学英语教材出版已摒弃"为技术而技术""数字资源是纸质资源的简单复刻"等观点，纸质资源与数字资源同步策划开发，融合实现教学目标。但是已有研究对纸质资源以及数字资源的关系并未深入探究，多数聚焦教学资源可多模态呈现、获取便利、资源更新及时、可提供多样化后期服务等优势。外研社与外研在线推出的系列新形态教材通过课堂手册与数字课程分工协作的形式，对纸质与数字的关系进行了探索（徐一洁等 2023），但在真实教学情境中的使用也面临一些问题（陈文婷 2023），有待进一步研究。

新形态教材所囊括的智慧学习平台能够收集学生学习行为和表现数据，从而形成强大的评价诊断和反馈能力，但若线下学习仍基于传统模式，则线上和线下难以打通融合。因此，线下学习行为如何留痕形成可供分析的数据反馈教学，成为研究的重点课题。已有高校建设多屏互动以及互动型示范智慧教室，高清摄像头可以实时采集课堂教与学的现场数据，运用人脸识别与跟踪算法、人脸情绪识别算法、人体行为姿态分析算法，构建智慧行为分析引擎，记录并分析课堂教学行为，为教师的教学决策以及教学管理提供参考（张胜、赵珏 2020）。还有新形态大学英语教材纳入"语音实时转写"功能，通过手机移动端将学生课堂研讨的语音实时转换成文字，便于教师点评反馈，提升师生互动效率（徐一洁、杜灏 2023）。这些课堂内辅助教学设施及功能如何影响教学、如何与智慧平台协同促学，是值得关注的研究议题。

6.5.3　新形态大学英语教材的使用

教材使用是教材开发与建设的终极目标（Graves 2019）。由于新形态教材的研发起步不久，成果投入使用时间不长，有关使用的研究较为缺乏。教材使用直接影响着教材功能的实现，新形态教材的建设、开发与评估亟需参考教材使用研究的成果。过往研究传统教材使用的各类框架更多关注教师，使得学习者的声音有所缺失（徐锦芬、刘文波 2023）。但在新形态大学英语教材的使用研究中情况则有所不同，相关实证研究对学习者的关注多于教师。研究表明学习者使用新形态大学英语教材时，不仅可以获取形式多样、更新及时的资源，而且在自主学习时也不受时空限制，多数学习者对新形态教材的使用持积极态度（Khan 2021; 杨港、彭楠 2021）。然而，尽管当代大学生被认为是"digital native（数字原住民）"，却并不意味着学习者已经适应混合式教学以及新形态教材，学习者仍然需要时间来适应新的教学模式（陈文婷 2023），不合理（重复性强、趣味性低）的学习任务以及过多的学习任务都会给学习者带来负面的学习体验。相关研究在设计上多采用问卷调查法了解学习者在教材使用过程中的适应情况，有利于描述群体特点，但若要深入探知影响因素及深层关系，尚须案例分析等质性研究。

从教师视角研究教材使用，传统上通常关注教师在课程教学中的角色与自我定位，或教师的教材使用过程，分析教师对教材的选择、删减、解读与调节等行为（Grammatosi & Harwood 2014; 徐锦芬、范玉梅 2017）。新形态教材使用与传统教材有明显差异（李琛 2023），新形态教材赋能智慧教学与个性化教学，也因此对教师的数字素养、适应性与教学投入都提出了较高的要求。对教师的教材使用行为及影响因素进行深入探究，将有利于新形态教材的改革迭代与基于新形态教材的教学发展。

教材是教师与学生开展教学活动的主要依据，能够反映国家的意识形态和教育思想。英语教材是实现我国外语教育目标、培养国际化人才的重要途径和主要手段。展望未来，新形态教材将成为大学英语教学改革最强劲的推力，引领大学英语教育数字化转型。新形态大学英语教材的研究将在外语教育教学研究中占据重要地位，迎来更加蓬勃的发展。

第二部分　教学研究

第七章 培养多元能力的英语专业课程教学

新时期国家对国际化复合型外语人才的需求决定了英语专业教学应以培养多元能力为导向，这种导向应落实在每一门课程的教学中。过去十年，英语专业经历了从培养方案、课程设置到课程教学的一系列改革，尝试通过课程整体设计和教学实施，贯彻多元能力培养的目标。本章阐述两个英语专业课程的教学案例，探索在英语专业知识课程与英语专业技能课程中的多元能力培养路径。

7.1 培养思辨与创新能力的英语专业知识课教学

培养学生的思辨能力与创新能力是新时期英语专业人才培养的核心要求，而传统单向知识传授型的专业知识课程教学难以实现能力培养的目标，探索新的教学模式已刻不容缓。本部分以本科英语专业知识课程"语言学概论"为例，从教学目标、教学内容、教学方法及评估手段几方面探讨培养思辨与创新能力的教学新模式，并报告其教学成效及对教师发展的启示。

7.1.1 研究背景

《高等学校英语专业本科教学质量国家标准》要求教学应以能力培养为导向，学生应具备获取和更新专业知识的学习能力以及运用本专业知识进行思辨、创新和参与科学研究的能力（彭青龙 2016）。然而，长期以来，英语教育把主要精力集中在语言能力的培养上，而语言能力的培养往往又主要通过模仿和记忆的方式来实现，少数几门专业知识课程往往专注于知识传授而非能力培养，这使得英语专业在思辨能力培养上先天不足，更谈不上创新能力的培养（孙有中 2014：7）。其后果是，外语教学传统在培养"国际化、高层次应用型和研究型外语类专业人才"方面存在培养能力不足的问题（孙有中 2019b：2）。

在此情境下，催生了一批探讨英语专业教学改革的研究，研究内容包括探讨课程设置改革（黄源深 2010；孙有中 2011；范能维、王爱琴 2017）、构建宏观教学理论框架（刘晓民 2013；阮全友 2012）以及针对某一课型进行教学创新（林岩 2012；张福会、夏文静 2012）。目前来看，围绕语言技能课教学的研究对如何在教学中培养思辨能力已展开较为充分的讨论（陈亚平 2016；陈则航、程晓堂 2015；杨莉芳 2015；张莲、李东莹 2019），但专业知识课程教学的改革研究相对滞后，以理论知识为课程内容、以单向传授为教学手段、以理解识记为评测要求的传统教学模式难以实现培养思辨能力、创新能力的目标。

有鉴于此，我们以本科英语专业知识课程"语言学概论"为例，通过一系列教学设计，经过三轮教学实践，初步建立起培养思辨与创新能力的英语专业知识课教学新模式。

7.1.2　教学模式

基于泰勒的课程理论（泰勒 1994），本教学模式涵盖四个部分：教学目标、教学内容、教学方式、评估手段。教学目标是起点和落脚点，教学内容是教学目标的载体，教学方式是实现目标的途径，评估手段是检测目标实现成效的工具。这四个部分彼此联系，相互制约，缺一不可（参见图 7.1）。需要特别指出的是，处于高层次的教学目标是方向和灵魂，起着统领作用。

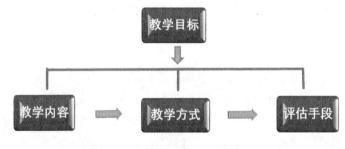

图 7.1　教学模式各要素及其关系

7.1.2.1　教学目标

结合《高等学校英语专业本科教学质量国家标准》的要求与北京外国语大学英语学院人才培养目标，我们将专业知识课程的宏观教学目标定为提升思辨与创新能力、初步的学科研究能力、语言能力等。本研究着重探讨其中的思辨与创新能力。

根据美国特尔斐项目组的权威定义，思辨能力是"有目的的、自我调节的判断，它导致对证据类、概念类、方法类、标准类、或背景类考虑因素的阐释、分析、评价、推理与解释，而上述判断正是建立在此基础之上"（Facione 1990: 3）。目前外语教学领域在研究思辨能力时，最常用的是 Bloom *et al.* （1956）教育目标分类模型的修改版（Anderson & Krathwohl 2001）（参见图 7.2）。该模型将认知能力由低到高描述为记忆、理解、应用、分析、评价、创造六个级别，其中后三个级别属于高阶思维能力。综合上述定义与分类，我们不难看出思辨能力培养的重点应为分析、评价与创造。

The New Version of Bloom's Taxonomy

Creating

Evaluating

Analyzing

Applying

Understanding

Remembering

图 7.2　新版 Bloom 认知能力分级

思辨能力与创新能力密切相关，前者是后者的基础。根据定义，创新能力是指想象或发明新事物的能力，是通过改进（evolution）、综合（synthesis）、变革（revolution）、再利用（reapplying）和转向（changing direction）等方法创新观念、解决问题、发明创造的能力（Harris 1998）。其中，创新观念、解决问题能与英语专业知识课程顺利结合，但发明创造从字面意义来看与自然科学更为相关，在社会科学与人文学科中不妨诠释为"研究创新"。

基于对思辨与创新能力宏观目标的认识，结合专业知识课程特点，我们将教学目标具体化为：分析现象、探索规律、评价理论、发现问题、解决问题、研究创新。

7.1.2.2　教学内容

在确立教学目标后，我们要进行教学内容的选取。选取原则有二：一是符合学科核心素养的要求，二是有助于实现教学目标。针对"语言学概论"课程，为实现学科核心素养的培养，教学内容必须涵盖语言学的主要分支；为实现研究创新等教学目标，必须教授分析语言现象所必须掌握的工具——视角及理论框架。因此，课程教学内容涵盖 11 个核心话题（参见图 7.3），这些话题分属于四个不同的宏观视角，能够为学生提供认识与分析语言的不同出发点。每一话题的教学内容安排也与传统教学不同，不再是尽可能多地填塞理论知识，而是精选那些最能用于发现、分析与研究语言现象的概念与理论。

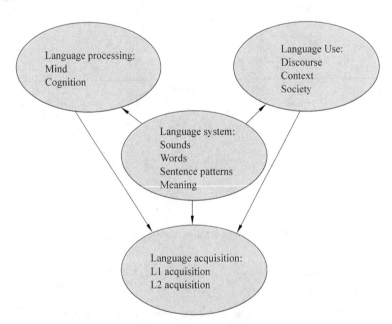

图 7.3　语言学概论课程教学主要内容

7.1.2.3　教学方法

新模式中的课堂教学采取问题与研究的双轮驱动方法，以问题为导向的驱动运用于获取新知的过程，而以研究为导向的驱动对应生产新知的过程。

在学习新的概念与理论时，学生在获取新知，教学遵循从分析现象、提出问题到引介理论、运用理论、反思理论（提出问题）的路径。我们以一个话题领域为单位开展"问题 + 思读 + 研讨"的教学流程。第一次课，教师给出语言现象，驱动学生思考、分析、提出自己的发现，然后引介相关理论，课后学生完成相关理论和研究的阅读任务。第二次课，学生完成两类探讨：学生提出在阅读中激发的问题以及对所读材料进行分析评价。每次课均包含上一话题领域的研讨与下一话题领域的问题开启，从而形成学习循环链。

在完成概念与理论的学习、运用与反思后，学生进入生产新知的尝试，即通过运用所学分析、解决问题从而实现研究创新。在这一过程，学生组成3—4 人的研究小组，每组选择一个研究问题（由教师与学生共同商定，属于某个已学话题领域），进行为期三周的小型实证研究，完成后在班上演示汇报。每组报告后，全班同学填写同伴评价表，对汇报小组的研究问题与设计、数据收集与分析、发现与讨论、结论与表达几个方面进行评价与建议反馈。研究小组基于同伴与教师的反馈，对研究进行修改，最终写成研究报告。

7.1.2.4　评价手段

传统专业知识课通常采用期末考试或学期论文的评价方法，前者常常考核学生对概念、理论的理解识记情况，后者要求学生针对某一话题写综述性论文。不难看出，在思维能力要求上，前者处于较低的记忆与理解层次，后者尽管涉及评价，但学生往往将所读的材料观点拼凑一气，隔靴搔痒式地加以议论，缺乏真正的思辨。因此，传统评测手段难以对思辨与创新能力的教学目标进行有效检验。

新的教学模式采用多维度形成性评价，具体手段包括当堂提问、小组讨论、课堂演示、阶段作业、研究项目报告、同伴互评、反思日志等多种评价方式。评价与教学紧密结合，从多个方面收集与评估学生思辨与创新的表现，取得了良好的效果，真正实现了以评促学。

7.1.3　教学成效

通过收集学生课堂表现、课程作业与反思日志的数据并加以分析，我们发现改革后的课程较好地实现了思辨与创新能力的培养目标。从课堂表现来看，学生积极提出问题、分析问题、发表评论，不再被动接受而是主动思考。从课程作业来看，学生能够对理论及研究论文进行有理有据的评价，能够运用理论分析语言现象并产出研究新发现。通过学生的反思日志及对课程的反馈，我们发现学生在思辨与创新能力上所体验到的主要收获包括以下几点（引文摘自学生日志与反馈）。

第一，在获取新知的过程中享受探索、分析与思辨的乐趣。

"通过阅读**把自己的思考对比 experts 提出的理论**，会觉得和 experts 都是平等的探求真相的人，而不是必须听命于谁。"

"我们的学习过程是一个**探求新知**的过程，由问题到回答是乐趣所在，**在一堆现象中看到本质，令人惊喜爆棚**。我欣喜地在一遍遍尝试中**得到新知**。"

"上这门课之前，我对于语言现象是不太在意的，但现在，听到或看到一些句子，我都会**不自觉地开始分析**，这让我觉得很有趣。"

"这门课使我用一种**新的眼光去看待**生活中早已习以为常的事情，**这就是学习的意义**。"

第二，在生产新知的过程中不断反思与修正自我行为。

"通过完成这样一个小组 project，我和小组成员不断磨合、互相启发，在磕磕绊绊的**探索过程**中为同一个目标努力。在这个初次体验中，确定好探究的思路、找到有效的数据、**得出属于我们自己的结论**所带来的满足感比遇到问题不知所措的挫败感更为深刻。"

"我认识到，**学术研究不能够出现任何时刻的满足和主观臆断上脑**，要带着 beginner's mind keep digging，要让自己的头脑时刻保持清醒，**培养自觉的学术批判意识和独立的分析规划能力**。"

"经历了这次课题研究汇报，就是亲历一个课题的题目分析、背景文献收集、问卷设计、采访收集数据、数据分析、**构建和填充课题框架**，一直到上台展示和**完善反思整个过程**的经验。"

"通过评价他人的 project，尤其是在评价和我们同一个 project 的另一个小组的展示时，两个组所做的工作在对比之下显现出的异同让我们**更加清晰地意识到自己的不足和优势**。"

第三，引发对课程与学科的深层思考。

"课程内容清晰，难度适中，激发我们的**思考与研究的热情**。"

"现在我逐渐认识到语言学**这门学科的价值与意义**，理论在与实践紧密地结合起来之后也不再生涩难懂了。"

"从现象到本质的学习轨迹让我能更加深切地体会**语言与其本质规律的联系**。"

"这门课学的内容虽然深，但也具体，是透过现象在慢慢看本质、**研究本质、剖析本质**。"

综上，新模式下思辨与创新能力的培养目标在学生学习过程、学习成果与学习体验诸方面均呈显著发展。

7.1.4　教师发展

好的教学，受益的不仅是学习者，还有教学者，从而构建良好的教学生态（文秋芳、任庆梅 2011）。通过三轮实践尝试，新的教学模式在取得显著教学成效的同时，为教师带来的收获与发展也前所未有，至少体现在三个方面。

第一，专业能力的提升。传统满堂灌的教学方法，教学是知识的单向传授，教学内容由教师单方面决定并相对固定，教师处于安全区内。新模式下，无论是学生获取新知过程中以问题为导向所开展的研讨，还是生产新知过程中针对各个话题领域所开展的实证研究，都对教师的专业素养有了更高要求，从而使教师真正做到教学相长、专业精进。

第二，教学能力的发展。新模式以培养学生能力为导向，采用互动式教学以及多维度形成性评价方式，教师一方面主动探究教学对象的特点，努力挖掘学生潜力，另一方面不断反思教学行为与教学效果，从而令教学实践反哺教学能力。

第三，教学研究的推进。随着教学新模式的探索，教师不断总结课程改革经验，并收集数据开展教学研究，在全国高等学校外语教育与发展高端论坛上将成果与同行进行分享交流，得到了广泛的认同与肯定，真正做到教研相长。

7.2　培养多元能力的英语精读课教学

本部分聚焦国家级一流本科课程北京外国语大学英语学院"英语精读 1：语言与文化"，介绍教学改革历程、课程目标、教学设计、课程评价与未来发展，展现在英语专业技能课教学中以培养多元能力为目标的教学实践。

7.2.1　改革历程

针对英语专业语言和学科内容分离、整体偏重语言技能训练的教学传统无法满足新时期"国际化、高层次应用型和研究型外语类专业人才"培养需求的现象，英语专业经历了新一轮教育教学改革（常俊跃 2018；孙有中 2019b；张莲、李东莹 2019）。为服务整体人才培养目标，英语专业的传统重头课程——"英语精读课"成为了课程与教学改革的排头兵。不同于传统精读以语言学习为唯一目标，为适应新时期外语人才培养的需要，我们重新确立包括语言能力、思辨能力、学科能力、综合素养等在内的多元能力目标。基于新的教学目标，逐步建立新的教学内容、教学方式与评价手段。教学改革历经三个主要阶段。

第一阶段，诊断原有课程教学对人才培养的不足，提出有针对性的解决方法，进行实验、修订。这一阶段确认需重点解决的问题主要有：（1）单一语言技能训练导致思辨缺席，言之无物；（2）低年级语言学习与高年级学科学习的割裂既导致专业学习准备不足、效率低下，又致使后期语言能力下降、精密语码缺失；（3）单向传授的课堂教学与"标准化"语言测试的评价方式导致被动应试的学习习惯；（4）"鸡汤美文"式的教学材料导致盲目崇尚西方的文化误解与价值偏差。

第二阶段，基于原有基本教学材料，探索与实践"提升语言＋培养思维"的教学设计。主要尝试包括通过苏格拉底式提问培养学生的高阶思维能力、通过测评工具的设计实现对批判性阅读能力教与学的反拨效应、基于原有材料深入挖掘相关话题的思辨内容、将语言学习融入内容讨论、重视学术性语言的功能学习与运用。

第三阶段，研发、运用新的教学材料，确立与检验"语言-内容融合式的思辨英语教学"的教学模式（孙有中 2017，2019a）。

7.2.2　课程目标

课程目标的确立参照院校人才培养需求和具体学情。基于新时期高素质外语人才的需求，北京外国语大学致力于培养具有中国情怀、国际视野、社会责任感、思辨能力和跨文化能力的高层次外语专业人才。"英语精读1：语言与文化"课程的教学对象为一年级上学期英语专业本科生。基于高中英语学习的特点，学生的语言能力、思辨能力、跨文化能力与学科能力及综合素养均亟待提高。因此，本课程应在上述方面对学生进行提升，为一年级下学期即将开始的学科方向学习做好充分准备。完成课程学习后，学生应具备的知识与能力包括：英语听说读写译的综合技能、文本细读与思辨阅读的能力；基于理解的分析、评价与创造的高阶思维能力；了解语言学与文化的基本知识、语言与文化的界面知识，掌握运用上述知识进行分析问题、解决问题的能力；自主学习及合作学习能力、问题意识与求知欲、独立思考意识、有效沟通意识、文化自信心、科学与人文精神。

7.2.3　教学设计

7.2.3.1　教学材料

本课程改革伴随《大学思辨英语精读》教材的编写，在课程改革的第二阶段将教学改革思路与理念应用于教材设计，教材成型出版后于本课程使用。基于课程教学实践，继而完成教师用书编写与教学资源建设。《大学思辨英语精读1：语言与文化》是精读系列教材的第一册，编写目的是使学生在打好语言基本功的同时，对语言的本质、文化的内涵以及跨文化交际行为等进行深入思考，在语言学习的过程中提高人文素养，培养思辨能力、跨文化能力、自主学习能力。

全书15单元分为"语言""文化""语言与文化的界面"三个模块，每个模块包括5个单元，分别讨论相关领域的一个主题，如语言的功能、语言习得、语言与思维、跨文化交流中的语言使用、文化刻板印象、民族中心主义、语言与性别、语言与媒体等。每个单元包括两篇课文，练习任务涵盖资料查找、分析式阅读、语言学习、跨文化反思等模块。

由于教材编写理念与课程教学理念一致，教材为课程教学提供了极大助力。同时，通过教材在全国院校英语专业的推广使用，推动了全国英语专业精读课程的教学改革。

7.2.3.2　教学方法

本课程采用语言-内容融合式的思辨英语教学模式，促进语言能力、思辨能力、学科能力与综合素养的协同发展。我们设计与开展教学的主要方法与途径有：

（1）以内容为依托，打通输入与产出，提升课堂效率

不同于传统将学习语言视为掌握知识，本课程强调培养学生运用语言的能力，既包括运用语言理解输入，也包括运用语言表达产出，而理解输入也一定最终表现为用语言表达所理解与思考的内容。由此，产出是学习的必然落脚点。这一方法贯彻在教学的各环节中。图7.4展示了一个单元的教学，每一阶段产出均基于输入，同时又促进对输入的深加工。课前与课后以书面产出为主，匹配学生自主学习时下沉、内省的认知特点，符合课下学习时间

相对充裕的教学情况。课堂中以口头表达为主，既契合合作学习的即时交流方式，又利于教师根据学生口头产出实时提供教学支架，在互动中创造更多的语言和内容学习机会，在有限的课堂时间激发最大化的学习效果。

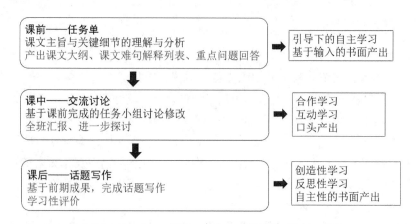

图 7.4　"英语精读 1：语言与文化"课程单元教学示意图

（2）以问题为单位，促进高阶思维发展，带动学科学习

改变传统上将精读教学视为理解课文句子的观念，本课程以需要探讨的问题而非文章句子为教学活动的主要单位，问题的安排遵照思维发展与学科能力培养的规律，基本逻辑为：第一，从低阶思维（记忆、理解）向高阶思维（分析、评价、创造）发展；第二，从掌握课文全貌到分析重要的具体问题，再到总结核心方法以及应用方法研讨学科领域的关键问题。

（3）以技术为手段，实现个性化发展与协作共进，推动促学评价

为保证教学效率的最大化，课程采用线下为主，结合线上的方式，对学生的课下自主学习进行引导和反馈。一方面，通过智慧教学平台，引导学生按需使用学习资源，完成学习活动，建立生生互动、师生互动的有效机制与积极生态，激发个性化发展与合作分享相互促进的效应。另一方面，建立过程化评价机制，对学生学习成果与产出进行自评、互评及师评，从而实现以评为学、以评促学。

（4）以话题为抓手，培养跨文化思辨意识，实现立德树人

课程教学始终坚持以立德树人为总目标，探索如何结合英语精读学习的特点实现润物细无声的育人效果。基于教学材料所囊括的语言与文化学科主要话题的探讨，以教学活动引导学生培养跨文化思辨意识，树立文化自信，

构建积极价值观。具体包括：通过探讨语言的功能，对中国语言文化进行深入了解与赏析，提升母语文化自信；通过分析西方历史文化中的欧洲中心主义范式，辨别西方视角讲述中的先验性立场，培养批判性解读能力；通过比较跨文化沟通方式，把握跨文化交流的主要原则与视角，思考构建人类命运共同体的途径。

7.2.4　课程评价

　　经过教学改革后，学生对课程的积极参与度高、获得感好，普遍反映学习具有一定挑战性、自己进步显著。通过学生课堂表现、提交作业以及反思日志，可观测到学生各项能力与素养得到有效协同发展，主要表现为：（1）语言能力方面，学生对较难学术话题文本的解读分析能力、书面与口头表达能力均显著提升。（2）思辨能力与学科能力方面，学生高阶思维层级问题的独立完成度逐渐提高，学科知识储备逐渐丰富，学科领域话题的研讨逐渐呈现深入性与规范性。（3）综合素养方面，学生牢固树立了思辨意识、反思意识，发展了学科认识，并能将思辨能力与学科方法迁移至其他课程学习及真实问题的处理中。学生的合作能力、有效沟通意识、文化自信心、科学与人文精神均得到发展。

　　同时，教学改革成果不仅服务本院校，改革后的课程教学模式通过线下与线上多个高显示度平台得以推广与应用，助力英语专业人才培养。教学团队也产出了系列教学研究成果，发表高质量教学研究论文多篇，完成多项教学研究课题，获得多项教学奖励。

7.2.5　未来发展

　　面对新时期人才培养和教育教学发展的趋势，课程的教学改革还将继续探索。首先，须进一步构建完备的自主学习与合作学习机制。目前本课程已进行一系列教师引导下学生自主学习与合作学习的教学实践。如何在单元内和单元间进行协同规划、完善学习活动的多维评价、持续提升学习体验与学习效果，将是未来教学改革的重点。其次，须进一步探索线上线下融合的教学实践。基于前期试验与疫情期间的教学尝试，本课程已进行对线上个性化学习与协作学习的初步探索。下一阶段将关注如何加强线上学习方式与内容的契合度，研究线上交流方式的特点与效应，强化线下与线上学习的互补支撑关系。再次，须进一步推进课程思政元素与课程的融合。在目前立德树人目标的基础上，继续挖掘本课程的思政元素，明确在每个单元教学内容中融入马克思主义世界观和方法论、习近平新时代中国特色社会主义思想、社会主义核心价值观、中华优秀传统文化等思政元素的具体方式、途径及检验手段。最后，须进一步推动跨省市和跨校教学共同体的发展。本课程以核心团队为依托，在本单位建立了教学研究与教师发展共同体，经过几年发展取得明显成效，积累了一些经验。同时，基于共同使用本教材的院校，也已建立包括来自全国各地院校近 500 位教师的线上虚拟教研室，开展共同备课、教学分享、教学研讨等活动。未来须建立教学共同体常态化活动机制，扩大优秀课程教学的辐射范围，服务高素质外语专业人才培养。

7.3　小结

本章以"语言学概论"和"英语精读 1：语言与文化"两门课程为例，呈现在英语专业知识课程与英语专业技能课程中落实多元能力培养目标的实践尝试。在两门课程各有特色的教学改革中，我们可以提炼出较为一致的几项原则：第一，针对课程特点，确立多元能力的教学目标，将目标细化及落地在每个单元教学中；第二，教学内容的设计应服务于能力培养，面向高阶能力进行内容的选择与聚焦；第三，教学方法应注重具体教学活动中能力融合的设计，确保多元能力通过教学活动得以贯彻；第四，评价内容与方式应符合多元能力培养的要求，强调形成性评价与基于评价诊断的教学发展。

第八章 英语阅读课堂教学中的思辨能力培养

上一章以英语专业两门课程为案例，探讨多元能力培养的路径。本章聚焦具体课堂教学过程中思辨能力的培养：基于三位英语专业阅读课教师共 18 课时自然状态下的课堂数据，对教师的课堂提问进行分析，描述阅读课堂提问的认知层级分布情况，揭示课堂提问认知层级的发展轨迹，探讨课堂提问对思辨能力发展的作用。

8.1 语言教学与思辨能力培养

思辨能力是教育特别是高等教育的基本目标之一（Bailin & Siegel 2003; Government of Canada 2002; Moon 2008; Tsui 2002）。在语言教学特别是 EFL/ESL 教学中，培养思辨能力的重要性得到广泛承认（黄源深 1998，2010；孙有中 2019c；文秋芳等 2010），已被纳入大学英语教学与英语专业教学课程目标。关于如何在英语教学中培养思辨能力，现有研究主要包括探讨课程设置改革（范能维、王爱琴 2017；黄源深 2010；孙有中 2011；孙有中、金利民 2010）、构建宏观的教学理论框架（刘晓民 2013；阮全友 2012；孙有中 2019a；王艳素等 2022）以及针对某一课型进行教学创新（李莉文 2011；林岩 2012；王艳 2018；张福会、夏文静 2012）。尚有待解决的问题是，思辨能力在具体的教学方法中如何体现，教师的课堂教学行为到底如何与思辨能力培养产生关联。这些问题的研究有利于打开课堂的黑匣子，对教师在日常教学中实现思辨能力的培养有直接的参考意义。有鉴于此，本章通过对 3 位英语专业教师 18 课时阅读课堂话语的细致分析，探寻课堂提问的认知目标层级及发展轨迹，以期展现有效培养思辨能力的课堂提问特征，为教师设计课堂问题、开展阅读教学提供启示。

8.2 英语阅读教学中的思辨能力培养

国内关于英语教学和思辨能力培养的研究较多关注写作和口语教学（李

莉文 2011；林岩 2012；任文 2013；宋毅 2012；王博佳 2019）。根据 Anderson 对于 Bloom 教育目标分类模型进行修改后的分类（Anderson & Krathwohl 2001），创造是最高级别的认知能力，写作和口语作为产出型语言使用任务，与这一层级的紧密关系不言而喻。而阅读相较于写作和口语，由于读者不产出原创性文本，曾被认为是被动接受性的技能（Vaseghi *et al.* 2012）。但认知学家指出，阅读理解是一种复杂的认知过程（Afflerbach 1990; Anderson & Pearson 1984; Green 2005），涉及目标确立、图式建立、阐释推理、意义发展及主动评判等多项认知能力（Carrell & Grabe 2002）。根据美国特尔斐项目组的权威定义，思辨能力是"有目的的、自我调节的判断，它导致对证据类、概念类、方法类、标准类或背景类考虑因素的阐释、分析、评价、推理与解释，而上述判断正是建立在此基础之上"（Facione 1990: 3）。可见，阅读理解的认知特性与思辨能力的要素高度重合，阅读教学如果包含对学生在阐释、分析、评价、推理与解释各方面的引导和检验，则包含了思辨能力的培养。

有关阅读教学中思辨能力培养的研究，主要是宏观地讨论如何在阅读教学中引入思辨能力培养的理念和实践（Green 2005; Xu 2011）以及探讨与思辨能力最相关的评判性阅读的教学（Beck & McKeown 2006; Bhrman 2006; Ko 2013; Marschall & Davis 2012）。前者大多是基于文献的理论介绍或是基于经验的教学方法分享，缺乏实证研究的支撑，后者所研究的评判性阅读属于阅读教学活动中的一部分，位于认知能力的较高层级，但无法展现阅读教学所反映的认知能力的全貌。国内关于阅读教学中思辨能力培养的研究包括教材编写理念（秦秀白等 2010）、学习者应该具备的元认知知识（王骏 2012）、对教学理念和实践的反思研究（李朝辉 2012；夏燕、王小英 2019；易焱 2012），以及通过实验，验证新的课程设置和教学方法对思辨能力、阅读能力的作用（常俊跃、陈胜国 2012；刘伟、郭海云 2006）。这些研究为阅读教学与思辨能力的结合提供了很好的认识平台。为了将这些理念落到课堂教学的实处，还需要从阅读课堂教学活动出发，以真实课堂的语料为研究对象，定位思辨能力培养的落脚点，以对教学实践起到直接的参考作用。

思辨能力的起源可以追溯到苏格拉底的提问式教学法（Socratic questioning），因此突出思辨能力培养的 EFL 教学鼓励教师更多采用苏格拉底式教学方法，也就是通过启发式提问方式来开展教学，而不是单向地传授知识（孙有中 2011: 54）。已有大量证据支持课堂提问与学生成就之间存在相关关系（Hattie 2009; National Reading Panel 2000），教师问题的认知层级直接影响学生思考的深度（Clasen & Bonk 1990; Graves *et al.* 2004）。有研究表明，哪怕是快速提问，其效果也优于不进行提问（Conley 1986）；然而也有研究指出，不是所有的问题都作用相同（King 1995），高认知水平的问题才能有效培养学生高层次的认知能力（Cooper 2009; Peterson & Taylor 2012; Piccolo *et al.* 2008; Reis 2008; Struck & Little 2011）。高认知水平问题对应的分别是 Bloom 教育目标分类模型中的应用、分析、综合和评价能力（Arends 1994a, 1994b; Bloom *et al.* 1956）。这几类问题在阅读教学中的分布情况目前尚没有相关研究涉及。另外，有关课堂提问的研究大多将所有问题同等对待，不考虑不同问题之间是否互相关联，从而在认知能力培养上起到不同作用（Gilson *et al.* 2014）。要解决这个问题，比较好的方式是定位初始问题和后续问题（Lee 2007），从而探究教师提问的变化情况。

　　鉴于此，本章试图从阅读课堂提问的认知层级特征和动态发展轨迹来探究阅读教学如何实现思辨能力培养，具体研究问题如下：（1）课堂提问的认知层级如何分布？（2）课堂提问从初始问题到后续问题的认知层级呈现怎样的发展轨迹？这个发展过程如何实现思辨能力培养？

8.3　课堂提问数据收集与分析

　　本研究采用"有目的的抽样"（孙亚玲 2008），选取某外语院校教授英语专业分析性阅读课程的 3 位教师（L、D、J）。三位教师年龄相当（35—37岁），教龄相当（11—12 年），一位具有博士学位，两位博士在研。三位教师分别教授分析性阅读二级、三级和四级。所使用的教材分别为《现代大学英语》（杨立民主编，2013）第二册、第三册和第四册。该课程的前身是英语精读，经过课程改革后，思辨能力培养已列入其核心教学目标。

　　三位教师的教学安排较为一致，即每周三次课，共 6 课时，完成一个单元的教学。每班学生人数均为 25 人，第二级和第三级的学生都是一年级本科生，第四级的学生是二年级本科生。此次研究数据为每位教师一周 6 课时、一个完整单元的课堂录音，三位教师共计 18 课时。录音数据经过转写后共计约 10 万字。

8.3.1　课堂提问的编码

对课堂提问的编码分为两个步骤：首先，为所有的问题编码，本研究所分析的问题是指教师用来引起学生回答的疑问句，修辞疑问句不在编码范围内。其次，为所有的初始问题和后续问题分级编码，后续问题是指在初始问题的基础上对问题内容进行分解、用来厘清或扩展学生思路、或要求学生对回答进行补充的问题（Gilson *et al.* 2014），后续问题与初始问题的最显著区别是，后续问题不提出新的话题内容。

8.3.2　课堂提问的认知层级分析

虽然对课堂问题的分类有不同方法（Ornstein 1987），但要对课堂问题的认知层级进行研究，最相关的是采用 Bloom 教育目标分类模型（Bloom *et al.* 1956）。同时，由于该模型是目前有关思辨能力的研究最常采用的模型，将其作为问题认知层级的划分依据，能够直接反映出课堂提问与思辨能力的关联。

Bloom *et al.*（1956）模型将认知能力由低到高描述为知识、理解、应用、分析、综合、评价六个级别，对每个级别进行了定义和描述，并指出除第五级与第六级两个层级能力可以并列之外，第一级到第四级的能力是由低到高依次发展的关系。20 世纪 90 年代，Bloom 的学生 Anderson 对原有模型进行了修改，通常认为修改主要体现在两处：一是将原有六个级别的名称从名词改为动词，二是将第五级与第六级交换了位置。但如果仔细考察 Anderson 第六级的名称和定义就会发现，与 Bloom 原有第五级的名称和定义相比，更改的并不仅仅是层级顺序，还有能力的内涵。Bloom *et al.*（1956）中的第五级"综合"被描述为："对于通过分析所获得的知识进行有创造性的结合……从而产出新的结构"（着重号为引者所加）。Anderson 模型第六级"创造"是指"通过产出、计划、创造的过程将不同的元素组合为新的结构"（Anderson & Krathwohl 2001，着重号为引者所加）。可见，Bloom *et al.*（1956）的第五级"综合"与第四级的"分析"存在联系，是在"分析"所得基础上的产物，而 Anderson 的"创造"（Anderson & Krathwohl 2001）更强调主动的产出和创造。

本研究在阅读教学语境中开展，评判性阅读能力是阅读能力最高层面（Marschall & Davis 2012），对应 Bloom 模型的第六级"评价"，并且阅读中，学生对某一个话题的自主发挥往往基于对阅读文本的分析，而不是自由想象和创造。因此，本研究更适合采用 Bloom et al.（1956）模型对问题的认知层级进行分析。对一部分数据的试分析也证明了这一点。具体的分析框架如表 8.1 所示。

表 8.1　问题认知层级分类

Bloom's taxonomy	Our application	Example questions
Knowledge: • Knowledge of specifics • Knowledge of ways and means of dealing with specifics • Knowledge of universals and abstractions in a field	To tell from memory.	*When did the author write this article?* *What's the meaning of the word "dissertation"?*
Comprehension: • Translation • Interpretation • Extrapolation	To require the students to demonstrate an understanding of subject matter, including paraphrase a sentence, tell the main idea.	*What's the main idea of the story?* *What does this sentence mean?* *What words does the author use to describe the character?*
Application • Application of concepts • Application of methods	To have the students solve the problems, and use learned material in new and concrete situations.	*How can you say it in another way?* *What if the story happens in today's world?*
Analysis: • Analysis of elements • Analysis of relationships • Analysis of organizational principles	To look at something as a whole and then break down into its component parts. To tell how or why the author says something.	*What's the purpose for the author to use a metaphor here?* *Could you distinguish between facts and opinions in this article?*

（待续）

（续表）

Bloom's taxonomy	Our application	Example questions
Synthesis: • Production of a unique communication • Production of a plan, or proposed set of operations • Derivation of a set of abstract relations	To develop or create something original based on what the students know or have experienced.	*What would you do if you were the boy Harry?* *What suggestions would you give to improve the education system?*
Evaluation: • Evaluation in terms of internal evidence • Judgments in terms of external criteria	To have the students make reasonable value judgments and then defend those judgments with rational argument.	*Do you think the arguments are well supported?* *How do you like the writing style of this passage?*

8.4　课堂提问的认知层级分布

8.4.1　总体分布情况

如表 8.2 所示，三位教师 18 课时的课堂问题总量为 1662 个，分布在 6 个不同的认知层级，其中理解型问题最多，其次是分析型、知识型和综合型问题，评价型和应用型问题最少。

表 8.2　问题认知层级的总体分布

问题认知层级	知识型	理解型	应用型	分析型	综合型	评价型	合计
问题数量	308	657	39	351	221	86	1662
所占比例	19%	40%	2%	21%	13%	5%	100%

理解型问题与分析型问题所占比例最大，这反映了阅读行为的认知特征，即对文本进行表层理解和深层解读，如理解型问题 What does "game" mean here?（D 老师，第一次课，Q110），分析型问题 Why is she doing this to Trudy, telling all her true feeling towards the man's wife?（J 老师，第二次课，Q98）。分析型问题位于认知能力层级的较高层，有利于培养思辨能力。但对文章的深层分析往往以表层理解为基础，使用浅层理解的成果作为深层分

析的原料，如在提出分析型问题 What is the purpose having, em, having those animals mentioned?（D 老师，第二次课，Q206）之前，教师先提出理解型问题 What were the images of these animals, or what kind of qualities do these animals have?（D 老师，第二次课，Q205）。因此，尽管理解型问题位于认知能力模型的较低层级，却不能或缺。

知识型问题主要包括两类：一是询问关于某个词或短语的意思，如："Your strength and stamina against mine." What's the difference between strength and stamina?（D 老师，第二次课，Q83），教学目的是通过现有的语言知识来理解文本；二是询问关于某个话题或现象的知识，如：I mean you may not be aware of the political things, but what about the cultural things of the 50s and 60s?（L 老师，第一次课，Q71），旨在激发已有的背景知识以帮助理解文章内容。知识型问题是阅读理解必不可少的部分，但由于处于认知能力层级的最底层，如果没有进一步的发展，则难以直接作用于思辨能力的培养。

综合型问题在阅读教学中通常体现为就文章中提到的某个情境或事件，阐述自己的经历、认识或观点，如：What is the focus of your education, especially as English majors?（L 老师，第三次课，Q46），What do you know about good and evil, if you think this is the massive topic being discussed?（D 老师，第三次课，Q213），Do you believe there will ever be equality and fairness among cultures?（L 老师，第三次课，Q75）。教师在提出这类问题时，通常会进一步让学生将自己的经历或看法与文章中人物的经历或看法进行比较，从而达到深刻解读原文以及做出评价的学习目标。如：综合型问题 If you were Nerys, would you marry Douglas?（J 老师，第三次课，Q130）与评价型问题 So rest of you, what do you think about her decision to marry Douglas?（J 老师，第三次课，Q128）。综合型问题属于高认知层级的问题，有利于培养思辨能力。

评价型问题在 Bloom 模型中处于最高层级，是思辨能力的最直接体现。研究数据表明，评价型问题仅占 5%，从数量上来说偏少。从评价型问题的内容上来看，主要是对人物性格、行为以及作者观点进行评价，如：Xinchan, what are you thinking of Sharon?（J 老师，第三次课，Q98），What's wrong with Social Darwinism?（D 老师，第一次课，Q236）。而在阅读中较为重要的对写作手法、逻辑结构的评价型问题比较缺乏。

数量最少的是应用型问题，仅占 2%。一些出现在语言学习中，往往是教师请学生用刚学的语言结构来产出新的语言，如：Can you give me a particular example (using the word *dwarf* this way)?（L 老师，第二次课，Q94）。这体现了阅读课与语言学习有关的教学目标，即学习新的词汇和句子结构，提高学生语言使用的复杂度。也有一些应用型问题，是将某个观点联系到另一个环境中来看，如 Do you think what he says, what he argues still makes sense in this contemporary world?（L 老师，第三次课，Q36）。或者是从人物特点推断其不同情况下的行为，如 If he (was) allowed to finish this, what do you think he would say... he would have said?（D 老师，第二次课，Q52）。由于需要学生将核心信息或方法提取出来迁移到不同情况进行运用，因此应用型问题对培养思辨能力有较好作用。三位教师课堂应用型问题的缺少，说明有必要思考阅读教学中如何提高应用型问题的比例。

应用型以上直到评价型这几个层级的问题属于高认知水平问题（Arends 1994a, 1994b），在本研究中占总问题数的 41%，而知识型和理解型的低认知水平问题占 59%。Freiberg（1987）发现最利于学生认知水平发展的课堂问题比例是，低认知水平和高认知水平问题之比为 7∶3，或 6∶4。本研究中三位教师总问题数的比例符合这一标准。

8.4.2　不同教师与不同教学阶段的比较

由于三位教师教授的是分析性阅读的不同级别，通过比较不同教师的课堂提问，能看出思辨能力培养在不同级别阅读课程的实现情况。同时，鉴于一个单元的教学于一周内分三次课完成，有必要比较不同教学阶段的课堂提问情况，从而分析各个教学阶段的特点。

表 8.3　三位教师课堂提问的认知层级分布

问题认知层级	L 老师		D 老师		J 老师	
	问题数	百分比	问题数	百分比	问题数	百分比
知识型	71	21%	192	25%	45	8%
理解型	150	43%	389	51%	118	21%
应用型	18	5%	12	2%	9	2%
分析型	34	10%	107	14%	210	38%

（待续）

（续表）

问题认知层级	L 老师		D 老师		J 老师	
	问题数	百分比	问题数	百分比	问题数	百分比
综合型	60	17%	49	6%	112	20%
评价型	13	4%	9	1%	64	11%
合计	346	100%	758	100%	558	100%

　　如表 8.3 所示，三位老师的提问总量有明显差别，其中 D 老师提问最多，有 758 次，平均每课时 120 多个问题，每分钟就有 2 个问题，这个频率似乎很难允许学生有充分思考的时间。仔细考察这些问题，我们发现，有一些是重复性问句，通常是学生尚没有给出回答时，教师对所提问题进行重复。而大多数问题属于事实性信息类问题或浅层理解的问题，前者学生可以通过定位信息点很快给出答案，后者学生也不需要花太多时间进行思考。可见，对于思辨能力培养来说，课堂提问并非越多越好，最适当的量是多少仍有待研究。

　　三位教师问题认知层级的分布也有不同。L 与 D 两位老师的低认知水平和高认知水平的问题比例大致相当。而 J 老师的低认知水平问题大量减少，高认知水平问题占 71%，其中分析型问题数量最多，综合型和评价型问题都多于其他两位老师。尽管问题认知层级特征与教师个人特点有密切关系，但从比较结果仍然能看出提问情况与学生水平有一定关系。L 老师与 D 老师教的都是一年级学生，J 老师教二年级学生，教师对学生水平的评估从问题的认知层级上得到了很好的反映。与此同时，不同教师的比较结果也凸显了一个问题：尽管都教一年级学生，但 D 老师所担任的是分析性阅读第三级课程、L 老师是分析性阅读第二级，两者的课堂提问认知层级并不能反映出这种课程级别的高低，那么两个级别的阅读课程在思辨能力培养方面是否应该有不同目标、应该如何实现，这还有待探讨。

　　如果将教师在不同教学阶段提问的情况进行比较，三次课问题的总数量基本持平，但在问题认知层级的分布上存在较大差异（如图 8.1 所示）：（1）知识型的问题数量，前两次课相当，第三次课显著减少；问题内容上，第一次课主要是关于某个话题或现象的知识，激发学生已有的背景知识以帮助理解文章主题，第二次课上很多是关于某个词或短语的意思，帮助理解文章细节。（2）理解型问题的数量，第一次和第三次课持平，而第二次课明显增多，从内容上看，第二次课的理解问题主要集中在对句子、段落层面细节上的理解。（3）应用型的问题，在数量都偏少的情况下，第二次课稍多，其中多数是将刚学的词汇、结构应用于新的意义举例或语境。（4）分析型的问题，第二次课最少，第一次课次之，第三次课最多，前两次课的问题主要围绕文章，第三次课的问题较多的是关于主题引申、写作特点等。（5）综合型的问题，第三次课明显多于前两次，学生分享自己经历、观点的机会增多。（6）评价型问题，都集中在第一次和第三次课，提问内容上都包括主题、人物、观点的评价，但第一次课教师在初始问题后很少展开，第三次课教师会追加更多的后续问题、要求学生为其回答提供支持或进行延展。

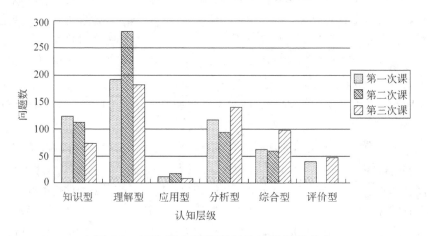

图8.1　三次课上课堂提问认知层级的分布

课堂提问情况反映出阅读教学的三个阶段：第一阶段，主要是对文章背景的引入、大意和总体结构的厘清以及主题的初步概括；第二阶段，主要是对文章细节的理解和分析，附带语言的学习；第三阶段，对文章的写作特点、主题进行提炼、评价和引申。第二阶段的内容虽然在阅读理解中必不可少，但对于培养思辨能力的作用较为有限。在第三阶段，高认知水平问题超过一半，是最有利于培养思辨能力的阶段。因此，在学生水平允许的情况下，不妨考虑压缩第二阶段所占时间，增加第三阶段的容量；或者将第二阶段的部分内容融入第三阶段，让细节理解这样的低认知水平问题服务于高认知水平问题，从而将阅读教学导向突出思辨能力培养的路径。

8.5 课堂提问认知层级的发展轨迹

在分析所有课堂问题的认知层级属性的基础上，我们发现从初始问题到后续问题的认知层级发展轨迹有四种不同情况：一是平级发展，即后续问题与初始问题的认知层级相同；二是向下发展，即后续问题的认知层级低于初始问题；三是向上发展，即后续问题的认知层级高于初始问题；四是波形发展，后续问题的认知层级的变化多于一个方向。本部分将根据不同类型的发展轨迹，演示从初始问题到后续问题的发展过程，说明在这个过程中如何实现思辨能力的培养。（注：本章仅选取研究数据中既有代表性又篇幅不长的问题发展案例。）

8.5.1 平级发展

平级发展的问题，有大约一半属于理解层级。理解型的初始问题，通常提问内容相对宽泛，其后续问题将理解的单位进行分解，目的是为了让学生把目标各个击破。如例（1）所示：

例（1）

T: So what happened to Vic and Douglas, then afterwards?（Q43）[理解型]

Ss: (SILENCE)

T: I think it's relatively easy with Douglas. So what happened to him? (Q44)[理解型]

S: He was famous, he was considered as hero.

T: He was a hero and then?（Q45）[理解型]

S: As he himself mentioned to Trudy, she... he still worked for ... they get married and he worked for the double... double glass.

T: Good. Glazing... Company.

S: Um, Glazing Men Company.

T: Yes. And then live his quiet life with Nerys, um, OK. Yes. But yes, it's relatively easy to...to think of Douglas' time. But how about Vic... how about Vic?（Q46）[理解型]

例（1）来自 J 老师的第一次课。这一单元是一个戏剧，情节是关于 Vic

和 Douglas 两个人物 20 年前与 20 年后遭遇的变化。教师提出的初始问题有关两个人物遭遇的情节理解，初始问题提出后，学生没有回应，教师就将问题内容进行了拆分，并且从较为容易的部分开始分步骤完成提问。这样的发展轨迹体现出教师针对学生的反馈会随时调整问题，但对学生认知能力的要求没有提升，很难反映出对思辨能力的有效培养。

尽管都是平级发展，但如果问题的认知层级较高则对学生能力的培养不同，如例（2）所示：

例（2）

　　T: What do you think of Sharon?（Q101）[评价型]

　　S: (PASUE) I think she is passionate.

　　T: OK. Good. This is a good word. She's passionate. Why do you say that?（Q102）[评价型]

　　S: She came to Vic's house only for the love... yeah, she sacrifice to Vic... for her love.

例（2）来自 J 老师的第三次课。初始问题是评价本单元戏剧中的一个人物 Sharon，在学生给出评价后，教师用后续问题追问学生评价背后的原因。后续问题促使学生进行对证据类因素的解释，属于思辨能力的范畴（Facione 1990）。由此可见，在平级发展的情况下，高认知层级的课堂问题更有利于思辨能力的培养。

8.5.2　向下发展

向下发展的轨迹，其初始问题往往属于较高认知层级，后续问题的认知层级向下发展的主要原因是初始问题的回答情况不理想，教师因此降低问题难度。如例（3）所示：

例（3）

　　T: What is the purpose of mentioning those animals?（Q206）[分析型]

　　Ss: (SILENCE)

　　T: For example, here fox... The image of fox both in China and in West culture is...?（Q207）[知识型]

　　S: Cunning... Playing tricks... Having a lot of dodges.

　　T: Ok. Then how about cat... What is the image of cat?（Q208）[知识型]

First, let us start with Chinese culture.

Ss: It's elegant and cute.

T: We tend to think cats are cute. But, how about in Western culture?（Q209）[知识型]

S: Not quite as cute as in Chinese culture. Tend to be thin... uh, the cat tend to be thought as also mysterious... Um (PAUSE), cunning, not as cunning as fox, but cunning.

T: OK. So, the image of cat was not that (PAUSE), um, not that as cute as that in Chinese culture. So he was thinking he's gonna play fox, now he will play the cat.

例（3）来自 D 老师的第二次课。D 老师所教单元是一篇小说，讲述了将人作为狩猎对象的一次"狩猎游戏"中狩猎者与被猎对象之间的紧张对弈。例子中的初始问题，是教师让学生分析作者在文中提到几种动物有什么隐含目的。在没有得到学生回答的情况下，教师接着从知识层面针对动物的形象特征进行分别提问，试图让学生通过已有的知识来分析新的问题。这种提问发展轨迹有利于帮助学生理清思路，或者为学生提供解决问题的方法。但遗憾的是，教师在知识型后续问题结束后，未能回到初始问题进行解决，从而失去了一次高认知水平的教学契机。

其他的向下发展的轨迹还包括：从分析型问题发展到理解型问题，以找寻分析所依据的文本线索，这种发展在学生回答产生偏差的情况下，有利于帮助学生定位其分析过程中哪里出了问题；从评价型问题发展到分析型问题，这在方法论上有利于令学生认识到阅读中评价的本质需要扎根于文本的分析（为学生提供方法论上的支撑），而不是自由发挥想象（这往往是很多学生在评价作品时容易走入的误区），同时也有利于培养学生思辨能力中的一个重要环节，即为结论提供充分的论据和符合逻辑的论证。但向下发展的轨迹最大的缺失是，在分解过后没有集中，在降低难度之后没有提升，因此虽然能迎合学生的现有水平，但没有给予学生再次挑战的机会。

8.5.3　向上发展

向上发展情况多数发生于从理解型初始问题到分析型后续问题。教师提出的初始问题是关于文章细节的理解，后续问题是让学生分析该细节的隐含意义、写作目的或进行展开论述。

例（4）

　　T: And then you could see this very complicated loops, this is the place Rainsford played a certain animal. What animal did he play?（Q57）[理解型]

　　Ss: The mouse. He played the mouse and the general was the cat.

　　T: Why was that?（Q58）[分析型]

　　S: The cat will play with the mouse before eat it. Set him free, set it go and caught the mouse again... until the mouse was exhausted and the cat ended its life. Rainsford realized that the general was the cat.

　　例（4）来自 D 老师的第一次课，初始问题是理解文章中的一个隐喻，后续问题是分析这个隐喻之所以成立的原因，问题内容从浅层理解过渡到深层分析，对学生认知能力的要求有明显提高。

　　许多向上发展轨迹出现在几个初始问题之间，即第二个问题与上一个问题相关，但增加了新的信息，因此不属于第一轮的后续问题。如 J 老师第一次课的 Q52 Why, then, was Douglas once again invited to the Villa? 是理解型问题，Q53 If you were Douglas, would you accept this invitation to come back... to have this interview with Vic? 是综合型问题，Q54 What do you think of Douglas' decision on this? 是评价型问题。前一个问题通常是知识或理解型的较低认知层级的问题，学生能很快给出答案，后一个问题是在第一个问题答案的基础上进行应用、分析、综合或评价，低认知水平问题为学生思考高认知水平问题作准备，而后者又能令学生接受挑战和得到提高。向上发展的轨迹符合学习由易到难、认知能力由低到高的发展规律，比较有利于课堂教学的开展，也有助于实现培养思辨能力的目标。

8.5.4　波形发展

　　在波形发展轨迹下，后续问题的认知层级发展并不只朝一个方向进行，有可能经历两次变化，如先平级再向上、先向下再回到平级或先向下再向上，也有可能经历两次以上的变化，如先向下、再回到平级、再向上，如例（5）所示。

例（5）

　　T: How general Zaroff was characterized and how was Rainsford characterized?（Q168）[分析型]

Ss: (SILENCE)

T: OK. I give you the qualities or the characteristics of Zaroff and you accordingly tell the qualities or the status of Rainsford. Zaroff, he was a... Russian, how about Rainsford?（Q169）[理解型]

S: American.

T: Yes. And General Zaroff, he was aristocratic. How about Rainsford?（Q170）[理解型]

S: He is a civilian.

T: And Zaroff, he had an idea of hunting down people, he is (PAUSE) maniac, crazy, mad, and demo... demonic, like a devil. How about Rainsford?（Q171）[分析型]

S: He hunted animals, but still ...he was still a normal person.

T: Ok. He is American, he is a civilian, he is still not... he is still normal and he is a human. And Zaroff was a big villain. Then why do you think the author assign someone... assigned this character a nationality of Russian?（Q172）[分析型]

S: They were in two camps. At that time, Russia was ruled by tsar, it was a symbol of tyranny...

　　...

T: And then these two people they share something in common... What were their similarities?（Q173）[分析型]

　　...

T: Do you think Rainsford is better than the general?（Q174）[评价型]

　　...

（注：限于篇幅，此处截取部分文本）

例（5）来自 D 老师的第一次课。初始问题（Q168）是分析人物的角色塑造。从学生的反映，教师推断问题较为笼统，因此在后续问题中，首先降低认知难度，以人物特征的细节理解问题入手（Q169、Q170），引导学生逐步整合资源，再次回到初始问题的层面（Q172、Q173），并继续提高认知要求，将问题发展到评价层级（Q174）。初始问题，对于阅读教学来说起到了引出本话轮教学目标的作用，对于培养思辨能力来说起到了帮助教师评估学生现状的作用。后续问题的发展，在内容上为完成初始问题的目标提供支撑，在认知能力上对学生进行了逐级引导和推动。几个后续问题的发展轨迹隐性地赋予学生解决高层级问题的途径。同时，在完成初始问题的任务后，教师并未就此打住，而是在此基础上进行提升。从例（5）来看，这种提升尽管发生在阅读课堂，但其体现出培养思辨能力的显著作用。

波形发展轨迹，虽然后续问题要经历几个不同的发展方向，但根据最后一个后续问题与初始问题的关系，可以分为波形向下、波形平级和波形向上三大类，每一类的最终后续问题的认知层级分别低于、等于和高于初始问题。由于后续问题的认知能力目标更为丰富，思维过程更为复杂，波形发展比单向发展更有利于培养学生的思辨能力。这也映证了关于课堂语篇特征的相关研究发现（Chin 2006; Peterson & Taylor 2012），即与普遍的单一"问题＋学生回答＋教师评价"（IRE）模式相比，初始问题加上若干后续问题的系列提问方式能够更有效地加深学生的理解和促进发展高水平的认知能力。这样的提问和追问方式具有苏格拉底式的启发性，更有利于思辨能力的发展。从学生的表现看，波形向上的发展轨迹，是最利于思辨能力培养的提问方式，符合苏格拉底"精神助产术"的精髓，即问题的讨论从具体事例出发，逐步深入，最后走向某种确定的认识（Stumpf & Fieser 2007）。

但波形发展也对教师提出了较高的要求。由于后续问题要经历几次方向改变，教师需要具有较好的全局把握能力和对学生反映的即时评估能力，否则后续问题会轻易中断或停留在较低认知层级。比如，提出较高层级的初始问题后，当学生不太会回答或回答出现偏差时，教师需要将问题通过分解及降低认知能力要求进行分项解决后，再回到初始问题的层级，这是一个波形平级发展轨迹。但如果教师在分解问题后就此打住，则变为向下发展轨迹，从而丧失了一次高层级问题的解决机会。波形发展轨迹需要通过课堂外精心的教学设计以及通过教师在课堂上对学生表现的有效评估与相应的教学调整来实现。

8.6　结论与启示

本章探讨了阅读教学课堂提问的认知层级属性和发展轨迹，及其与思辨能力培养的结合关系。通过描述各认知层级问题的分布情况和典型内容，展现了在阅读教学中融入思辨能力培养的课堂提问特征。通过比较不同教师课堂提问认知层级分布的异同，发现同类课型的分级教学中如何体现思辨能力培养的具体差异是目前亟待解决的问题。通过比较不同课次问题认知层级的分布情况，明确了阅读教学的三个阶段对思辨能力培养的不同作用，从而提出了在阅读教学中最大化地实现思辨能力培养的教学安排建议。课堂提问的认知层级发展轨迹分为四种：平级发展、向下发展、向上发展和波形发展。平级发展的情况下，高认知层级的课堂问题更有利于思辨能力的培养。向下发展的提问方式，虽然在学生回答产生偏差的情况下有利于帮助学生定位其分析难点，但对培养思辨能力的作用有限。向上发展的轨迹符合学习由易到难、认知能力由低到高的发展规律，有利于课堂教学的开展，也有助于实现培养思辨能力的目标。波形发展由于后续问题的认知能力目标更为丰富、思维过程更为复杂，比单向发展更有利于培养学生的思辨能力。其中，波形上升的发展轨迹是最利于思辨能力培养的提问方式。

　　本章对教学实践的启示是，尽管教师备课普遍将大部分精力放在教学内容的准备上，然而对于培养思辨能力来说，教学方法，尤其是课堂提问的设计非常关键；在走出传统的单向传授知识的教学模式后，教师课堂提问的设计和应用不仅需要关注问题的数量和内容，对问题认知层级的属性和发展轨迹的考量是发展学生思辨能力的有力切入点。未来研究可以横向延伸，将阅读课与其他技能型课程或与知识型课程的课堂提问特征进行比较，也可以纵向深入，探究教师作为课堂提问的决策者，其提问行为受哪些因素影响，以及学生作为问题的解决者，对问题的认识与教师的设定是否一致。以期多角度、全面地了解课堂提问对语言教学和思辨能力培养的影响和意义。

第九章 英语阅读课评测工具的设计

　　教学评一体化理念使得课程教学中的测评实践日益得到重视。作为英语专业最重要的技能课程，英语专业精读课经历了从教学目标到教学内容和方法上的重大变化，课程测试也应随之变化才能做到教学评一体化发展。教学考试必须反映教学目标和内容，才能对教学起到积极的引导、促进作用。本章探讨了一项精读课程的测试改革项目，从理论依据、测试目标、测试形式和测试对教学的作用几方面阐释新的精读课程评测工具的设计。

9.1　精读课程测试改革背景

　　精读课向来都是英语专业的重点技能课。学生花在精读上的时间，课上、课下相加，明显超过了其他技能课；精读教师也在储备知识、准备课件、批改作业以及设计教学活动等各方面花费了大量的时间精力。因此，精读课的教学情况也成为检验技能课教学任务完成情况的重要指标。伴随着外语教学理论与实践的不断发展，北外英语学院对精读课进行了一系列的改革和调整（如申昌英 2012；杨莉芳 2011）。改革之初，在教学目标、教学内容、教学方法、课堂活动、教师角色定位等各方面做出的努力尝试，让精读课焕发出新的光彩。然而，与此不协调的是，教学变了，评测方法却没变。对评测的忽视直接导致的问题是：测试与教学不匹配；学生抱怨所考非所学，进而对学习目的感到迷茫；教师也总觉得考试不能反映日常教学成果。

　　Hughes（2000）指出教学与测试是一种合作关系。测试是课堂教学工作的自然延伸，给老师和学生提供有用的信息，是教与学双方提高与进步的基础。测试对教学具有正面和负面两种反拨效应，只有正确运用测试手段，提高测试对教学的正面反拨效应，才能有利于推进教学改革。

　　面对研发新的评测工具的需求，我们首先对原有精读课程测试进行诊断，定位问题、分析原因，从而确立新的评测工具的设计目标。为此，我们开展一项针对精读课全体师生的教学调查，结果显示，学生一方面抱怨期末考试的复习压力太大（整个学期的课文、词汇等集中在最后一个星期复习），另一方面认为期末考试的那几张试卷远远不能反映平时扎扎实实学习所付出的努力。教师们则普遍认为，期末考试的试题不能反映学生的真实水平，而平时小测，则由于课堂时间有限、测试内容太单一（如听写单词）而常常流于形式。经过分析，我们发现，原有精读测试的问题主要在于，一方面课程测试更偏向于终结性评价，以分数为目的，基本由一次期末考试决定课程成绩，并不能起到反馈学习效果、修正教学的作用；另一方面测试的试题设计仍囿于语法、词汇等浅层语言知识及记忆课文内容的低阶思维活动，不能匹配改革后批判性阅读能力、语言运用能力等相关的教学活动。

针对第一个问题，从测试目的来看，精读课考试应该定位在以形成性评价为主，即专门对学生的表现给出反馈以提高和促进后续学习的一种评价模式（Sadler 1998）。它是对学习者学习过程的测评，对课程的阶段性考核，其根本目的在于加强对过程的指导和管理，及时反馈学习信息以指导教学，提高学习者的素质和能力。过程评价可以督促学习，了解阶段性学习情况，以便对学习者进行个别化辅导和指导，同时也防止学习者期末突击应试的做法，减轻期末考试对学习者的压力。

如第三章所述，形成性评价是语言教学发展的趋势，在国外已经有较为成熟的相关理论（Black & William 1998; Sadler 1989, 1998; Weigle 2002），在国内也得到了相当的关注（曹荣平、张文霞、周燕 2004；郭茜、杨志强 2003；田朝霞 2018；涂艳国 2007；杨满珍、刘建达 2019；杨孝堂 2001）。然而，尽管形成性评价对语言教学的价值已经得到共识，但其具体的操作办法仍然存在探讨的空间。较为常用的办法包括，根据小组讨论、学习档案和学生在课堂上的参与意愿等多种方式共同确定评价结果，但在实践中这些操作方式较为主观，如何保证其信度、效度，尚需进一步的研究。另外，形成性评价过程如果对繁简程度把握不当，有可能出现教师工作量的承受能力问题。事实上，可能并不存在一套通用的评价模式，形成性评价的设计应该根据课程特点、具体的教学目标来进行。

为了对精读课学生学习情况和教师教学情况进行有效评估和测试，我们尝试研发出合理的精读课评测工具，令评测结果真实地反映教学成果，评测方法科学地诊断教学问题，评测手段有效地督促教学进步。评测工具包括阶段性测试、期末综合性测试和学生自我评估。其中阶段性测试和期末综合性测试关于阅读能力的部分包含以试题为载体的评测工具，本章主要介绍的是这一评测工具的设计研究。根据测试设计的基本步骤（Alderson *et al.* 2000;

Bachman & Palmer 1996），设计新的评测工具经历了寻找理论依据、设定测试目标、确定测试形式以及明确测试与教学的关系几个阶段。

9.2 测试设计的理论依据

根据精读教学的主要目标，从语言能力来看，主要涉及的是批判性阅读能力和语言运用能力，后者尽管与口语、写作等技能课的目标有一定重合，但英语专业精读课由于肩负着夯实学生语言基本功的任务，因此可以以词汇学习为切入点探索对语言深度知识的测试。

9.2.1 批判性阅读能力

关于什么是阅读，不同于传统的将其视为一项技能的观点，Wallace（2003）指出阅读是一个社会性的、批判性的、诠释性的过程。阅读者从所读的书或文章中，不仅寻找信息，更要寻找意义，同时也需要对意义进行回应，包括进行解释、分析、批判、比较。因此，读者所分析的不仅是文章说了什么，还有如何说的。后者更加属于批判性阅读能力的范畴。

许多学者都对批判性阅读进行过定义，表 9.1 列举了其中比较有代表性的观点。

表 9.1　批判性阅读能力的定义

Author(s)	Main points of the definition
Poulson & Wallace (2004)	It asks for keeping an open mind, retaining a conditional willingness to be convinced, etc.
Schwegler (2004)	Critical reading is active reading. It involves some activity on reader's part.
Pirozzi (2003)	It is high-level comprehension of written material requiring interpretation and evaluation skills.
Bean *et al.* (2002)	Critical reading, like writing, is an active process of composing.
Garrigus (2002)	It requires to explain figurative language and to identify basic logical fallacies and emotional appeals, etc.

（待续）

（续表）

Author(s)	Main points of the definition
Milan (1995)	It requires to maintain objectivity and not to allow expectations, biases, or personal prejudices to interfere with understanding.
Maker & Lenier (1986)	Critical reading enables to size up the author's arguments and to evaluate how well he supports them. A reader must think beyond what is stated and decide what the author is trying to imply.

从这些定义中可以看出，批判性阅读要求读者对作品进行客观、积极和深度的解读和评价。其中，Poulson & Wallace（2004）指出读者在阅读过程中应该以包容的态度对待作品观点。如果读者从一开始就带着自己对于相关话题的喜恶开始阅读，则有可能对作品的某些内容产生有意或无意的忽视或误解。Milan（1995）提出阅读过程中应当保持客观，避免因个人的预期和偏见影响对作品的理解。这一点在精读课程教学大纲中被命名为 fair reading，以引起学生的重视。

Priozzi（2003: 325）对批判性阅读的定义较为清晰全面：批判性阅读是对文本高层次的理解，读者对文本进行解读和评价，从而能够区分重要和次要的信息，辨别事实和观点，判断作者的写作意图和风格，以及能够从文字表面推断引申意义，得出符合逻辑的结论。

批判性阅读是较高水平的阅读能力（Pirozzi 2003; Poulson & Wallace 2004; 何强生、刘晓莉 2003; 刘伟、郭海云 2006; 秦秀白等 2010），美国外语教学委员会语言能力分级标准（ACTFL language proficiency guidelines）、欧洲语言共同参考框架（Common European Framework）、加拿大语言等级标准（Canadian Language Benchmarks）等国际上有代表性的语言能力标准，都将批判性阅读能力的要素纳入了量表中较高级别的阅读能力。与其相对的较低层面的阅读是使用基本阅读技能、只对文字进行解码或翻译的"字面识读"（literal reading）。批判性阅读以字面识读为基础，对字面意义的充分理解是进行批判性阅读的先决条件，因此两者有一定共性。但两者在阅读目的、阅读过程和读者态度几方面都有区别。

从阅读目的和阅读过程来看，两者的主要区别是（Phillips & Sotiriou 1992: 268）：字面识读中，读者的阅读目的主要是进行字面理解，即理解文章大意、主要细节和大体的写作结构，阅读材料往往是单维度的；然而，批判性阅读中，阅读目的超出了字面内容，读者要对文章进行分析、评判、回应及更深层次的理解，阅读材料是多维度的，往往需要读两三次才能进行有效讨论。从阅读者的角度来看，读者在批判性阅读中比字面识读发挥着更积极的作用，一些学者认为这种作用主要体现在对于阅读材料的评价和回应上。Spache & Berg（1984: 143）提出，在阅读中，一种读者"被作者所控制"，而另一种读者"用自己的智慧和能力处理阅读材料"。Milan（1995: 217）也指出，除具备良好的理解能力之外，批判性阅读还要求读者持有开放的态度，不应被动地、毫无疑问地接受读到的文字。

　　Wassman & Paye 在 1985 年编写的 *A Reader's Handbook* 以及 Adams 在 1989 年编写的 *Developing Reading Versatility* 这两本阅读教材中，都按照从字面识读技能到批判性阅读技能的顺序进行编排。表 9.2 比较了两本书中所列举的字面识读和批判性阅读能力。

表 9.2　字面识读和批判性阅读能力要素

Comparison	Critical reading	Literary reading
Rhetoric-based reading vs. Literal-based reading	Guessing contexted words Recognizing writer's purposes Recognizing writer's tone Recognizing developing methods Recognizing organization patterns Making inference in context Distinguishing facts from opinions Distinguishing among opposing viewpoints Evaluating language use Uncovering arguments Assessing arguments Recognizing appeals in arguments Recognizing logical fallacies Analyzing rhetorical function	Guessing word meaning Locating specific information Comprehending sentence grammar Guessing sentence inference Summarizing paragraph main idea Summerizing text main idea Comprehending text purpose and tone

（待续）

（续表）

Comparison	Critical reading	Literary reading
Social relevance (macro-context) vs. Text context (micro-context)	Culture background Event background Author background Communicational context Situational context Intertextual context	Complexity of words and sentences Cohesion and coherence Information flow

　　在学术阅读中，批判性阅读常常应用于非文学作品，比如专业课本、书籍和论文。阅读说明文、论述文等文体时，批判性阅读意味着读者要对所读内容进行评估，判断哪些可信、哪些不可信。在这个过程中，读者需要评估作者的论点、论据和论证，从而做出自己的判断。其中涉及的不仅是对字面含义还有对引申含义的理解，否则，将无法做出判断（Maker & Lenier 1986: 138）。因此，批判性阅读能力是美国大学水平学术能力考试（College Level Academic Skills Test, CLAST）的考察目标之一。

　　Garrigus（2002）将学术语境中的批判性阅读能力分为基础批判性阅读能力和高级批判性阅读能力。前者主要指语篇分析，后者强调解读和评价。具体来说，基础批判性阅读能力包括：把握篇章结构，归纳段落大意、部分大意和文章主题，总结观点之间的逻辑关系，寻找各部分、各细节之间的关联。高级批判性阅读能力包括：推断隐含意义及隐藏的观点，区分事实与观点，评价论据，解释具比喻性的语言（包括类比），辨认基本的逻辑悖论与情感诉求。

9.2.2　词汇在阅读中的作用

　　有大量研究表明词汇知识在阅读能力中起着非常关键的作用（如 Alderson 2000; Anderson & Freebody 1981, 1983; Enright et al. 2000; Laufer 1996; Mezynski, 1983; Nation 1990, 2001; Qian 1998, 1999, 2002; Stratton & Nacke 1974）。因此在阅读测试中，词汇知识是一项重要的测量内容。Alderson（2000: 99）指出，"词汇在阅读测试中发挥了重要作用"，并且阅读研究反复发现"词汇因素占了很大比重"。

　　那么，词汇知识指的是什么？二语词汇研究者们提出了各种理论（Chapelle 1998; Henriksen 1999; Nation 1990, 2001; Qian 1998, 1999, 2002;

Read 1987, 1993, 1998, 2000; Richards 1976; Wesche & Paribakht 1996）。这些理论虽然不尽相同，但有一个共同趋势是，词汇知识不再被看成是单维度的，而是多维度的。Read（1987），Wesche & Paribakht（1996）和 Qian（1999）提出词汇知识至少包含两个维度，即词汇宽度或词汇量以及词汇深度。词汇量是指学习者至少掌握其表层意义的词汇的数量，词汇深度是指学习者对某一词汇掌握得有多好。根据 Qian（1999）的定义，词汇深度包括发音、拼写、意义、语域、频度以及词汇、句法和搭配层面的知识。

　　词汇深度在词汇知识中占有首要位置（Qian 2002）。实证研究表明，词汇量和词汇深度与阅读测试成绩呈正相关（Qian 1998, 1999, 2002），而对于词汇量超过 3000 的成人学习者来说，词汇深度与阅读测试表现相关性尤为显著（Qian 1999）。Grabe（2009）提出了与阅读有关的 9 项词汇知识，*The TOEFL 2000 Reading Framework*（Enright *et al.* 2000）列举了 10 项与阅读有关的词汇因素，它们与 Qian（1999）所定义的词汇深度的内容基本一致。

　　上述阅读能力和词汇知识的相关理论和研究构成了我们设计阅读课程测评工具的理论基础。

9.3　测试目标的设定

　　根据现有的阅读能力的理论，批判性阅读能力是高于字面识读的更高级别的阅读能力，尤其在学术领域是必需的阅读能力。英语专业学生在入学后进行的水平测试结果显示，他们已经具备基本的字面识读能力，但批判性阅读能力相对欠缺。针对学生的实际情况以及进行学科方向学习后专业阅读的需要，我们确定在低年级开设的精读课程的阅读能力目标应以批判性阅读能力为核心。而词汇学习作为提高阅读能力必不可少的部分，也是重要目标。基于词汇知识的相关理论，词汇量和词汇深度两个维度是指导词汇教学的标准，在教学大纲中，我们将这两者包含在提高学生的语言复杂度和语言准确性两项目标里。

　　作为课程的形成性测试，精读课程的评测工具在语言能力维度上也以批判性阅读能力和词汇测试为主要测试目标。在上一部分所评述的现有理论和研究成果的基础上，我们梳理出了所测试的批判性阅读能力构成要素（见表9.3）和词汇知识的构成要素（见表 9.4）。这是设计测试具体题项的直接依据。

表 9.3　精读课程测试的批判性阅读能力要素

Levels	Elements
Structure analysis	To guess the meaning of words from contexts To summarize the main idea of a paragraph To summarize the main idea of a text To deduce sentence inference in context To separate major ideas from minor ideas To recognize developing methods To recognize paragraph organization pattern To distinguish facts from opinions To distinguish among opposing viewpoints To understand graphics
Rhetoric analysis	To recognize text register and genre To recognize writer's purposes To recognize writer's tone To evaluate word choice To recognize misused language To explain figurative language To recognize and understand rhetorical devices To uncover arguments To assess arguments To recognize appeals in arguments To recognize logical fallacies To recognize manipulative techniques
Context analysis	To relate text to culture background To relate text to event background To relate text to author background To relate text to situational context To relate text to intertextual context
Holistic evaluation	To read from critical distance To evaluate text objectively To summarize the questions the text addresses

（待续）

（续表）

Levels	Elements
Holistic evaluation	To critique information presentation channels
	To examine the source
	To examine a text's ideology
	To know the intended audience
	To understand how the author supports his or her thesis with reason and evidence
	To perceive how the author hooks the intended reader's interest
	To read and then write a reasonable brief summary of the text
	To compare whether the author's basic values, beliefs, and assumptions similar to or different from reader's own
	To decide whether accepting or challenging authority
	To decide whether the text fits with reading purpose
	To express a personal viewpoint

　　Wassman & Paye（1985）和 Adams（1989）列举了批判性阅读能力的修辞性阅读以及阅读结合相关背景的技能；Garrigus (2002) 将批判性阅读能力分为与语篇分析相关的基础类和与解读评价相关的高级类的技能；Priozzi（2003: 325）定义的批判性阅读能力包含推断引申意义、判断写作风格等方面；Milan（1995）提出阅读过程中应当保持客观的态度；Phillips & Sotiriou（1992）指出批判性阅读必须涉及读者对阅读材料的回应与评价。在此基础上，我们将批判性阅读能力的要素从结构分析、修辞分析、背景分析和总体评价四个层面进行了总结，形成了具有可操作性的阅读测试构念（表 9.3）。

表 9.4　精读课程测试的词汇知识要素

Orthography (spelling)

Morphology (word-family relations)

Parts of speech

Pronunciation

Meanings (referential range, variant meanings, homophones)

Collocation (what words very commonly go with a word)

Syntactic properties

Register (power, politeness, disciplinary domain, formality, slang, dialect form)

结合Qian（1999）、*The TOEFL 2000 Reading Framework*（Enright *et al.* 2000）和Grabe（2009）对词汇知识的相关研究，我们确定了精读课程考察的词汇内容的目标（表9.4），它们也是精读课程教学中词汇学习的目标。订立批判性阅读能力和词汇知识的测试目标后，下一步就是确定测试形式。

9.4 测试形式

测试形式的设计需要遵循的原则第一项是真实性（Stoynoff & Chapelle 2005）。真实性是指测试任务与目标语言使用任务的一致性（Bachman & Palmer 1996）。阅读测试的真实性取决于阅读测试任务与真实阅读情况是否接近（Zou 2005）。作为课程的形成性测试，精读评测的目的是检查前一阶段教学目标的实现情况，即学生的学习情况。因此，从真实性来说，测试形式应当尽量接近真实学习中的阅读任务和词汇使用任务。

从阅读能力部分的学习情况来看，一年级课程教学中阅读材料的体裁以论述文为主。阅读能力的测试应当与教学的阅读材料一致，即以论述文为主。教学中阅读的是完整的文章，测试中也应该采用篇章而不应是段落。教学中涉及的主要阅读任务如猜测词汇在语境中的意思、解释句子的引申意义、总结文章的结构大纲、阐述论据与论点的逻辑关系、提炼作者写作意图、对文中观点进行评价等，在测试任务中也应该体现出来。从词汇学习上来看，前一阶段所重点学习的词汇应该是词汇测试的主要内容，测试形式也应包含教学活动中所涉及的词汇练习形式，以深度知识、语言使用为主，如填词完成句子、运用所学词汇短语翻译句子和文段等。

测试形式设计需要遵循的另一重要原则是有效性（Henning 2001; Messick 1989），即一项测试是否有效考查了它要测的内容（Alderson *et al.* 2000）。具体来说，我们的测试题目能否有效地测试出测试目标中详细列举的批判性阅读能力的各要素和词汇知识的各项内容。

国内外很多高利害测试都采用选择题的形式来测试阅读能力，其主要优势是评分的信度较好。但选择题的缺陷已经为学界所公认。Hughes（2000）列举了选择题的6大缺点，包括：只考查了识别能力、猜测对考试结果有很大影响、考查内容很有限、很难写出好的考题、有负面的反拨效应以及方便作弊。事实上，选择题首先违背了测试的真实性原则，因为它完全不符合正常的阅读过程（Flowerdew & Peacock 2001: 150），也不符合阅读课堂教学中所完成的任务；其次，我们的测试目标中，对阅读材料进行总体评价和回应的各项批判性阅读能力就无法用选择题来测试。关于阅读题型，很多研究者建议要多样化（Alderson 2000; Heaton 2000; Hughes 2000），可采用包括从上下文推断词义、转述、填空、回答问题等多种题型（Hughes 2000），同时还应该根据篇章本身特点设计更为合理的题目（Heaton 2000）。因此，基于真实性和有效性原则，我们的批判性阅读能力的测试不采用选择题的形式，而是采用更能有效反映学生阅读能力的多种题型。

关于词汇知识的测试，传统精读的小测主要采用听写为主的形式。听写即教师读单词，学生写下单词、其词性及其中文意思。这种测试形式能考查的仅限于词汇知识中的发音、拼写、词性和意义，更深层次的词汇知识包括搭配及在句子中的使用情况等无法涉及。并且这种题型完全不符合真实语境中词汇的使用情况，也不能反映出词汇学习的全部内容，违背了测试设计的真实性原则。在新的课程测试中，我们不再采用词语听写的题型，新题型的设计遵循在真实的语言使用中考察词汇掌握程度的理念，从而更能考查出学生的词汇深度。与此同时，测试题目要达到一定数量，以保证测试的可靠性（Heaton 2000: 162）。

9.5　测试与教学的关系

在完成测试设计后，我们评估测试的质量需要考察三个方面，即信度、效度和反拨作用（Bachman & Palmer 1996）。信度、效度能够从测试本身的相关数据（包括考试表现、学生反馈、试题与测试目标相关性等）进行验证，而反拨作用则需要放在更广的背景下进行考察。作为学界公认非常重要的测试评价指标（Alderson & Wall 1993; Prodromou 1995; Spolsky 1995; 李绍山2005; 唐雄英2005），反拨作用是指测试对教学产生了多大的积极影响。

传统精读测试中，测试的主要题型是单词听写、课文句子解释、写课文摘要。单词听写测的是词汇知识中的发音、拼写、词性、中文意思，这种题型容易传递给学习者这样的信息，即学习词汇就等于学习发音、拼写、词性、中文意思，尤其当学生以通过考试为主要学习目的时，更加会忽视搭配和句子中的使用等方面的词汇深度知识。课文句子解释这一题型选取课文中的原句，要求学生用更简易的英语进行解释，表面上看这是测试学习者阅读能力中对句子的理解能力。但事实上，课文原句都是教师在课堂上讲解过的（传统出题时的原则就是选用上课已讲解的难句），因此课文句子解释所考查的其实是学习者的识记能力，即是否记住了教师讲授的内容，而不是阅读能力。这种题型会促进学生上课专心听讲、记笔记以及记忆教师讲授内容，但对于促进学生进行主动思考、主动阅读很难起作用。写课文摘要同样考查的是学习者对已经学习过的篇章大意的掌握程度，而不是在自主阅读中所展现出来的阅读能力。总的来看，传统的精读测试传递的信息是，把单词的拼写词性掌握好、把课文的大意和难句意思记牢，就能学好精读。当精读教学已经转变为注重培养学生的批判性阅读能力以及提高学生的词汇广度和深度知识时，传统的测试对教学的反拨作用是比较负面的。

　　新的评测工具中阶段性测试的定位是，关注学生在整个学习过程中的收获和不足并据此为学生提供建设性的反馈，使学生能规划并完成下一步的学习任务，从而使学生最终更好地实现学习目标。测试与教学的关系如图 9.1 所示。

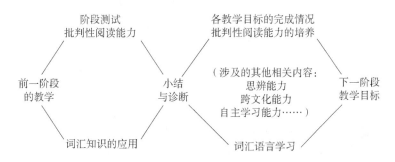

图 9.1　测试与教学的合作关系

　　测试内容应与教学目标、教学内容相一致。通过测试中批判性阅读能力测试试题表现，教师与学生能诊断出前一阶段阅读能力培养比较成功和有待进步的具体要素；词汇题型能够帮助诊断出词汇知识与应用的欠缺。在此基础上，教师能够确认下一阶段的教学重点，学生能够根据自己的具体情况定位下一阶段的学习目标。比如在学期第一次阶段测试中检测出学生词汇的搭配掌握得不好，在接下来的教学中教师采用了一些有针对性的方法，包括为重点词汇设计较多的应用型语言练习、引导学生在适当的情况下有意识地使用新的词汇、请学生深度讲解某些语言现象等，第二次阶段测试反映出学生在词汇学习方面进步很明显。因此，阶段性测试既是前一阶段教学的小结，也是下一阶段教学的开头，能够对教学进行诊断和开方，测试对教学起到正面积极的反拨作用，实现促学功能。

9.6　小结

　　合理、有效、可靠的测试要以可靠的理论研究为基础，制定出合理的、具有可操作性的测试目标，选择最能恰当反映出所测内容的测试形式，对教学发挥积极的反拨作用。英语精读课程的阶段性评测工具按照这样的步骤进行设计，经过几个回合的试用、修改，已经比较成型地在稳定使用中。后续还需要采集多种数据对测试工具的信度、效度的检测以及促学效应做进一步的研究。同时，由于课程测试属于教学测试、形成性测试，所以随着课程教学目标和内容的不断调整革新，测试的目标和形式都应该做出相应的变化。

第十章　外语教学中的课堂评价研究综览

上一章聚焦英语阅读的阶段性测试，探讨教学评一体化理念影响下具体测评工具的设计。本章试图探寻外语教学中课堂评价的全貌，运用文献计量法梳理 2008—2020 年 Web of Science 核心数据库中外语类期刊、CNKI 中 CSSCI 来源期刊和北大核心期刊中的外语教学课堂评价研究相关文献，通过对关键词的可视化分析，呈现近年国内外外语教学课堂评价研究的核心研究主题及研究热点变化，从而探知未来研究的发展方向。

10.1　对课堂评价的主要认识

课堂评价（classroom assessment）指通过获取学生学习情况信息，并对其进行解读，从而提供理据为下一步教与学做出更好决策的过程。课堂评价伴随课堂内的教与学，是检测与提高教学效果的最有效途径（Black & Wiliam 2009a），因而成为国内外外语教学与语言测试研究的共同焦点。尽管课堂评价的研究成果丰富，但研究话题多样，且发展脉络复杂，因此这一研究领域的发展趋势亟待梳理总结。

关于"课堂评价"和"形成性评价"（formative assessment）的具体区别，目前学界尚未有明确定义，考虑到课堂评价以促学为目的，倡导教、学、评三位一体，这与以学习为目的、注重学习过程的形成性评价（Leung & Mohan 2004）相契合，因此本章综述范围将二者均纳于其中。截至目前，有 3 篇主要的相关综述类文献。其一，吴秀兰（2008）探讨形成性评价在国内高校外语教学中的应用研究，文献覆盖范围为 2000—2007 年。其二，李清华（2012）简要评述国内外形成性评估研究，主要介绍政府管理经验及指出我国形成性评估研究上的问题，文献以 2008 年以前的文献为主。其三，金艳、孙杭（2020）对 2007—2018 年国内外外语类权威期刊上的外语课堂评估文献进行描述性统计，以定性研究方法探讨了研究话题的类别，但未呈现研究热点的历时变化。鉴于此，本章运用多元、分时、动态的第二代信息可视化技术（Chen *et al.* 2012），挖掘 2008—2020 年国内外外语教学课堂评价研究的核心研究主题，分析研究热点变化，进而指明我国外语教学课堂评价研究发展的方向。

10.2　研究文献来源及处理

本章用 CiteSpace 5.7.R2 软件，挖掘与分析近 13 年来国内外外语教学课堂评价研究成果。以 Web of Science（WoS）和中国知网（CNKI）作为主要数据来源。分别以 "classroom assessment" 或 "formative assessment" 和 "课堂评价" 或 "形成性评价" 或 "课堂评估" 或 "形成性评估" 为主题词进行检索，将期刊限定在与语言测试密切相关且发文量较高的期刊，其中包括 *Language Testing*、*Language Assessment Quarterly*、*Assessing Writing* 等 20 种外语类国际期刊以及 CSSCI 来源期刊、北大核心国内期刊及外语测试研究专业期刊《外语测试与教学》，时间跨度为 2008—2020 年。最终得到 221 篇国外文献和 329 篇国内文献作为统计分析数据。

10.3　国内外外语教学课堂评价核心研究主题分析

CiteSpace 软件可根据文献共被引关系，自动抽取施引文献标题、摘要中的名词短语或文献关键词生成聚类（cluster），用以归纳研究焦点（Chen *et al.* 2012）。本章采用聚类分析方法生成了国内外外语教学课堂评价研究聚类知识图谱，得到国际研究 45 个聚类、国内研究 52 个聚类，其中与外语课堂评价密切相关的主要聚类如图 10.1 和图 10.2 所示。聚类模块值（Modularity Q）分别为 0.64 和 0.75，聚类平均轮廓值（Weighted Mean Silhouett S）分别为 0.90 和 0.95，均大于理想值 0.4（马晓雷等 2016），说明聚类内节点的联系紧密、主题关联性较强，结果具有参考价值。

结合各聚类的标签描述，能更深入分析其涉及的研究话题，从而得出包含节点数最多（即囊括的文献最多）的前 10 个与外语教学课堂评价最密切相关的聚类及其 LLR（log-likelihood ratio）标签[1] 描述（见表 10.1）。

1　CiteSpace 中有三种算法可以进行聚类分析：TF-IDF 加权算法提取出的特征词强调研究主流，对数似然率（LLR）算法与互信息（MI）算法提取出的特征词强调研究特点（徐金雷 2018）。其中，LLR 算法最常用，故本章列出 LLR 算法生成的各个聚类的标签，以对聚类做更全面深入的解读。

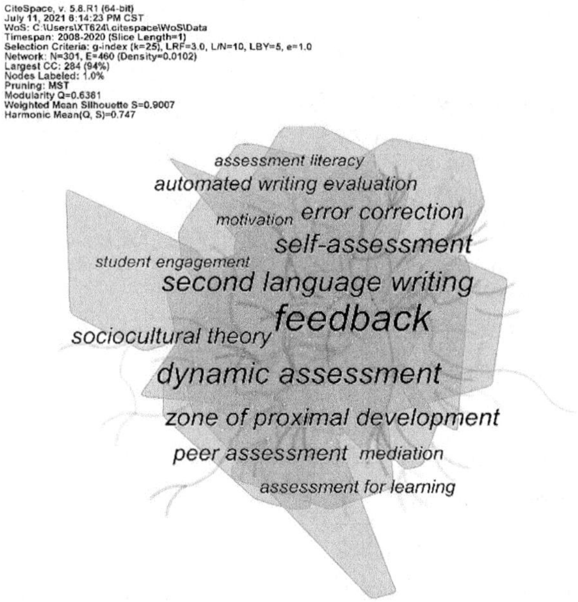

CiteSpace, v. 5.8.R1 (64-bit)
July 11, 2021 6:14:23 PM CST
WoS: C:\Users\XT624\.citespace\WoS\Data
Timespan: 2008-2020 (Slice Length=1)
Selection Criteria: g-index (k=25), LRF=3.0, L/N=10, LBY=5, e=1.0
Network: N=301, E=460 (Density=0.0102)
Largest CC: 284 (94%)
Nodes Labeled: 1.0%
Pruning: MST
Modularity Q=0.6381
Weighted Mean Silhouette S=0.9007
Harmonic Mean(Q, S)=0.747

assessment literacy
automated writing evaluation
motivation error correction
self-assessment
student engagement
second language writing
feedback
sociocultural theory
dynamic assessment
zone of proximal development
peer assessment mediation
assessment for learning

图 10.1　国外外语教学课堂评价研究聚类知识图谱

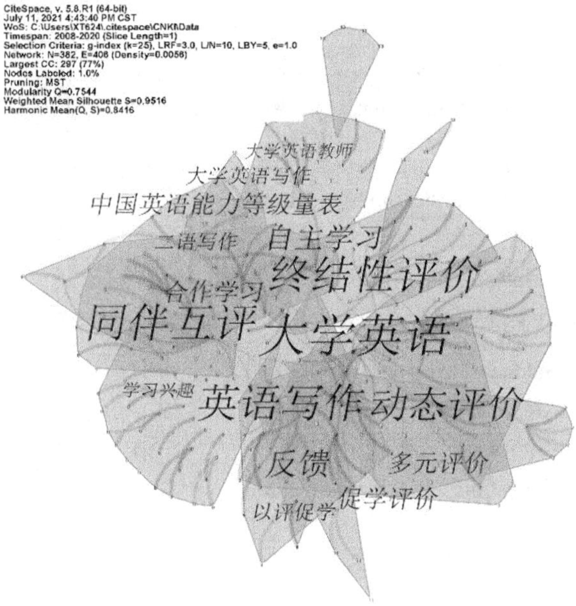

CiteSpace, v. 5.8.R1 (64-bit)
July 11, 2021 4:43:40 PM CST
WoS: C:\Users\XT624\.citespace\CNKIData
Timespan: 2008-2020 (Slice Length=1)
Selection Criteria: g-index (k=25), LRF=3.0, L/N=10, LBY=5, e=1.0
Network: N=382, E=408 (Density=0.0056)
Largest CC: 297 (77%)
Nodes Labeled: 1.0%
Pruning: MST
Modularity Q=0.7544
Weighted Mean Silhouette S=0.9516
Harmonic Mean(Q, S)=0.8416

大学英语教师
大学英语写作
中国英语能力等级量表
二语写作　自主学习
合作学习　终结性评价
同伴互评　大学英语
学习兴趣
英语写作动态评价
反馈　多元评价
以评促学　促学评价

图 10.2　国内外语教学课堂评价研究聚类知识图谱

表 10.1　国内外外语教学课堂评价研究的 10 大主要聚类及其标签

（2008—2020）

国际研究主要聚类及其标签			国内研究主要聚类及其标签		
聚类号	节点数	标签（LLR）	聚类号	节点数	标签（LLR）
0	48	corrective feedback（纠正性反馈）；error correction（纠错）；teacher response（教师回应）	0	51	课程标准；大学英语；云端测评平台
1	36	self-assessment（自评）；evaluation criteria（评价标准）；peer-assessment（同伴互评）	1	43	同伴互评；英语写作；同伴反馈
2	27	essay writing（论文写作）；factor analysis（因素分析）；validity（效度）	2	39	同伴互评；大学英语；终结性评价
3	26	computer-generated feedback（计算机反馈）；collaborative assessment（合作评价）；language assessment literacy（语言评价素养）	3	36	终结性评价；多元评价体系；学习动机
4	25	zone of proximal development（最近发展区）；peer feedback（同伴反馈）；dynamic assessment（动态评价）	4	26	大学英语；多元智力理论；动态评估
5	24	automated writing evaluation（AWE，作文自动评价）；conversation analysis（话语分析）；zone of proximal development（最近发展区）	5	19	以评促学；共建的评分标准；高中英语

（待续）

（续表）

国际研究主要聚类及其标签			国内研究主要聚类及其标签		
聚类号	节点数	标签（LLR）	聚类号	节点数	标签（LLR）
6	24	awe feedback（作文自动评价反馈）；assessment criteria（评价标准）；peer feedback（同伴反馈）	6	17	多元评价；小学英语教学；实验法
7	24	Coh-Metrix；L2 classroom experiment（二语课堂实验）；second language writing（二语写作）	7	12	实证研究；同伴互评；大学英语
8	18	writing motivation（写作动机）；assessment literacy（评价素养）；student engagement（学生参与）	8	11	反馈信息；网络环境；学生自主学习
9	16	primary school（小学）；sociocultural theory（社会文化理论）；dynamic assessment（动态评价）	9	7	基础英语课程；小学英语教学；动态评估

　　根据各聚类的标签描述，按话题关键词所在聚类号先后顺序（聚类号越靠前，所包含的节点数越多，此话题的研究体量越大），本研究分别整合出国外与国内五大研究主题。国外五大主题为：（1）反馈（聚类0、3、4、6）；（2）学生自评、同伴互评（聚类1、4、6）；（3）写作评价（聚类2、5、6、7、8）；（4）评价素养（聚类3、8）；（5）动态评价（聚类4、9）。国内五大研究主题为：（1）大学英语（聚类0、2、4、7）；（2）同伴互评（聚类1、2、7）；（3）写作评价（聚类1、5），聚类5中"共建的评分标准"这一关键词所在的研究都是关于英语写作评价的，因此将其归为本主题；（4）反馈（聚类1、8）；（5）终结性评价（聚类2、3）。国内外共同关注的研究主题有"反馈""学生自评与同伴互评"和"写作评价"。

　　在"反馈"这一主题下，国内外研究主要涉及两方面。第一，不同类型反馈的有效性及效果，如同伴反馈、书面纠正性反馈（written corrective feedback）、作文自动评价反馈等。有研究提倡将同伴反馈与教师反馈、系统自动反馈相融合（如 Diklil & Bleyle 2014；何佳佳 2019），但由于研究持续时间短，各种反馈方式及其相融合的反馈方式的长期效果还有待进一步验证。第二，对评价反馈的作用机制进行探索，挖掘反馈效果的影响因素。目前国内此类研究较少，国外聚焦性研究较多，常采用混合研究法，设计实验、量化分析实验组和对照组学生的前后水平差异，再通过分析学生写作文本及教师访谈、学生访谈等质性数据，解释实验结果（如 Wu 2019）。

　　学生自评与同伴互评研究，根据侧重点不同，大致分为学生自评或同伴互评的促学效果探究以及影响评价效果的因素探索两类。国内外关于此话题的研究呈现两个趋势：其一，由早期对学生自评或同伴互评泛化的探讨转向学生自评或同伴互评模式的建构、对某种具体评价工具有效性的验证（如 May et al. 2019; 解冰等 2020）；其二，从关注互评效果转向关注互评过程，聚焦性研究增多，从教师、学生、评价量表、评语等多角度对影响互评效果的因素进行探索。实证研究居多，常采用实验法、调查法、访谈法、文本分析或几者相结合，通过课堂观察、录像录音、教师评分等手段，探究学生自评或同伴互评的实施效果及作用机制（如 Yu & Hu 2017; 周季鸣、束定芳 2019）。国内外关于自评与互评的研究成果丰富，通过对比同伴互评、学生自评、教师评价和在线评价系统等，并结合影响互评效果的因素，不断优化评价模式，提出了教师支持的同伴评价（teacher-supported peer assessment）（Zhao 2014）、"同伴互评 + 教师讲评"的循环反馈模式（白丽茹 2013）、"师生合作评价"方式（文秋芳 2016）、"线上同伴互评 + 线下教师面辅"（何佳佳 2019）等新型评价方式，以实现"以评促学"的目的。比较国内外研究特点，国内多聚焦于评价的效果（39 篇中有 17 篇，占 43.6%），国外研究除评价效果外也关注评价过程，通过课堂的实时评估行为及师生互动，探究互评的作用机制（如 Yu & Hu 2017）。

　　"写作评价"这一主题具体涵盖的研究话题有：某种评价工具在英语写作教学中的运用及其作用机制探索（如 Zhang 2020; 隋晓冰、程璐璐 2019）、二语写作评价模型的构建（如于书林、Lee 2013）、评价量表的设计和效度验证（如 Ghaffar et al. 2020）。"作文自动评分"和"师生共建的评分标准"近年引起了国内外学者的广泛关注（如 Ghaffar et al. 2020; 隋晓冰、程璐璐 2019）。在此话题下，以实验法为主、调查和访谈为辅的混合研究最为常见，已成为惯用的研究范式。国外则更侧重行动研究、个案研究、课堂观察和访谈等质性研究方法（统计纯质性研究或以质性法为主的混合法的研究，国内

67 篇中有 4 篇，占 6.0%；国外 83 篇中有 35 篇，占 42.2%）。此外，国内研究在构建二语写作评价模型时，有 31.3% 的研究以提出理论模型为目的（如刘敏、吴始年 2020），未进行有效性验证；进行了验证的研究中，36.4% 的研究证据来源较单一，以采集学生的反馈意见为主，结论的说服力有待增强。

聚类结果所呈现的国内外不同研究主题值得关注，国外有"评价素养"与"动态评价"，国内有"终结性评价"与"大学英语教学"。评价素养研究涵盖语言测评素养的内涵与要素（如 Lee & Butler 2020）以及测评利益相关者的测评素养现状（如 Yan & Fan 2020）。国内此类研究近几年开始受到关注（如江进林 2019），教师的测评素养直接影响教学中测评活动的开展与效果，其实践与研究未来有较大发展空间。有关动态评价的国外研究，已将"中介提供者"（mediator）由教师（如 Zhao 2014）拓展至同伴（如 Davin & Donato 2013），也挖掘了计算机辅助动态评价的潜力（如 Poehner *et al.* 2015），以最大程度促进学生发展。国内动态评价研究更偏重理论基础探讨（21 篇研究中，实证研究有 4 篇）。

"大学英语"是国内特有主题。相关研究其实是以大学外语课堂为情境，或以英语专业学生为研究对象探讨课堂形成性评价的促学效果（如隋晓冰、程璐璐 2019）。该话题的凸显反映出国内研究在大学英语教学情境中开展得更为充分。以同伴互评研究为例，86.8% 的研究对象集中在大学本科生这一群体。国外研究涵盖了处于不同教育阶段的研究对象。国内另一主要研究话题是"终结性评价"，不过该话题下的研究并非研究终结性评价本身，而是通过比较形成性评价与终结性评价，来展现形成性评价的作用或探究终结性评价与形成性评估相结合的多元评价模式（如刘森、牛子杰 2018）。

10.4　2008—2020 外语教学课堂评价研究热点变化

关键词是对文章主题的高度概括和凝练，出现频次高的关键词通常也被视为该领域研究热点（Chen *et al.* 2012）。本章绘制了国内外课堂评价研究关键词共现时区图，以呈现近 13 年来国内外研究热点变化（见图 10.3 和图 10.4）。

剔除与检索主题词相同或相近的关键词后，我们将近 13 年国内外研究中每年出现频次最高的 3 个关键词列举如下（见表 10.2），以便进行横纵向对比。

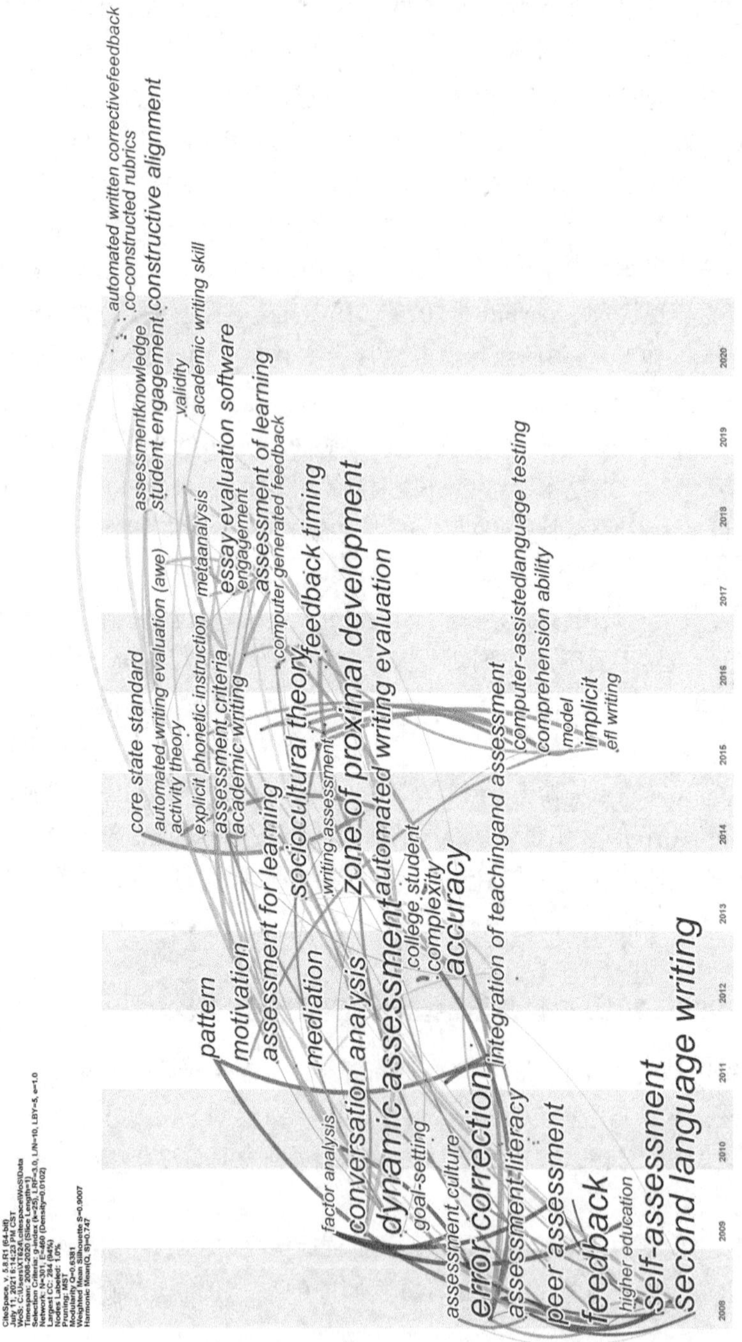

图 10.3　国外外语教学课堂评价研究的关键词时区图

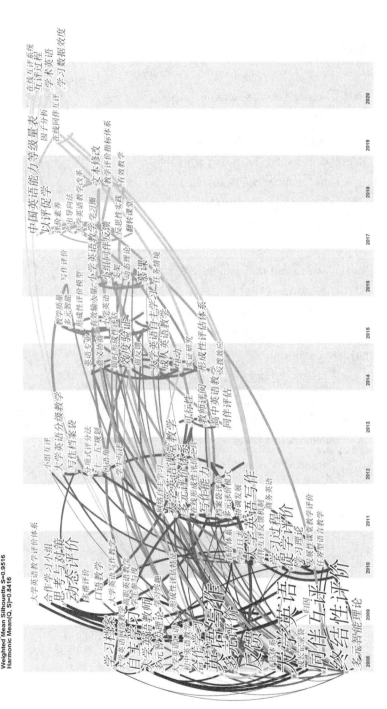

图 10.4　国内外外语教学课堂评价研究的关键词时区图

表 10.2　近 13 年国内外外语教学课堂评价研究热点（2008—2020）

年份	国外研究热点	国内研究热点
2008	feedback（反馈）； second language writing（二语写作）； self-assessment（自评）	大学英语；同伴互评；终结性评价
2009	dynamic assessment（动态评价）； conversation analysis（话语分析）； factor analysis（因素分析）	动态评价；思考与对策；合作学习小组
2010	error correction（纠错）； recast（重铸）； language assessment literacy（语言评价素养）	大学英语写作；促学评价；学习过程
2011	assessment for learning（促进学习的评价）； mediation（中介作用）； motivation（动机）	大学英语课堂教学；多元评价体系；写作能力
2012	accuracy（准确性）； complexity（复杂性）； college student（大学生）	大学英语分组教学；写作档案袋；学生互评
2013	zone of proximal development（最近发展区）； sociocultural theory（社会文化理论）； automated writing scoring（作文自动评分）	同伴评估；高中英语教学；教师评阅
2014	academic writing（学术写作）；assessment criterion（评价标准）；automated writing evaluation（自动写作评价）	效度验证；大学英语自主学习；形成性评估体系
2015	computer-assisted language testing（计算机辅助语言测试）； comprehension ability（理解能力）； EFL writing（二语写作）	形成性评价模型；多元智能；教学质量
2016	feedback timing（反馈时机）； computer-generated feedback（计算机生成的反馈）； assessing speaking（口语评价）	小学英语教学；小组同伴反馈；慕课

（待续）

（续表）

年份	国外研究热点	国内研究热点
2017	assessment of learning（对学习的评价）；essay evaluation software（写作评价软件）；engagement（参与）	中国英语能力等级量表；以评促学；评价素养
2018	student engagement（学生参与）；assessment knowledge（评价知识）；awe feedback（作文自动评价反馈）	文本修改；教学评价指标体系；有效教学
2019	validity（效度）；academic writing skill（学术写作技巧）；implicit learning（隐性学习）	因子分析；在线同伴互评；评价量表
2020	constructive alignment（一致性建构）；automated written corrective feedback（写作自动评价纠正性反馈）；co-constructed rubrics（共建的评分标准）	在线互评系统；互评过程；学术英语

注：按照关键词出现频次由高至低排列，表中每一行的 3 个关键词从上至下依次为该年度的第一、第二和第三名。

从历时角度看，2008—2020 年，国内外研究热点基本保持同步，某些方面略有差异。

共性特点为：第一，以促学评价为导向，对学习的评价（assessment of learning）、促进学习的评价（assessment for learning）、作为学习的评价（assessment as learning）、学习导向的评价（learning-oriented assessment）等课堂评估新范式陆续出现，学生作为评价主体备受关注；第二，呈现多学科（如二语习得、教育技术学）交叉的态势，评价研究运用社会文化理论、动态系统理论、新读写理论、教育技术理论等多种相邻领域理论；第三，随着"互联网＋教育"的不断推进，线上反馈以及基于平台的网络互评逐渐成为研究热点，学者们开始运用云端测评中的数据挖掘与自动反馈功能来诊断学习和教学成效（如 Zhang 2020；刘敏、吴始年 2020）。

国内外研究的差异主要体现为：其一，评价素养在 2008 年已成为国外研究热点，至 2020 年间，仍多次成为热点，但该话题自 2017 年起才在国内引起广泛关注，这可能是由于此前国内课堂评价研究与教学实践之间的对接尚未成熟，学界研究重心仍在评价的促学效果，近年才开始重视教师评价素养对于评价与教学的重要作用；其二，国内研究的热点与外语教育政策制定、教学改革发展基本保持同步，关键词比较宏观，凸显研究背景，近年一些研究更能将背景具化为研究问题，如 2017 年《中国英语能力等级量表》的研发为国内外语课堂评价研究提供了参照，催生了量表的应用性研究（如潘鸣威、吴雪峰 2019）；其三，国外研究更聚焦评价过程本身，研究问题比较微观，针对某一具体环节（如"反馈"）进行深入探究，成果颇丰，但孤立式的聚焦性研究若脱离教学评一体化的现实，成果对教学质量的提高作用有限。

10.5　结论与启示

本章运用 CiteSpace 对近 13 年来国内外外语教学课堂评价研究进行了可视化分析，对国内外的核心研究主题和研究热点变化进行了分析与比较，从而为国内相关研究的未来发展提供启示。总的来说，2008—2020 年我国外语教学课堂评价研究已取得可观成果，既体现了对研究热点的敏感性，又与教学改革方向联系紧密，为未来研究提供了广阔的发展空间。

未来研究内容方面可重点关注：（1）在教学评一体化认识的前提下，基于实际教学情况，研究不同评价手段与评价阶段的原理与效果，逐步真正解决课堂评价的促学问题；（2）在受到国外研究热点影响的同时，结合国内外语教学的重点问题、国内外语测评新动向以及我国学习者的主要特点，开展课堂评价的具体研究。待探讨的问题包括，通过评价促进学生思辨能力、跨文化能力和语言能力的协同发展（杨莉芳 2018）；将《中国英语能力等级量表》运用于设计和开展课堂评价活动；面对新出现的教育评价形式，为更好实现评价的促学效果，教师和学生所应具备的素养；教材编写设计与课堂教学评价活动的关系等；（3）避免对同伴互评、学生自评等评价形式过于泛化的探讨，更多地开展基于具体学习目标的实践研究，如课程教学中同伴互评的设计与实现、促学作用机制等，并对其效度进行探究（顾永琦、李加义 2020）；（4）在已有课堂评价模型或框架构建的基础上，探索其教学实践应用，以及基于具体案例对其进行验证与完善；（5）扩大研究对象的范围，除了聚焦大学英语课堂，也应关注形成性评价在基础英语教学阶段的应用，一线英语教师可以开展课堂评价的行动研究，通过学生数据的横向和纵向对比、课堂观察等手段，对形成性评价在中小学英语教学中的实践进行深入探究。

　　在研究方法方面，由于国内外语教学课堂评价研究起步较晚，研究较多采用非实证研究来讨论促学评价的可行性和重要性。近年实证研究有所增加，但研究多为量化研究和以量化法为主的混合研究，如以实验法为主、调查和访谈为辅，通过实验班、对照班成绩对比来考察学生学习成果的差异，描述发展趋势。若要深挖背后的机制和原理，我们须开展更多质性研究、以质性为主的混合研究及教师行动研究。语言测评研究的传统基于大规模、高利害的标准化考试，采用项目反应理论、拉什模型等量化研究路径，描述群像、得出测量工具的效度。不同于标准化考试的实践与研究，课堂评价采用多种评价与教学手段，聚焦促学效应，关注个体学习者的体验与发展变化。因此，课堂评价研究也应广泛学习及吸纳叙事研究、案例研究、文化人类学研究、行动研究等质性研究方法，从而深描现象、挖掘多维及动态的因素与联系。

第三部分　测评研究

第十一章 融合多元能力的语言测试任务设计

新时代国际化人才的核心能力要求是多元的，这反映在人才培养中，通过融合多元能力目标的教材设计和教学实践来实现，前文已做相关探讨。与此同时，这一要求也应贯彻于人才选拔。传统的语言测试以语言能力为唯一测量目标，已不能满足测评和选拔具备多元能力的新时代国际化人才的需求，设计融合多元能力的语言测试已成为当务之急。本章基于文献分析并以"国际人才英语考试"中的两项任务为例，从任务形式、任务内容、评分标准三个方面探讨融合思辨能力与跨文化能力的复合型构念在语言测试任务中的实现途径，以期为人才选拔与培养提供参考。

11.1 语言测试的改革背景

《国家中长期教育改革和发展规划纲要（2010—2020 年）》指出，我国大学教育需要"培养大批具有国际视野、通晓国际规则、能够参与国际事务和国际竞争的国际化人才"。与此相呼应，《普通高等学校本科外国语言文学类专业教学指南》（2020）和《大学英语教学指南（2020 版）》将思辨能力与跨文化能力列入外语教学的核心培养目标，加强国际化人才的复合能力培养。

国际化人才的复合能力培养目标已然推动外语教学理论（韩宝成 2018；孙有中 2017；文秋芳 2015a）与外语教学实践（顾晓乐 2017；林晓、何莲珍 2017；杨莉芳 2015）的革新发展。人才培养目标的变化对语言测试提出新要求，对以语言能力为单一构念的传统测试提出了挑战。思辨能力与跨文化能力是新时代国际化人才的核心能力，选拔和培养具备思辨能力与跨文化能力的人才，必须运用相应的测评方式。本章探讨融合思辨能力与跨文化能力的测试构念在语言测试任务中的实现方式，通过阐释两项能力的内涵、确立测试任务设计原则以及分析具体案例，展现融合思辨能力与跨文化能力的测评工具，为新时代人才选拔与培养提供参考。

11.2　传统语言测试的构念

构念是指测试所要测量的特质或能力（Chapelle 1998）。长期以来，英语语言测试一直以语言能力为单一构念（Bachman 2007; Chapelle & Brindley 2010）。语言测试构念的界定通常基于某种语言能力理论（张琳、金艳 2016）。在语言测试界，最具影响力的语言能力理论当属 Bachman（1990）提出的交际语言能力（communicative language ability, CLA）。交际语言能力包含语言能力（language competence）与策略能力（strategic competence），前者指语言知识，后者指将语言知识用于真实情境的元认知策略（Bachman 1990: 84）。后来，Bachman & Palmer（1996）将交际语言能力更名为语言能力，但仍然沿用原有内涵（Bachman & Palmer 1996, 2010）。Bachman 的语言测试理论将语言能力与其他要素相联系，强调各要素之间的互动关系，以此解释语言使用过程。在语言测试设计中，语言能力是毫无疑义的核心目标，国内外语言测试开发普遍基于这一构念，《中国英语能力等级量表》体现的也是语言能力构念——"理解语言和表达意义的能力"（刘建达、韩宝成 2018）。

根据构念的实现方式，以语言能力为核心构念的测试任务设计可以采取特质观、行为观和融合观（Bachman 2007; Chapelle 1998）。特质观将无法直接观测的语言知识视为测量目标，任务设计大多采用分离式客观题（如选择题）。行为观瞄准语言技能，采用听、说、读、写技能分离式任务。融合观强调特定情境下的语言使用能力，通常采用综合性任务，以"听＋说"或者"读＋听＋写"等为任务形式（Cumming 2013; Huang *et al.* 2016; 韩宝成、张允 2015; 何莲珍、孙悠夏 2015）。

基于融合观的综合性任务一般始于输入，归于产出（Wei 2017），有利于测试多种语言能力综合作用下的考生表现（Knoch & Sitajalabhorn 2013），已成为语言测试发展的新方向（Cumming 2013; Yu 2013a; 张新玲、张思雨 2017）。目前，基于融合观的语言测试仍以语言能力为单一测量目标，任务内容及评分标准设计均仅瞄准语言能力。新时代外语人才的复合能力培养目标决定了新型测试的构念须融合语言能力、思辨能力与跨文化能力，任务形式、内容及评分标准设计均须反映复合能力要求。

11.3　融合思辨能力与跨文化能力的复合型构念

不同于以语言能力为单一构念的传统语言测试，以融合思辨能力与跨文化能力的复合型构念为指导的语言测试设计须明确各项能力的内涵及其与语言测试任务的关系，从而确立测试任务的设计原则。

11.3.1　思辨能力与语言测试任务的结合

学界对于思辨能力的探讨已较为充分（Alnofaie 2013; Houghton & Yamada 2012; Paul & Elder 2001）。根据美国特尔斐项目组的定义，思辨能力可理解为"有目的、自我调节的判断，它能促成对证据类、概念类、方法类、标准类或背景类考虑因素的阐释、分析、评价、推理与解释，而判断正是建立在此基础之上的"（Facione 1990: 3）。根据这一定义，阐释、分析、评价、推理与解释都是思辨的产物，抑或它们就是思维过程本身。作为目前思辨能力研究的常用模型，Bloom 教育目标分类模型将认知能力由低到高分为知识、理解、应用、分析、综合、评价 6 个层级，并指出各个层级的能力存在由低到高依次发展的关系（Bloom *et al.* 1956）。20 世纪 90 年代，Anderson 对 Bloom 模型的能力层级进行了修改，将原来的能力层级名称从名词形式改为动词形式，强调思维是过程，思维能力的不同层级体现在思维过程本身的变化发展之中（Anderson & Krathwohl 2001）。

依据 Bloom 修订模型从低至高对每一能力层级的描述，我们可以发现从记忆、理解、应用到分析、评价、创造的思维发展过程正对应处理输入到输出的语言交流活动。语言交流可被视为从输入到输出的连续体，不同活动处于此连续体的不同位置。以理解口头或书面输入为主的语言活动和以口头或书面产出为主的语言活动分别位于连续体的两端，连续体的中间主体部分则是结合输入与输出的语言活动。思维能力层级的提升源于语言活动在两个对应维度上的变化：其一，对输入材料的处理层级升高（如从单词、句子的理解，到篇章结构的分析，再到观点与论证的评价）；其二，产出内容逐渐增加（即语言使用者需要产出的口头或书面语篇篇幅加长，如从根据材料简要回答问题，到产出评论文章等）。需要指出的是，思维能力从低向高发展，因此即使是最高层级的"创造"，也具有基于输入产生输出的特性——"对通过分析获得的知识进行创造性运用，从而产出新的结构"（Anderson & Krathwohl 2001）。由此可见，若要检测各个层级尤其是较高层级（higher-order）的思维能力（如思辨能力），语言测试任务应具备的关键特质是：结合输入与输出，体现综合性。

11.3.2 跨文化能力与语言测试任务的结合

关于跨文化能力的内涵已有诸多讨论（Bennett *et al.* 2003; Holliday 2013; Jackson 2014; 胡文仲 2013）。孙有中（2016）从外语教育角度，将跨文化能力的核心内涵描述为"尊重世界文化多样性，具有跨文化同理心和批判性文化意识，能得体和有效地进行跨文化沟通，能帮助不同语言文化背景的人士进行有效的跨文化沟通"，其中"能得体和有效地进行跨文化沟通"是跨文化能力的可观测层面。由于英语在中国是外语，在必须使用外语的情境下，沟通对象往往来自不同语言文化背景，这种沟通就是跨文化沟通。因此，能够进行跨文化沟通是外语学习的重要目标。同时，这一能力定义也表明了评价跨文化能力的两项重要标准，即得体性与有效性：前者指跨文化交流中能够尊重对方的价值观念和行为规范，保持融洽的人际关系；后者指通过跨文化交流达成沟通目的，或实现合作，或增进理解，或加强友谊（孙有中 2016）。

国外学者在界定跨文化能力时，也强调得体性和有效性。Alptekin（2002: 58）指出，在外语学习中学习者不仅应习得正确的目标语形式，更应学会如何在既定的目标语沟通情境下，使用目标语形式得体（appropriate）、连贯（coherent）、策略有效（strategically effective）地传达意义，这就是跨文化能力。Alptekin（2002）还明确了跨文化交流活动发生的关键因素，即既定的沟通情境。如果语言测试任务不设定交流对象、沟通目的等，则无法创建沟通情境，跨文化交流就无从谈起。由此可见，沟通情境、得体性、连贯性和有效性是跨文化交流活动的核心要素，因而也是跨文化能力测试任务设计的必备要素。

综上所述，融合思辨能力与跨文化能力的语言测试任务设计须遵循以下原则：（1）结合输入与输出，体现综合性。测试采用综合性任务，考生在有效处理输入材料的基础上进行语言产出。（2）设定跨文化沟通情境，考查得体性、连贯性与有效性。测试任务的描述与要求须设定明确的跨文化沟通事件、场景、对象与目的，评分应以是否得体、连贯、有效地完成沟通任务为标准。

11.4　基于复合型构念的语言测试任务设计

复合型构念指导下的语言测试任务设计异于传统上以语言能力为单一构念的任务设计，其特点主要体现在：第一，打通输入与输出，不再以分离式任务测量语言知识与技能，从而避免考生停留在记忆、理解等较低层级的思维能力，体现从低到高的思维能力动态发展；第二，突出语言交流与沟通，考生在测试中不再处于沟通的真空状态，而必须考虑用语言做什么、与谁交流、达到什么沟通目的，实现用英语进行跨文化沟通。

"国际人才英语考试"（English Test for International Communication, ETIC）简称"国才考试"，是北京外国语大学中国外语测评中心在我国参与全球治理能力不断提高、国际交流日趋频繁、"一带一路"建设持续深入的大背景下，于 2016 年 4 月推出的英语沟通能力认证考试体系。"国才考试"考查英语沟通能力，即用英语完成各类沟通任务的能力，主要由三个维度构成：（1）国际视野与协商合作能力，（2）分析问题与解决问题能力，（3）跨文化理解与表达能力（中国外语测评中心 2018）。从对测试目标的描述可以看出，"国才考试"的构念包含语言能力（理解与表达）、思辨能力（分析问题与解决问题）、跨文化能力（国际视野与协商合作、跨文化理解与表达），属于复合型构念，各个维度由"沟通"统领。下文以"国才考试"中的两项任务为例，探讨基于复合型构念的语言测试任务设计原则在具体任务中的实现途径。

11.4.1　任务形式

基于复合型构念的测试以沟通交流为基本任务形式，设定交流事件、交流各方身份及交流目的等，从而创设跨文化沟通的情境与目标。

以"国才高级"[1] 口头沟通任务三为例（见图 11.1），任务采用一对一商务谈判的沟通形式。任务指导语提供的沟通情境信息是：交流事件为商务谈判，场景为较正式的商务场合，交流双方为两个公司的代表，交流目的是对产品的新市场推介费用进行协商。

1　"国才考试"包括初级、中级、高级、高端、高翻 5 个类别，详见《国际人才英语考试官方指南》（中国外语测评中心 2018）。

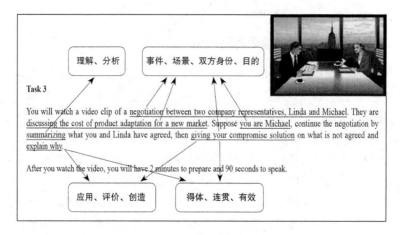

图 11.1 "国才高级"口头沟通任务三

考生在图 11.1 沟通情境中须完成的任务是作为一方代表推动未完成的谈判继续开展。任务通过文字描述与动画形象设定交流双方身份，将考生带入跨文化交流情境，并且通过设定交流事件、场景与目的，确立沟通得体性、连贯性和有效性的标准，实现跨文化能力的测试目标。

"国才高端"书面沟通任务二（见图 11.2）则采用"一对众"时评的沟通形式。该任务设定考生身份为英文杂志评论栏目的撰稿人，考生根据指定话题撰写一篇 350 词左右的评论。这本杂志主要刊登国际性话题文章，可推断杂志读者具有不同文化背景，从而使考生明确跨文化交流的情境与对象。跨文化能力考查通过设定交流情境、交流对象身份和交流目的等因素得以实现。

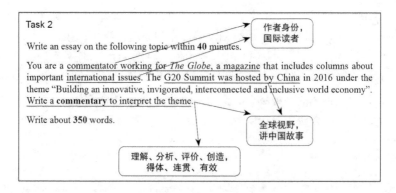

图 11.2 "国才高端"书面沟通任务二

11.4.2 任务内容

基于复合型构念的测试任务内容始于输入、归于输出，使语言交流活动从理解到表达成为整体，从而契合思维能力层级由低到高的发展路径。

以"国才高级"口头沟通任务三为例（见图 11.1），考生首先观看一段两分钟左右的视频，而后根据任务要求发言。任务指导语规定了考生的产出内容：首先，总结谈判中已经达成一致的内容，这要求考生理解与分析视频内容；其次，针对未达成一致之处给出解决方案，这要求考生结合运用已有信息，通过评判彼此的诉求生成方案，由此逐级完成从理解到创造的思维过程，实现思辨能力测试目标。

"国才高端"书面沟通任务二（见图 11.2）要求考生准确理解话题及相关背景，进而撰写评论文章，同样结合输入与输出。尽管输入内容较少，输出较多，但准确理解输入对有效完成任务起到关键作用。任务要求考生产出完整的杂志栏目文章，属于思维能力的最高层级"创造"。由于任务是评论文章，这种创造必须带有"评价"特性，并且评价不能无中生有，应基于对峰会主题的合理解读，须运用理解和分析能力。从中可见，考生在输出过程中须以输入为基础，任务设计体现从低到高的思维能力层级，全面考查思辨能力。

任务的话题内容也考查跨文化能力。"国才高端"书面沟通任务二要求考生阐释 2016 年在中国召开的 G20 峰会主题。多国峰会的主题必然要在全球视野中解读，而且峰会由中国主办，向世界阐述峰会主题，这就是"讲中国故事"。

11.4.3 评分标准

对于传统的选择题，评分记录回答正确的题数（Bachman & Palmer 2010: 339），独立于任务设计，但对于口头或书面产出任务，评分标准即为能力描述，与任务设计相关（Bachman & Palmer 2010: 356）。

对于以融合思辨能力与跨文化能力的复合型构念为指导的语言测试，任务设计与评分标准的联系更为紧密。如果评分标准仅考虑语言的复杂度、准确度及流利度[1]，则思辨能力与跨文化能力考查仍然无法落实。

---

1 即 CAF，二语习得、外语教学与测试中最常用的口语评判标准。

　　以"国才高级"口头沟通任务为例，评分标准采用分项评分，包括话题阐述与语言表达两个维度，每个维度下均有对某一分数档考生表现特征的描述（见表11.1）。比如，评判口头沟通任务三（见图11.1）时，依据评分标准"完成任务要求"，是指考生展现从理解到创造的全部思维过程，即运用思辨能力。表11.1中"表述得体、条理清晰、阐述充分、内容扣题、完成任务要求"等描述语体现了跨文化能力得体、连贯、有效的核心评价标准。"表达流利、语法准确、句式灵活"等则反映了对口语语言能力的评价。由此可见，评分标准与测试任务匹配，共同勾勒出复合型构念的具象。

表 11.1　"国才高级"口头沟通评分标准 [1]

分数档	话题阐述	语言表达
A 档	内容紧扣主题 充分完成任务要求 条理清晰，阐述充分 内容扣题	表达流利（发音清晰、语流连贯） 词汇、语法准确 句式灵活 表述得体 允许极个别口误 表达较流利（发音较清晰、语流较连贯） 词汇、语法较准确
B 档	完成任务要求 条理较清晰，阐述较充分	句式较灵活 表述较得体 允许个别口误

　　综观"国才考试"的任务设计，融合思辨能力与跨文化能力的复合型构念通过口头与书面沟通任务得以实现。任务采取口头或书面沟通形式，将语言使用置于具体交流情境之中。提供情境是进行沟通的先决条件。要实现跨文化沟通，任务形式设计须注意两点：第一，沟通情境的核心要素有语言使用者身份、交流对象、交流目的、交流的主要内容等；第二，这些要素中语言使用者身份与交流对象身份的设定是跨文化沟通情境构建的关键。

　　任务内容须结合输入与输出，二者的关联不在于数量，而在于考生的输出必须基于对输入的理解分析，以此打通思维发展的全过程。

1　完整评分表含有从 A 至 F 共 6 档，此处仅选取 A、B 两档，详见《国际人才英语考试官方指南》（中国外语测评中心 2018）。

　　评分标准要重视测试任务完成情况，以交流目的是否有效实现为评价核心，须包含对产出内容以及任务完成的得体性、连贯性和有效性评价，从而真正落实思辨能力与跨文化能力考查。

11.5　小结

　　当前，思辨能力与跨文化能力已经成为外语教学培养目标的重要组成部分，融合评价这两类能力是语言测试的必然发展方向。作为抽象概念，思辨能力与跨文化能力如何通过具体的测试任务设计得到有效评价，这是语言测试最重要的考量。本章通过对思辨能力与跨文化能力相关理论与定义的梳理分析，提出基于复合型构念的语言测试任务设计的核心原则，并以"国才考试"任务为例，具体阐释了复合型构念的实现途径。本章提出的测试任务设计原则还需通过语言测试实践进一步探讨验证。接下来，我们将关注：第一，思辨能力与跨文化能力在测试过程中的实现。在测试过程中，考生如何调用各项能力完成任务，各项能力如何影响考生的整体表现。第二，对思辨能力与跨文化能力的有效评分。评分标准如何充分反映各项能力，各项能力如何体现在评分员的评分过程与评分结果中。

第十二章　多元能力语言测试任务中的考生表现

上一章阐述了融合多元能力语言测试任务的设计原则，基于这些原则所设计出来的任务能否真正有效地测试目标能力，还须进行多维度的效度研究以做检验。本章从考生视角出发，对两项融合思辨能力与跨文化能力的语言测试任务进行效度验证，检验考生的测试表现多大程度上体现了复合型构念的各项能力。研究的主要步骤包括，首先细化思辨能力与跨文化能力的具体指标，然后基于诸项能力的指标对考生测试任务表现进行分析，通过分析考生在两项平行任务中所产出的文章，以及考生完成两项平行任务过程中的有声思维和回溯性访谈数据，从产出表现与过程表现两方面探究测试任务所反映的思辨能力与跨文化能力。

12.1　能力目标与效度验证

如上一章所述，融合多元能力的语言测试任务基于复合型构念，除必然涵盖的语言能力外，目标测试能力还包括思辨能力和跨文化能力。

思辨能力可以定义为"有目的、自我调节的判断，能促成阐释、分析、评价、推理，以及解释该判断所依据的证据、概念、方法、标准或背景"（Facione 1990: 3）。关于其构成，Paul & Elder（2006）提出的三元结构模型是目前最具影响力、最广泛使用的模型之一，包括思维元素、思维标准和智力特征，其核心的八个思维元素即目的、问题、信息、推理、概念、假设、启示和视角，又须用十条标准来检验。该模型要素详尽，有助于测量思辨能力，也能够有效地指导并改进写作实践。针对具体语言任务（如写作）中的思辨能力分析，学界发展出了可直接运用的框架，如基于 Toulmin（1958）模型所构建的框架用于分析写作中展现的思辨能力（Liu & Stapleton 2014; Stapleton 2001）。

关于跨文化能力，学界定义并不统一（如 Byram 1997; Deardorff 2006），但共识是其包含知识、态度、技能等不同维度，外显为跨文化情境中的顺利交流和沟通（Deardorff 2006: 256）。从外语教育的角度，评价跨文化能力的核心是"能得体和有效地进行跨文化沟通"（孙有中 2016：1）。Deardorff（2006）的金字塔式跨文化能力模型具有测评的可操作性，将跨文化能力视为基于个人跨文化知识、技能和态度，在跨文化交流实践中进行得体、有效交际的能力，从而建立了知识与技能、理论与实践之间的联系。高永晨（2014）在 Byram（1997）和 Deardorff（2006）的基础上，开展对中国大学生的研究，构建了跨文化能力的知行合一模式，该模式建立在实证研究的基础上，具有较好的可操作性。

关于如何在测试任务设计中实现诸项能力的融合，上一章进行了详细阐述，以国际人才英语考试的任务为例，分析了能力融合的具体途径。但在测试实践中，关于考生的表现是否反映了诸项能力、能力的使用情况如何等问题，尚未有相关研究，这属于考生视角的效度验证研究。效度，指一项测试是否测了它要测量的东西（Lado 1961），须收集不同类型的效度证据进行检验（Finocchiaro & Sako 1983）。最新的基于论证的效度研究框架（Bachman & Palmer 2010）从考生表现、测试记录、能力解释等方面收集证据，将测评效度验证诠释为环环相扣、逐层推理的过程。该框架较为先进（Chalhoub-Deville 2016），也是本研究所依据的理论框架。

考生表现是测试效度验证的起点，然而，过往的语言测试研究常从测试开发者和评分员的角度进行效度验证，从考生角度进行效度验证的研究尚不充分（Bachman 2007; Yan 2014）。基于考生表现的效度验证可以通过分析任务产出（如 Cumming *et al.* 2005）以及任务过程（如 Plakans 2009a）来收集证据，后者通常"在考生完成任务时进行观察，并获取考生的口述报告"（Bachman & Palmer 2010: 236），对理解考试考了什么至关重要（Cohen 2006）。此外，为排除任务设计及考生发挥的偶然性因素，考生角度的效度验证还应纳入等同任务研究，即考察考生在完成平行设计的测试任务时，其表现是否一致（Li 2017）。鉴于此，本章通过分析考生在两项平行的书面沟通任务中的表现，从任务产出和任务过程两方面收集证据，探究构念中思辨能力与跨文化能力的使用情况，进行效度验证。具体研究问题包括：

（1）考生任务产出与完成任务的过程在多大程度上反映出思辨能力？

（2）考生任务产出与完成任务的过程在多大程度上反映出跨文化能力？

（3）两项平行任务中考生思辨能力与跨文化能力表现是否一致？

12.2　考生与考试任务

本章研究的考生包括 36 名某大学英语专业学生，年龄为 19 至 22 岁，均已通过英语专业四级考试（TEM4）。本研究所使用的两项测试任务来自国际人才英语考试"高端"级别 2017 年和 2018 年测试的书面沟通任务二。该任务采用"一对众"时评的沟通形式，将考生身份设定为英文杂志评论栏目的撰稿人，考生根据指定话题撰写一篇 350 词左右的评论。任务要求考生产出完整的杂志栏目文章，属于思维能力的最高层级"创造"（Anderson & Krathwohl 2001）。由于任务是评论文章，这种创造必须带有评价特性，且基于话题的合理解读，须运用理解和分析能力。考生在输出过程中须以输入为基础，任务设计体现从低到高的思维能力发展过程，全面考查思辨能力（杨莉芳 2018）。任务要求考生在英文媒体上探讨中国话题，对外讲述中国故事，通过设定交流情境、交流对象身份和交流目的等因素实现跨文化能力的考查（杨莉芳 2018）。两项平行任务根据具体话题分别简称为 B & R 任务和 Leadership 任务（见图 12.1）。

B & R task　（B & R 任务）
You are a commentator working for *The Global Review*, a magazine that features columns about important national and international issues. China's Belt and Road (B & R) Initiative has attracted international attention. Nick Marro, an analyst with the *Economist Intelligence Unit (EIU)*, however, argued that China is looking to use B & R as a way to ship its own domestic overproduction offshore. Write a commentary to argue against this opinion.

Leadership task　（Leadership 任务）
You are a commentator working for *The Reviewer*, a magazine that includes columns about international issues. Recently, Dirk Messner, co-chairman of Think 20 and director of the German Development Institute, commented that "as an economic power, China is shouldering its leadership role". Write a commentary to share your understanding on the leadership role of China.

图 12.1　两项平行测试任务

12.3　考生表现数据收集与分析

任务产出数据收集自 30 名被试，任务过程数据收集自 6 名被试。30 名被试一周内在考试条件下完成两项平行任务。为排除测试顺序效应，研究采用平衡设计，一半被试先完成 B & R 任务再完成 Leadership 任务，另一半被试则相反，共得到两项任务 60 篇产出文章。收集任务过程数据时，6 名被试前期接受有声思维培训后（郭纯洁 2007），分两次完成两项任务，通过有声思维报告完成任务的过程。被试可使用对自己而言最自然的表达，英语或汉语皆可。任务时长不作限制。研究人员观察、记录考生行为，测试结束后，对被试进行回溯性访谈。

12.3.1　任务产出数据分析

本研究对任务产出作文中思辨能力维度的分析基于 Toulmin（1958）模型及其在写作研究中的应用（Liu & Stapleton 2014; Qin & Karabacak 2010），分析框架包含五个要素：论点（claim）、论据（data）、驳论（counterargument）、反驳论点（rebuttal claim）和反驳论据（rebuttal data）（见表 12.1）。过往研究还进一步区分了驳论论点和驳论论据（Liu & Stapleton 2014; Stapleton 2001）。由于思辨能力强调对其他观点的分析评价（Paul & Elder 2006），无论是否有论据，都可以存在驳论论点，因此本研究不作区分，统称为驳论。

表 12.1　任务产出中思辨能力的分析框架

要素	定义	举例
论点	对有争议话题所持的观点或立场	*I would raise my doubt on the view that China is shouldering its "leadership role".*
论据	用来证明论点的事实依据，包括事实、数据、逻辑推理、专家观点等	*Besides, it shows its great concern for the world, which is the reason why it always seeks cooperation and reconciliation even when faced with hostility.*
驳论	与作者论点对立的观点和论据，表明在何种条件下该论点不成立或只在某种有限的条件下成立	*We cannot deny that China sold many domestic productions in the process of trading with other countries.*
反驳论点	对驳论的反驳	*But this behavior is obviously a win-win.*

（待续）

（续表）

要素	定义	举例
反驳论据	用来证明反驳论点的事实依据	*Other countries also sold their own products abroad and benefited from the initiative, and this is exactly the mission of B & R Initiative, to promote the economic development of all.*

本研究对任务产出中跨文化能力维度的分析基于 Deardorff（2006）的金字塔式模型，并结合本研究数据的特点。模型上层理想的内在结果与外在结果是对主体特征的整体描述，下层的跨文化知识、技能和态度是具体实现要素，更适用于任务表现编码。下层技能中的听力、观察等很难体现在书面产出中，而分析、评价又与思辨能力要素重合。因此任务产出的分析框架包含 Deardorff（2006）模型中的态度以及知识与理解两部分（参见表 12.2）。态度中尊重、开放性、好奇与发现要求考生尊重其他文化，并在跨文化交流中持开放态度，在书面产出中则表现为考生重视其他文化和/或文化多样性，尊重对立观点。知识和理解表现为考生对自身文化和其他文化的了解。

12.3.2　任务过程数据分析

本研究对任务过程数据的思辨能力分析框架基于 Paul & Elder（2006）的三元结构模型。模型中作为思辨能力培养目标的智力特征在完成任务的过程中难以进行显性识别与编码。因此，本研究采用模型中的思维元素与标准（参见表 12.4）。例如，考生有声思维数据"需不需要强调各种各样的 products？因为 overproduction 没有提到具体是哪一种（被试 W，B & R 任务）"，反映出其关注信息的精确性。

对于任务过程数据的跨文化能力分析，结合 Deardorff（2006）模型中态度、知识与理解两部分以及高永晨（2014）知行合一模式中技能部分的语言技能与适应性（见表 12.2）。语言技能指考生关注某个单词或表达是否符合特定语境，能否有效表达观点。适应性指能够适应不同的交际风格和行为（沈鞠明、高永晨 2015）。

表 12.2　任务产出与任务过程中跨文化能力的分析框架

要素	子成分	任务产出分析指标的举例	任务过程分析指标的举例
态度	尊重：考生重视其他文化和文化多样性	*Different countries have different cultures, which are necessary to be communicated, in order to protect them*	*This initiative aims to promote the international communication with respect to culture.*
	开放性：考生尊重对立观点，不轻易下判断	*Thus, it is only natural that some Western intellectuals regard the Belt and Road Initiative as another proper target for criticism.*	应该先指出这个人，这个评论员看问题的角度是什么，从哪个角度看这个问题使他得到这个结论。
	好奇与发现：考生容忍模糊性、不确定性	——	毕竟汉英之间存在差距，这个意思我表达不出来，所以最后选了 found 这个词，虽说比较泛，但是又能把我想表达的意思涵盖到。
知识与理解	文化自知：考生具有本土文化意识	*Thus, we have the reason to believe that with the united strength we could be stronger and braver.*	假设我是写社论的话，我肯定多少还是代表了政府，或者说中国。
	对本国文化的了解：考生具备有关本国文化的知识，表现出对本国文化的理解	*China has established economic, cultural and political relationship with the countries along the Belt and Road[1] since the Han Dynasty.*	*The idea of Tianxia is deeply rooted in Chinese traditional culture.*
	对其他文化的了解：考生具备有关其他文化的知识，表现出对其他文化的理解	*The West sees the growing China as a challenge to their power.*	*(China's B & R) is viewed through an antagonistic perspective and stand commonly held by westerners, especially Americans.*

（待续）

1　此处正确写法应为 the BRI participating countries。因摘自考生作文原文，故未做更改。

（续表）

要素	子成分	任务产出分析 指标的举例	任务过程分析 指标的举例
技能	语言技能： 考生关注语言 表达在具体语 境中是否得体、 能否有效表达 观点	——	不要用 it，用 China 好了， 要不然好像很不尊重的 样子。
	适应性： 考生关注文章 风格是否得体	——	我不知道 get rid of 是不 是一个正式的词，觉得 它好像很口语化，我觉 得这种社论你肯定要写 得很书面，我最后就没 有用。

12.4　考生任务产出与任务过程中的思辨能力表现

　　基于 60 篇任务产出文章中思辨能力要素的分析结果（表 12.3），论点、论据、驳论、反驳论点与反驳论据五个要素均体现在考生文章中。其中论据与论点频度明显高于其他三项，符合过往对英语母语大学生（Cooper et al. 1984）与外语学习者（Qin & Karabacak 2010）论辩文写作的研究结果。论据与论点属于基础要素，驳论、反驳论点与反驳论据属于高阶要素，认知上更为复杂，因此在水平更高的论辩文中更为显著（Crammond 1998），从而成为较有区分度的要素。

　　使用最频繁的论据与论点要素，在两项测试任务中主要体现为考生同意或反对任务所给观点（论点），并给出相应论据以支持自己的论点。如 I would raise my doubt on the view that China is shouldering its "leadership role"（论点，Leadership 任务），以及 Besides, it shows its great concern for the world, which is the reason why it always seeks cooperation and reconciliation even when faced with hostility.（论据，Leadership 任务）。驳论、反驳论点与反驳论据要素主要体现为考生能够提出与自身论点相对立的观点，并通过反驳进一步加强说服力。如 B & R 任务要求考生反对任务所给观点，考生在任务产出中的一段驳论与反驳如下：We cannot deny that China sold many domestic productions in the process of trading with other countries（驳论），but this behavior is obviously a win-win（反驳论点）, for other countries also sold their own products abroad and benefited from the initiative, and this is exactly the mission of B & R Initiative, to promote the economic development of all（反驳论据）。

表 12.3　任务产出中思辨能力要素的描述性统计结果

要素	论点	论据	驳论	反驳论点	反驳论据
平均值	1.52	2.93	0.68	0.65	0.67
标准差	0.79	1.31	0.62	0.61	0.75

对两项任务的过程数据进行编码后，思辨能力各元素的描述性统计结果（见表 12.4）显示，八个思维元素在任务过程中都有显性呈现，且每个元素至少应用了一个标准。其中，信息元素出现频次最高，占 62.13%，且涉及所有十个标准。信息指支持推理的数据、事实和证据，与 Toulmin 模型中的论据相当。在任务过程中信息元素使用最频繁（见表 12.4），在任务产出中论据要素均值也最高（见表 12.3）。例如，考生在完成 B & R 任务时思考调用"一带一路"的历史背景、中国与"一带一路"共建国家的合作等相关信息，以支持自己的观点。频数排第二的元素是问题，占总数的 15.27%，主要体现为任务过程中考生确定应该回答什么问题及如何将问题划分为子问题。例如，考生完成 Leadership 任务时，首先思考领导地位体现在哪些方面。

在应用于元素的诸项标准中，最频繁的五项为信息的准确性（17.78%）、信息的逻辑性（13.39%）、信息的精确性（11.92%）、信息的清晰性（9.00%）与问题的清晰性（6.49%）。信息的准确性与问题的清晰性，其应用与考生对话题的熟悉度密切相关。在完成 B & R 任务时，被试 Z 明确指出自己缺乏准确的证据来支持论点，如"一带一路"倡议提出的准确时间以及所涉及的国家。考生对问题清晰性的思考主要发生在写作的构思阶段，考生若对话题不太熟悉，则更关注相关问题的具体阐述，花更多时间精力分析提示语要求，如"这话题感觉比较宽泛，好像有很多可以写，但是又不知道如何下手，得再看下题目怎么说的……（被试 F，Leadership 任务）"。考生对信息的精确性、逻辑性和清晰性的关注与任务所要求的写作风格相关。当任务要求写一篇评论来支持或反对某个观点时，考生则非常注重信息的精确性，试图提高文章的说服力，如"……肯定是输出了人才、金钱、技术，可是我都举不出实例来，就会显得很空洞，没有说服力（被试 L，B & R 任务）"。在答题过程中，信息的逻辑性指考生考虑到不同信息的顺序是否合乎逻辑，放在一起是否合理，如"然后怎样不生硬地转到 entertainment 呢？……cultural 可以跟 entertainment 放一块啊，文化产业（被试 L，Leadership 任务）"。信息的清晰性体现为考生思考是否需要举例以及是否需要进一步阐述，如"促进了国与国之间的贸易交流，嗯，纠结要不要解释一下这个（被试 W，B & R任务）"。

结合任务产出与任务过程的分析结果，可以确定考生在完成两项任务时使用了思辨能力，具体要素分布情况与任务特点非常相关。

表 12.4　任务过程中思辨能力使用的总体情况

元素	标准	频数	比例	元素	标准	频数	比例
目的	清晰性	10	2.09%	推理	清晰性	5	1.05%
	合计	10	2.09%		准确性	1	0.21%
问题	清晰性	31	6.49%		逻辑性	25	5.23%
	准确性	13	2.72%		合计	31	6.49%
	精确性	4	0.84%	概念	清晰性	8	1.67%
	广度	7	1.46%		准确性	23	4.81%
	逻辑性	8	1.67%		合计	31	6.49%
	重要性	9	1.88%	假设	清晰性	2	0.42%
	完整性	1	0.21%		准确性	5	1.05%
	合计	73	15.27%		合计	7	1.46%
信息	清晰性	43	9.00%	启示	清晰性	8	1.67%
	准确性	85	17.78%		准确性	5	1.05%
	精确性	57	11.92%		逻辑性	1	0.21%
	相关性	13	2.72%		合计	14	2.93%
	深度	6	1.26%	视角	清晰性	8	1.67%
	广度	6	1.26%		准确性	5	1.05%
	逻辑性	64	13.39%		公平性	2	0.42%
	重要性	17	3.56%		合计	15	3.14%
	公平性	4	0.84%	总计		478	100%
	完整性	2	0.42%				
	合计	297	62.13%				

12.5 考生任务产出与任务过程中的跨文化能力表现

两项任务产出的 60 篇文章分析结果显示，为分析任务产出数据所采用的跨文化能力指标均有所体现（见表 12.5），频度最高的为"对本国文化的了解"与"开放性"。对本国文化的了解在很大程度上取决于任务话题——关于中国。例如，考生完成 B & R 任务时会考虑到"一带一路"的历史背景或"一带一路"背后中国的价值观、民族特征——"In traditional Chinese culture, 'He'—harmony dominates. As the most powerful country for several thousands of years in Asia, China never regards surrounding countries and areas as the offshore market like Westerners do"。在 Leadership 任务中，部分考生关注文化，强调中国文化的影响力，以表明中国正在世界上发挥领导作用。由于两项任务均涉及中国问题，且与中国文化密切相关，此类话题可以直接激活考生对中国文化的知识和理解。

表 12.5 任务产出中跨文化能力要素的描述性统计结果

要素	态度		知识与理解		
子成分	尊重	开放性	文化自知	对本国文化的了解	对其他文化的了解
平均值	0.18	0.60	0.40	0.82	0.37
标准差	0.43	0.56	1.01	0.81	0.64

"开放性"指考生不急于否定对立观点，这与思辨能力的结果一致——写作产出中存在驳论。换言之，当出现对立观点即驳论论点时，若考生能够思考支持这一论点的论据，而非仅批判观点本身，可体现其开放性的态度。由于 B & R 任务要求考生反驳"中国试图通过'一带一路'，将其国内过剩产能运往海外"这一观点，考生会分析这种观点出现的原因，讨论 "overproduction may exist in China ..."。Leadership 任务要求考生对"as an economic power, China is shouldering its leadership role"这一观点进行阐释。由于没有明确规定立场，部分考生选择支持，部分选择不赞同。支持上述观点的考生中，"开放性"体现在他们提出了中国面临的挑战，从而更辩证地看待领导地位。反对此观点的考生中，部分关注"leadership"的定义，证明对世界做出了许多贡献并非等于拥有领导地位。可见，当任务产出为论辩文且任务话题涉及对立观点时，跨文化能力中的"开放性"易被激活。这也表

明，思辨能力与跨文化能力紧密交织在一起，验证了学界相关认识（高永晨 2014；孙有中 2017）。

对任务过程的分析结果显示，跨文化能力的每个要素均有体现（见表 12.6），技能的使用占主导地位（71.18%）。在所有子成分中，频数最高的是语言技能（45.29%）、适应性（25.88%）和对本国文化的了解（8.24%）。语言技能具体表现为任务过程中考生思考使用的语言形式是否适合特定语境、用词的情感色彩和语气等。如被试 Z 写完"China has taken part in many international events and conferences, conveying Chinese ideas"后思考"idea 这个词感觉跟这个场合不太搭，意思是对的，但应该有一个更合适的词（B & R 任务）"。被试 Y 写完"If it is the case that China simply dumps its wastes to other countries, no doubt its plan would be interrupted"后思考"想用一个消极点的词，plan 好像比较中性吧（B & R 任务）"。适应性指考生能够关注写作风格是否恰当，如"作为评论是不是要写得 harsh 一点（被试 F，B & R 任务）"。任务过程中体现的对本国文化的了解与任务产出的结果一致，主要源于话题内容。两项写作任务的话题与中国有关，考生在完成任务的过程中必然激活关于中国文化的背景知识，关注中国的价值观、民族精神和文化观念。

表 12.6　任务过程中跨文化能力使用的总体情况

要素	子成分	频数	比例
态度	尊重	2	1.18%
	开放性	9	5.29%
	好奇与发现	10	5.88%
	合计	21	12.35%
知识与理解	文化自知	9	5.29%
	对本国文化的了解	14	8.24%
	对其他文化的了解	5	2.94%
	合计	28	16.47%
技能	语言技能	77	45.29%
	适应性	44	25.88%
	合计	121	71.18%
总计		170	100%

12.6　平行任务表现中的思辨能力与跨文化能力

12.6.1　思辨能力

为比较考生在平行任务中思辨能力的表现，我们对两项任务产出文章的各项思辨能力指标进行了配对样本 t 检验，对任务过程中的思辨能力元素进行了频数比较。任务产出的分析结果（见表 12.7）显示，两次作文在思辨能力上不存在显著性差异。两项平行任务的产出在统计学意义上同等程度地体现了思辨能力。

表 12.7　两项任务产出的思辨能力指标配对样本 t 检验结果

要素	B & R 任务		Leadership 任务		显著性
	均值	标准差	均值	标准差	
论点	1.50	0.68	1.53	0.90	0.882
论据	2.87	0.82	3.00	1.68	0.677
驳论	0.77	0.68	0.60	0.56	0.258
反驳论点	0.70	0.65	0.60	0.56	0.476
反驳论据	0.67	0.76	0.77	1.07	0.693

平行任务完成过程中的思辨能力元素频数分布表明（见表 12.8），八个思维元素在两项任务均被使用。总体而言，思辨能力在两项任务过程中的表现相当。具体看两项任务使用频度最高的三个元素，B & R 任务为信息（66.53%）、问题（11.75%）和概念（7.57%），Leadership 任务为信息（57.27%）、问题（18.94%）和推理（8.37%）。考生普遍关注信息和问题，但在 B & R 任务中更多考虑概念，而 Leadership 任务中涉及推理更多。由于 B & R 任务要求反驳所给观点，考生需要从提示语中的一些关键词入手，分析这些概念，如 overproduction、B & R initiative。而 Leadership 任务提示语给出观点"China is shouldering its leadership role"，要求考生论述对中国领导角色的理解，并未对考生立场做出明确要求。大多数考生赞同所给观点，主张中国发挥了领导作用，较多注意力放在如何推理出这一结论，如"参与各种事务的话，这是不是能体现出他的 leadership 呢（被试 Z，Leadership 任务）？"可见，思维元素运用上的差异源于两项任务提示语对考生立场的设定情况。

表 12.8　两项任务的过程中思辨能力元素频数

元素	B & R 任务		Leadership 任务	
	频数	占比	频数	占比
目的	6	2.39%	4	1.76%
问题	30	11.75%	43	18.94%
信息	167	66.53%	130	57.27%
推理	12	4.78%	19	8.37%
概念	19	7.57%	12	5.29%
假设	3	1.20%	4	1.76%
启示	8	3.19%	6	2.64%
视角	6	2.39 %	9	3.96%
合计	251	100%	227	100%

综上所述，两项平行任务的产出在同等程度上体现了思辨能力，任务过程总体而言表现相当，但任务话题特点与对考生立场的不同设定导致思辨能力具体元素的使用情况有一定差异。

12.6.2　跨文化能力

为比较两项平行任务中考生跨文化能力的表现，我们对产出文章中跨文化能力各项指标进行了配对样本 t 检验，对任务过程数据分析所得跨文化能力要素进行了频数比较。任务产出的分析结果显示（见表 12.9），五项子成分中，四项无显著差异，仅"对其他文化的了解"一项存在显著差异（$p < 0.05$）。总体而言，两项任务产出在跨文化能力的使用上较为一致，但 Leadership 任务更能体现考生对其他文化的了解。

本研究分析产出文本，发现这一差异源于任务话题与规定立场。B & R 任务与中国"一带一路"倡议相关，要求批驳对此倡议的误解，大部分考生倾向于就事论事，从倡议的目的、内容、意义本身入手，少数考生会挖掘误解背后的原因，分析西方文化特点、中西方意识形态差异。Leadership 任务与中国作为经济大国所肩负的领导角色相关，要求考生诠释中国的角色，不少考生在定义"世界领导"时会列举历史上西方文化的影响与作用，如"The Great Britain has been on the hotline for several times. At the Navigation Age, being an Empire on the rise, it was the world's leader in most of the fields"。

表 12.9　两项任务产出的跨文化能力指标配对样本 t 检验结果

要素	子成分	B & R 任务		Leadership 任务		显著性
		均值	标准差	均值	标准差	
态度	尊重	0.20	0.41	0.17	0.46	0.745
	开放性	0.67	0.61	0.53	0.51	0.326
知识与理解	文化自知	0.43	0.86	0.37	1.16	0.625
	对本国文化的了解	0.67	0.84	0.97	0.76	0.174
	对其他文化的了解	0.20	0.48	0.53	0.73	0.030*

* 表示 $p < 0.05$

　　考生在完成两项任务的过程中使用跨文化能力的情况如表 12.10 所示，所有要素及其子成分在两项任务中均被使用，总频数存在差异，分别是 B & R 任务 105 次、Leadership 任务 65 次。主要差别来自技能要素，所包含的语言技能和适应性子成分体现为考生关注所用语言是否符合语境、能否有效表达观点以及文章整体风格的恰当性。尽管两项任务都要求写一篇评论，任务过程中考生也能够意识到这一点，但 B & R 任务明确要求考生驳斥某一观点，使得行文的论辩特征更加凸显。由此，考生可能在 B & R 任务过程中更注重整体行文风格。如被试 F 在任务后的回溯性访谈中所说，"我觉得这（B & R 任务）是特别辩论性的，那我就想怎么写得更有针对性、更像辩论"。此外，在 Leadership 任务中，大部分考生赞同所给观点并进一步诠释，而在 B & R 任务中须表达不赞同，后者属于威胁面子行为（Brown & Levinson 1987），因此考生会更加积极地调用沟通策略，比如更多考虑用词的情感和语气的强弱——"最后用的那几个形容词，incomplete, unfair 好像很弱（被试 E，B & R 任务）"。

表 12.10　两项任务的过程中跨文化能力要素频数

要素	子成分	B & R 任务		Leadership 任务	
		频数	占比	频数	占比
态度	尊重	1	0.95%	1	1.54%

（待续）

要素	子成分	B & R 任务		Leadership 任务	
		频数	占比	频数	占比
态度	开放性	7	6.67%	2	3.08%
	好奇与发现	6	5.71%	4	6.15%
	合计	14	13.33%	7	10.77%
知识与理解	文化自知	5	4.76%	4	6.15%
	对本国文化的了解	6	5.71%	8	12.31%
	对其他文化的了解	2	1.90%	3	4.61%
	合计	13	12.38%	15	23.07%
技能	语言技能	47	44.76%	30	46.15%
	适应性	31	29.53%	13	20.00%
	合计	78	74.29%	43	66.15%
总计		105	100%	65	100%

综合来看，两项平行任务所体现的跨文化能力主体相同，具体要素的使用存在较明显的差异。Leadership 任务的话题将中国置于世界背景下探讨其角色，任务产出中涉及更多对其他文化的了解。B & R 任务要求考生在跨文化语境中驳斥观点，任务过程中考生更频繁地使用技能要素，关注行文风格的恰当性、语言表达的有效性。

12.7 结论与启示

本章从任务产出与任务过程两方面探究在融合思辨能力与跨文化能力的语言测试任务中考生的表现，验证测试任务的效度。结果表明测试任务能够有效体现考生的思辨能力与跨文化能力。论辩的基础要素论据与论点在任务产出中占比高，高阶要素驳论、反驳论点与反驳论据占比较低，在思辨能力层面提供了测试区分度。由于任务产出为论辩文，考生在完成任务过程中，最关注信息的准确性、精确性、逻辑性和清晰性。

任务产出中最显著的跨文化能力要素为"对本国文化的了解"与"开放性"，测试任务话题围绕中国从而激活考生中国文化的相关知识，当任务涉及对立观点则激活考生"开放性"的态度，使其理性思考观点背后的原因。若任务对论辩文文体有明确的指向性，考生会在任务过程中更加关注整体写作风格，以及如何运用有效的语言手段实现写作风格、达成沟通目的。平行任务的比较结果表明，两项任务在思辨能力上具有等同性，在跨文化能力方面不完全等同。在批驳观点的任务中，考生会更积极地调用跨文化能力的要素，更多关注表达的有效性与得体性。

　　本章的主要启示包括：（1）为有效测试融合语言能力、思辨能力与跨文化能力的复合型能力目标，语言测试任务应该是设定具体沟通情境、带有明确交流目的的产出性任务，且任务指示语应清晰指向任务产出的论辩属性与跨文化沟通目的；（2）特定的话题内容让考生必须调动本国文化的知识与理解来完成任务，因此可以在高利害测试中设计这样的任务来达成相关反拨效应，推动学生对本国文化的了解与深层理解；（3）以对立论点为出发点的论辩文文体能够有效区分考生思辨能力的基础与高阶要素，同时更能促使考生积极调用跨文化能力，可以运用于外语测试与教学中，有助于外语人才的复合能力培养目标；（4）从考生表现视角进行效度验证对于融合多项能力的语言测试任务非常必要，本研究是一次尝试，为思辨能力和跨文化能力的研究从理论框架走向外语教学测试实践提供了一定参考。

第十三章　语言测试任务的多元能力评分

　　融合多元能力的语言测评方案因其测试构念的复杂性和测试任务的综合性，效度检验需要考虑构念的实现方式和实现程度。上一章从考生表现对语言测试任务进行了验证，接下来评分阶段的构念实现情况至关重要，若评分中复合型构念诸项能力并未能有效体现，测试结果就无法解读为有效反映了所测能力。评分量表、评分员等因素以及这些因素之间的潜在交互作用均可能影响我们对考生能力进行有效判断，进而影响分数解释的有意义性，使得我们测试的终极目标——选拔出具有所测能力的国际化人才，难以达成。鉴于此，本章从评分角度对语言测试任务进行效度研究，运用混合研究法收集与分析测试任务的评分结果和评分过程数据，探究复合型构念的各项能力在测试评分中的体现，从而得出对融合语言能力、思辨能力与跨文化能力的测试实践的启示。

13.1　复合型构念诸项能力的构成要素

　　明确复合型构念中各项能力的构成要素，从而构建分析框架，是从评分角度对基于复合型构念的测试任务进行效度验证的第一步。复合型构念由思辨能力、跨文化能力和语言能力组成。

　　思辨能力构成要素参考《德尔菲报告》、布鲁姆教育目标分类和 Paul & Elder（2006）三元结构模型。《德尔菲报告》指出思辨能力包括认知技能和情感倾向（Facione 1990）。布鲁姆将思维能力由低到高分为 6 个层级（Anderson & Krathwohl 2001; Bloom *et al.* 1956）。Paul & Elder（2006）的三元结构模型则提出思辨能力包含思维元素、思维标准和智力特征，其中思维元素是思辨能力的核心，包含目的、问题、信息等 8 个元素，每个元素都可用清晰性、精确性等 10 项标准衡量和检验。《德尔菲报告》中的认知技能与布鲁姆目标都属于主体在思维中涉及的认知能力。Paul & Elder（2006）模型中的思维元素则是运用认知技能所需的元素（任文 2013），10 项标准描述了思维产出的可观测特征，更适宜作为评价产出性测试任务表现的指标。

　　跨文化能力可定义为具有积极的态度，运用跨文化知识和技能，在跨文化实践中有效、得体地进行交流的能力（Deardorff 2006）。作为外语教育目标，跨文化能力是学生在具有跨文化同理心和批判性文化意识、理解中外文化基本特点和异同的基础上，能有效和恰当地进行跨文化沟通，以及帮助不同文化背景的人士进行有效的跨文化沟通（孙有中 2016）。跨文化能力的共识为知识、态度与技能是基础，最终体现为行为是否有效、得体（恰当）（如 Byram 1997; Spitzberg 2013）。因此，"有效性"与"得体性"是从跨文化能力角度评价语言测试任务表现的核心标准。

　　关于语言能力，《中国英语能力等级量表》基于交际语言能力理论（Bachman & Palmer 1996, 2010），结合我国英语教学与测评的实际需求，将其定义为语言使用者运用语言知识和非语言知识以及各种策略，参与特定情境下某一话题的语言活动时体现出的语言理解能力和语言表达能力（刘建达、韩宝成 2018：81-82）。该定义更强调语言使用的情景化、沟通性特征，且明确了语言应用必须落脚于表达。因此，语言测试也必然要评价语言表达即产出。评价学习者语言产出质量最常用的是 CAF 框架（Housen & Kuiken 2009; Wolfe-Quintero et al. 1998），语言测试产出性任务的评分标准通常基于该框架，从复杂度、准确度与流利度等维度评判考生语言能力（如 Chapelle et al. 2008）。

　　基于以上构念梳理，可提出复合型构念的能力描述框架，各项能力的具体指标及其特征描述如表 13.1 所示。

表 13.1　复合型构念各项能力描述

能力	指标	特征描述
思辨能力	清晰性	可被理解，不存在晦涩或模棱两可的情况
	准确性	没有错误或曲解
	精确性	具备必要的细节
	相关性	与当前所谈论的主题相关
	深度	包含复杂性和多重相互关系，透彻分析情境、语境或观点涉及的诸多变量
	广度	从多个角度看待问题，以全面的视角分析问题
	逻辑性	推论合理，不存在前后矛盾

（待续）

（续表）

能力	指标	特征描述
思辨能力	重要性	突出重点而不是无实质意义的细枝末节
	公平性	观点公正，不存在偏颇
	完整性	内容完整
跨文化能力	有效性	内容切中要害，阐述清晰明了
	得体性	产出的内容、方式、风格等适合当前交流情境、对象与目的
语言能力	复杂度	使用丰富的词汇与句式结构
	准确度	使用正确无误的语言
	流利度	表达流畅连贯

13.2　效度论证框架

以往测试效度研究多数聚焦某项考试效度的一个侧面（如评分员一致性），缺乏效度验证的理论框架，较为零散。受 Messick（1989）效度整体观的影响，学界相继提出多种基于证据收集和论证的效度验证模式，主张多角度、全方位收集效度证据来支持考试分数使用（Kane 1992; Bachman & Palmer 2010; Weir 2005）。Bachman & Palmer（2010）提出的测试使用论证框架（Argument Use Approach, AUA）全面系统地阐述了考试开发、考试分数解释与考试结果使用之间的关系（何莲珍 2019），为测试的设计、开发与使用全过程提供了理论指导，操作性更强，获得学界广泛认同。本研究以 AUA 框架为指导生成研究问题，对基于复合型构念的语言测试任务进行效度验证。

AUA 框架提出了"评估使用论证链"，测试的设计与开发包括自上而下的影响、决策、解释、测试记录 4 个主张（claims），这些主张是对基于事实的推理结果与预期的质量属性所作的声明。每个主张有其对应的质量属性，通过一系列理由（warrants）来阐明。效度验证过程即收集证据支持所声明理由的过程。4 个主张中，影响和决策属于"测试应用论证"阶段，解释和测试记录属于"测试效度论证"阶段。本研究聚焦"测试效度论证"中的"解释有意义"主张，探究复合型构念在语言测试中的实现。该主张的质量属性为"对于所测能力的解释是有意义的",包含 7 项理由,其中理由 4"评分过程聚焦考试所测的、与考试构念相关的考生表现"与理由 6"评分结果可以用于解释所测能力"分别对应评分过程与评分结果(Bachman & Palmer 2010: 234)。本研究对这两项理由进行如下可操作性改写:

理由 4:评分过程聚焦复合型构念的各项能力,即思辨能力、跨文化能力和语言能力。

理由 6:评分结果能够有效反映这些能力,即对各项能力的评分宽严度适当,且各维度的评分有良好的区分度。

基于上述两项改写后的理由,并考虑研究步骤的逻辑,本章通过探讨以下具体问题来探究复合型构念在评分中的实现:

(1)在评分结果上,各项能力的评分宽严度如何?各项能力的评分区分度如何?

(2)在评分过程中,评分员对各项能力的关注情况如何?

13.3 测试任务与评分数据

本研究使用的测试任务来自国际人才英语考试(以下简称国才考试)高端级别书面沟通任务二(中国外语测评中心 2018)。任务要求考生准确理解话题及相关背景,进而撰写评论文章,具体如下:

> You are a commentator working for *The Globe*, a magazine that includes columns about important international issues. The G20 Summit was hosted by China in 2016 under the theme "Building an innovative, invigorated, interconnected and inclusive world economy". Write a commentary to interpret the theme. Write about 350 words within 40 minutes.

该任务采用分项评分标准,包含内容、结构、语言 3 个维度。每个维度分为 0—5 分 6 个分数档,总分为各个维度的分数相加。评分标准对应任务所测能力,通过描述语体现。根据复合型构念的能力描述框架,测试任务的评分标准(最高分档描述语)编码得以确定,具体如表 13.2 所示。需要说明的是,有 3 项指标(思辨能力的深度和广度、跨文化能力的得体性)未能体现在评分标准描述语中。

表 13.2　测试任务评分标准编码

评分维度	描述语	对应的能力特征
内容	内容紧扣主题	清晰性（思辨能力）
		相关性（思辨能力）
		有效性（跨文化能力）
	论点明确	清晰性（思辨能力）
		重要性（思辨能力）
		有效性（跨文化能力）
	论据有力	准确性（思辨能力）
		精确性（思辨能力）
		公平性（思辨能力）
结构	结构完整，条理清晰	完整性（思辨能力）
		逻辑性（思辨能力）
	衔接自然，行文流畅	清晰性（思辨能力）
		流利度（语言能力）
语言	用词准确	准确度（语言能力）
	句式灵活	复杂度（语言能力）
	语法正确	准确度（语言能力）

　　评分数据收集与分析包括评分结果数据、评分过程数据两部分。首先，抽取高中低水平段的考生作文共 30 份，交由 8 位评分员评分，得到评分结果数据。评分员均为具有国才考试评分经验、熟悉评分标准的英语专业教师。评分结果运用多层面 Rasch 模型（Multi-Facet Rasch Measurement, MFRM），通过统计软件 Facets 3.58.0 进行分析。MFRM 可将考生、评分员和评分标准设置为模型的 3 个侧面，置于共同的逻辑量尺上度量，并计算评分员的宽严度、评分员评分一致性、评分标准各个维度的难度测量值，以及测量值的标准误和拟合度统计参数（Linacre 2005）。

　　其次，为探究评分员在评分过程中的关注点，请两位评分员分别对两份作文（高水平段一份、低水平段一份）进行实验评分，使用有声思维法报告评分过程，并于评分结束后立即进行回溯性访谈，以弥补有声思维的不足，了解评分员对评分标准的看法。评分过程数据经转写后共得到 14585 字文本数据，经由 NVivo 12.0 开展内容分析，编码框架使用复合型构念中各项能力的指标（见表 13.1）。

13.4　复合型构念在评分结果中的体现

本研究运用 MFRM 中的分部评分模型（Partial Credit Model）分析评分员在各评分维度上的评分结果，验证复合型构念是否有效体现于评分结果。评分标准层面的分析结果呈现了内容、结构、语言 3 个维度的难度参数（见表 13.3），可用于比较评分员在 3 个维度对应能力上的评分差异。卡方检验结果显示，3 个维度的难度存在显著性差异（$p<0.05$），其中内容维度最难（0.61 logits），语言维度次之（−0.29 logits），结构维度难度最小（−0.32 logits）。评分标准越难表示考生获得高分的概率越小，评分越严格。这些结果表明，评分员在内容维度的评分最为严格，其次是语言维度，在结构维度上表现得最为宽松。

表 13.3　评分标准各评分维度统计量

评分维度	难易度	标准误	加权均方拟合值
内容	0.61	0.08	1.04
语言	−0.29	0.09	1.10
结构	−0.32	0.08	0.89

注：加权均方拟合值均值 =1.01；标准差 = 0.09；分隔度 =5.06；信度系数 = 0.96；卡方值 = 80.9；自由度 =2；显著性 <0.01

最为严格的内容维度的描述语对应思辨能力中的清晰性、相关性、重要性、准确性、精确性、公平性以及跨文化能力中的有效性。由此推断，评分员对复合型构念中这两项能力大部分特征的判断较为严格。回溯性访谈结果也印证了这一发现，一位评分员表示："在这类任务中，如果考生没能有效表达他们的想法，那就没有达到交际的目的。"

评分员对语言维度的评分相对宽松。通过回溯性访谈发现，评分员对考生语言维度打分时不会过多纠结于语言细节，比如一些不影响意义表达的小错误不会影响考生的得分。评分员的这种行为表明其评分更注重语言交际目的是否达成，而非单纯评价语言形式的正误，符合测评跨文化能力的要求（Deardorff 2006）。

评分员在结构维度上的评分最为宽松，此维度的描述语对应思辨能力中的清晰性、逻辑性、完整性以及语言能力中的流利度。如前文所述，评分员对内容维度评分最严格，主要对应思辨能力；而结构维度也包含思辨能力的一些特征，评分员评分却最宽松。究其原因，一位评分员在回溯性访谈中提到："关于作文的结构，考生在英文写作课都学过，大部分考生已经能很熟练地运用开头—主体—结尾结构，所以结构维度的分数不太好区分……"。尽管评分标准包含"条理清晰"和"行文流畅"等描述语，评分员还是倾向于将结构维度等同于文章总体结构，反映出评分员对结构这一维度评分标准的理解和应用存在一定不足，未来评分培训应给予重点关注（刘建达、杨满珍 2010）。

评分标准各个维度的加权均方拟合值（Infit MnSq）能反映评分员在复合型构念各项能力上的评分质量（Linacre 2005）。若该值在均值的正负两个标准差（$M \pm 2 \times SD$）之间，可以认为评分员具有较好的前后一致性；过大则说明评分员的评分一致性较差；过小则反映评分员未能很好地区分考生之间的差异（McNamara 1996: 139-140）。由表 13.3 可知，虽然 3 个维度的加权均方拟合值都处于均值的正负两个标准差之间（$1.01 \pm (2 \times 0.09) = 0.83/1.19$），但结构维度的加权均方拟合值显著低于其他两个维度，表明评分员在结构维度上没有很好地区分考生差异，即未能非常有效地评价文章结构所反映出的思辨能力的逻辑性与清晰性特征。评分员在评分标准各个维度上的分数使用情况也印证了此问题（见表 13.4）。0—5 分这 6 个分数段中，一般来说，每个分数段的校准测量值应该是从低分到高分递增，且各相邻分数段之间的间隔理应小于 5 logits 并大于 1.4 logits（若评分标准的子维度包含多条描述语，间隔至少为 1 logit）。当间隔大于 5 logits 时，说明该分数段代表的能力域太广；小于 1 logit 则说明该分数段代表的能力域太窄/区分度弱（Linacre 1999）。由表 13.4 可知，虽然各个维度的校准测量值均从低分到高分递增，且各分值之间的间隔均未大于 5 个 logits，但结构维度 3 分的校准测量值（0.16 logits）和 4 分（1.15 logits）之间的间隔小于 1 logits（为 0.99 logits）。究其原因，结构维度的 3 分与 4 分代表的考生能力范围可能过窄，抑或评分员在运用这两个相邻分值进行评分时存在困难，对其难以区分。这也呼应了评分宽严度结果，即结构维度的评分最为宽松。

表 13.4　评分标准各评分维度分数段统计量

评分维度		内容						结构						语言					
	分数	0	1	2	3	4	5	0	1	2	3	4	5	0	1	2	3	4	5
数据	使用次数	0	16	43	78	78	25	4	3	45	64	74	50	4	1	27	88	89	31
	百分比	0	7%	18%	33%	33%	10%	2%	1%	19%	27%	31%	21%	2%	0%	11%	37%	37%	13%
分数段标定	校准测量值	/	/	-2.09	-0.85	0.56	2.38	/	-0.7	-3.01	0.16	1.15	2.4	/	0.26	-3.8	-0.82	1.26	3.1
	标准误	/	/	0.3	0.19	0.16	0.23	/	0.56	0.44	0.19	0.16	0.18	/	0.58	0.52	0.23	0.16	0.21

13.5　复合型构念在评分过程中的体现

对评分过程数据的分析得出了评分员的评分关注点在所测能力各指标特征的分布情况。评分员关注最多的是思辨能力（88 次，占 55%），其次是语言能力（56 次，占 35%），再次是跨文化能力（16 次，占 10%）。对思辨能力的关注体现为对照评分标准中的具体描述语找寻考生产出中的证据。例如，有评分员报告："论据是否有力，最重要的是看在文中有没有提供支持性的细节和证据。"在回溯性访谈中，评分员也多次强调思辨能力，并提到在平时教学中非常重视思辨能力培养，这与近年来英语教学改革强调思辨能力培养有关（如孙有中 2019a）。

评分员也给予考生的语言能力较多关注。有声思维数据表明，评分员在评阅考生文章时，常常指出某个用错的单词、搭配或不准确的语法结构，并同时评价该错误多大程度上影响意义传递。回溯性访谈中，针对这一现象评分员表示，自己作为语言教师，对语言问题很敏感，因此会下意识指出考生作文里出现的语言错误，对应语言质量 CAF 框架里的准确度（Housen & Kuiken 2009）。评分标准的语言维度包含关于语言错误是否影响理解的描述（如 3 分档"有少量语法错误，但基本不影响理解"，2 分档"语法错误多并影响理解"），且过往国才考试的评分培训曾对评分标准的这一点进行过重点解释和强调，因此评分员指出语言错误的同时，会判断其对意义表达的影响程度，并结合语言的整体交际功能实现情况给出语言维度的分数。这就解释了评分员为何对语言能力关注较多，但评分却较为宽松。

相较而言，评分员对跨文化能力关注最少。评分标准内容维度中"内容扣题""论点明确"的描述语与跨文化能力中的"有效性"有关，这也成为评分员有声思维展现出来的主要关注点。但评分标准缺少与跨文化能力"得体性"（Spitzberg 2013）直接相关的表述，导致评分过程中对这一特征的关注不足。回溯性访谈结果显示，评分员即便意识到了交流"得体性"的必要性，受注意力和精力分配的限制，也未能考虑评分标准中没有出现的特征，直到评分结束后反思时才会发现这一特征的缺失。

13.6　结论与启示

本章对一项基于复合型构念的语言测试任务进行效度验证，依据 AUA

框架"解释有意义"主张中关于评分的理由，从评分员的评分结果与评分过程两方面收集数据进行三角验证，以探究复合型构念是否有效体现于测试评分。研究发现，在评分结果上，评分员对复合型构念中思辨能力与跨文化能力的评分较为严格，对语言能力的评分相对宽松，注重语言的交际目的是否达成，符合基于复合型构念测试的评分要求。但是，评分员对结构维度所体现的思辨能力的逻辑性和清晰性特征评分最为宽松，且区分度不足，对评分标准的掌握与应用存在一定欠缺。复合型构念也体现在评分过程中，评分员对 3 项能力的关注程度有所差异，关注最多的是思辨能力，其次是语言能力，最少的是跨文化能力。这在一定程度上源于评分标准对诸项能力的表征差异，跨文化能力中的得体性特征未明确体现于评分标准，因而未能在评分过程中得到评判。

本章的研究发现带给我们如下启示：

第一，基于复合型构念的测试任务的评分标准至关重要，描述语应尽量涵盖各项能力的核心指标。本研究使用的评分标准与传统产出性语言任务的评分标准比较接近。若要更充分反映复合型构念中的思辨能力与跨文化能力，应在评分标准的设计上做出转变，可以参考思辨能力与跨文化能力的可操作性理论模型，列出能力指标，以此为依据编制评分标准的描述语。

第二，由于基于复合型构念的测试任务和传统测试实践存在明显区别，评分培训尤为关键。本研究中评分员之所以既能关注语言准确度，又能依据语言的交际表现进行评分，主要是因为评分标准的显性规定及过往评分培训的相关经验发挥了作用。由此可见，基于复合型构念测试任务的评分须聚焦与传统任务评分存在显著差异的内容，即对思辨能力与跨文化能力核心要素的理解与评价。

第三，评分员特点对评分表现产生很大影响，在评分员选拔中应予以重视。本研究结果表明，教师的相关教学实践经验，如在外语教学改革背景下强调课程教学中思辨能力培养，已使教师获得对思辨能力要素及其表征的意识与理解，从而助其在测试任务评分中对思辨能力进行敏锐、准确的评判。基于复合型构念的测试任务对评分员的相关知识与能力提出了更高要求。评分员如对思辨能力与跨文化能力较为陌生，则很难通过一两场评分培训在短期内显著提升评分质量。因此，基于复合型构念的大规模语言测试实践须进一步探索有效的评分员选拔机制。

　　第四，思辨能力与跨文化能力均包含诸多要素，须权衡如何既保留核心要素，又提高评分有效性。尽管本研究未对评分时长做出任何限制，但评分员需要合理分配精力来评价考生任务产出的各项能力表征，这意味着评分实践需在考量尽可能多的能力要素与评分可操作性、有效性之间达成平衡。基于复合型构念的语言测试中，哪些能力要素最为关键、要素之间如何相互作用、各项能力要素如何在评分中得到有效体现，这些问题有待进一步探讨。

第十四章　读写综合测试任务的认知机制

近年，技术的发展对于英语测评实践与研究产生了深刻的影响，在测评实践方面，互联网和信息技术催生了基于计算机与网络的测试与人工智能评分，并迅速应用于大规模测试；在测评研究方面，为适应新时期人才培养和选拔需求而广泛应用的综合性测试任务，其复杂的机制能够通过眼动等技术进行探究。可以说，技术赋能令语言测评产生了飞跃式的发展。本章阐述一项通过眼动和击键追踪技术探知读写综合测试任务认知机制的研究，研究结果对综合测试任务的实践和研究具有参考意义。

14.1　研究背景

读写综合任务在近年受到更多关注，成为测试实践发展的重要方向（Plakans *et al.* 2019; Ye & Ren 2019; Yu 2013a; 汪洋 2019）。鉴于任务的多维度结构特点，其效度研究是重中之重（Cumming 2013; 张新玲、周燕 2012）。效度研究主要集中于任务的结果和过程，前者明确了读写综合任务和单一写作任务的构念的差异（Cumming 2013; Gebril & Plakans 2013），而后者则提供了更为深入的分析。现有的过程研究多是列举任务中涉及的过程（Barkaoui 2015; Chan 2017; Plakans 2008），或者针对某个过程进行深入研究（Barkaoui 2016; Ye & Ren 2019），在一定程度上忽视了各认知或元认知过程的动态变化及交互性。同时，虽然研究普遍认为读写综合任务提升了测试的真实性和交际性，但前人实验多采用撰写摘要任务和议论文写作任务（Gebril & Plakans 2013; Yu 2013b），少有考虑基于特定交际环境的沟通性任务。因此，有待研究读写综合的沟通性任务需要何种读写（元）认知过程以及这些过程的动态变化与交互特点。基于此研究目的，选取有效的研究方法非常重要。前人研究多使用有声思维法，但该方法存在被试报告不充分或过度报告的缺陷，并且影响实时写作过程（Zarrabi & Bozorgian 2020）。随着眼动以及击键追踪技术的发展，其即时性以及非侵扰性优势凸显，因此逐渐应用于语言习得及测试研究，与刺激回忆访谈法相结合，可挖掘出被试在完成任务过程中有意识或无意识的阅读与写作过程（Gánem-Gutiérrez & Gilmore 2018; Michel *et al.* 2020）。

　　本章结合眼动、击键追踪技术以及刺激回忆访谈法，探究被试在一项读写综合沟通任务中各认知或元认知过程的特征、动态变化及交互性，从而发现综合任务对测试真实性和交际性的作用。

14.2　综合任务认知机制相关理论

14.2.1　阅读认知过程模型

　　Khalifa & Weir（2009）提出阅读过程模型包含三个部分：元认知活动、核心过程以及知识基础（见图 14.1）。

　　元认知活动包括三个次级过程：目标设定（goal setting）、监控（monitoring）和必要的补救（remediating where necessary）。目标设定是指选择合适的阅读方式，即细读（careful reading）和速读（expeditious reading），这两种阅读方式皆可细分为局部阅读（local reading）和全面阅读（global reading）。细读的目的是获取全文的信息并理解其意义，而速读则是有选择性的高效阅读——从文本的某一部分提取信息以完成测试任务。局部阅读为阅读句子或从句，而全面阅读则为阅读句子、段落或篇章。与此同时，读者监控阅读认知过程以确保达到既定目标，并在必要时展开补救性的阅读行为。核心过程包括八个认知过程，按层级从低到高分别为：词汇识别（word recognition）、词汇通达（lexical access）、句法分析（syntactic parsing）、构建命题意义（establishing propositional meaning）、推断（inferencing）、构建心理模型（building a mental model）、创建文本表征（creating a text level representation）和创建跨文本表征（creating a intertextual representation），其中前四项属于低级认知过程，具有高度自动化及无意识的特点，后四项为高级认知过程。读者在使用低级认知过程时会应用自身的语法词汇知识，在使用高级认知过程时，则会运用通识知识、主题知识、文本结构知识（Khalifa & Weir 2009）。

　　就读写综合任务而言，Karimi（2018）认为使用低级认知过程是完成任务的基础，而高级认知过程的使用则至关重要，因为测试者需从观点不一甚至相反的材料中整合合乎逻辑的认知表征。

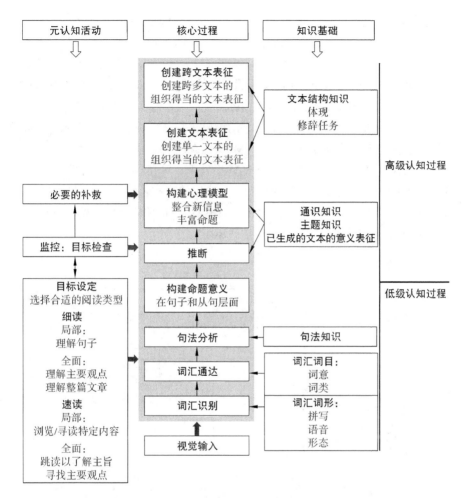

图 14.1 Khalifa & Weir（2009）阅读过程模型

14.2.2 写作认知过程模型

近年的写作过程研究主要基于 Hayes & Flower（1980）和 Bereiter & Scardamalia（1987）两个写作模型。

Hayes & Flower（1980）模型（见图 14.2）由任务环境（task environment）、长时记忆（long-term memory）和写作过程三个上级元素组成。任务环境包括写作任务（writing assignment）和已生成文本（text produced so far）。长时记忆包括主题知识（knowledge of topic）、读者知识（knowledge of audience）

和写作图式（stored writing plans）。写作过程包括监控（monitor）之下的计划（planning）、转换（translating）和检查（reviewing）。计划是一种"构建内部表征的行为"（Hayes & Flower 1980: 372），包含三个次级过程——生成（generating）、组织（organizing）和目标设定（goal setting）。写作者从长时记忆中检索提取相关信息以初步生成碎片化的写作想法，进而组织成具体的计划，而目标的设定则是对生成结果的检验，并贯穿写作始终。转换过程是"将思想转化为可见语言的过程"（373）。检查过程是写作者"阅读已生成文本，要么以其作为跳板进行下一步的转换，要么对其进行系统地评估和 / 或修改"（374）。监控这一过程的作用在于决定"写作者何时结束当前过程进入下一过程"（375）。值得注意的是，该模型强调写作过程的非线性和循环性，即各个过程并非依次进行，而是循环往复。

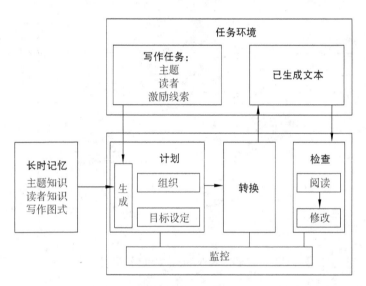

图 14.2　Hayes & Flower（1980）写作认知模型

2012 年，Hayes（2012）对最初的模型进行了调整（见图 14.3），模型中增加了一些要素，如记录技术（transcribing technology）、工作记忆（working memory）、合作者和批评者（collaborators & critics）、注意（attention）等。其中需注意记录技术与转换的区别和联系。转换被定义为将思想转化为语言的过程，而记录技术则是将语言落于纸面或屏幕的具体方式，如手写或击键。记录技术曾被认为是自动化的，但最近的研究表明该过程仍可能使用认知资源。Hayes 模型（2012）还将阅读过程囊括其中，但由于该模型本质上仍是写作模型，因此弱化、简化了阅读过程，若应用于读写综合性任务的研究，还需进一步挖掘。除了一些要素的增加，该模型也进行了一些结构性的修改。写作过程被重构为一个三层分立的系统，包含控制层（control level）、过程层（process level）、资源层（resource level），每一层的每个要素下又包含具体的次级过程。这样的细分有利于更好地理解写作各个过程的交互作用。

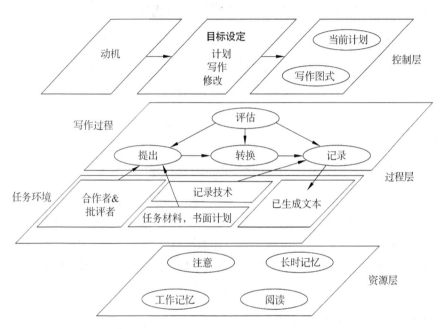

图 14.3　Hayes（2012）写作认知过程模型

　　相较而言，Bereiter & Scardamalia（1987）的模型更为宏观，在区分两种类型写作过程的基础上形成了两种模型：知识表述型（knowledge telling）与知识转换型（knowledge transforming）。知识表述型写作过程是写作者根据任务确立写作主题和文体，并以其为关键词在长时记忆中检索并提取出合适的信息，最终形成书面作文。知识转换型则是在某个沟通目标的指引下进行上述过程。知识表述型写作模型描绘了不涉及问题解决（problem-solving）的写作过程，强调"知识"的作用。知识转换型写作模型适用于将写作任务"问题化"的写作者所进行的持续计划和产生内容的写作过程，强调写作过程的循环性和复杂性（见图 14.4）：写作者在分析问题和设定目标时，产生两个领域的问题解决行为，一是内容空间（content space），即处理观念和知识的空间；二是修辞空间（rhetorical space），即解决如何以最佳方式完成任务的空间，两者的交互作用使知识以最能达成沟通目的的方式被完善恰当地表达出来。Bereiter & Scardamalia（1987）指出写作水平和知识基础会影响写作过程类型的抉择。写作水平较低者倾向于使用知识表述型写作过程，因为该过程所带来的认知负荷较少且减少了偏题的可能性，而写作水平较高者则更多使用知识转换型写作过程以取得完成任务的最优解。

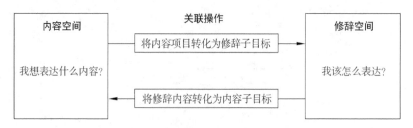

图 14.4　Bereiter & Scardamalia（1987）知识转换型写作模型

比较上述两个写作模型，Hayes（2012）模型对写作过程的分析比较全面，且包含与阅读过程的接口，能够匹配读写综合任务的研究。Bereiter & Scardamali（1987）区分知识表述型与知识转换型写作，强调写作过程的"问题化"是区分不同写作过程类型与写作水平的核心特征，对于理解不同水平被试读写综合任务的过程具有一定的启发性。

14.2.3　语篇综合写作过程

读写综合任务的完成不是阅读过程和写作过程的简单相加，而是由语篇综合（discourse synthesis）这一过程将其粘合。Spivey & King（1989）将语篇综合定义为"读者（写作者）阅读若干相关主题文章并将其综合的过程"。该定义包含两个部分，一是文本阅读的"意义建构"过程，二是"知识建构"过程，后者核心的步骤是组织（organization）、选择（selection）和联系（connection）。读者（写作者）基于已有的知识体系对文章进行解读，然后以新的结构形式组织相关信息，这是组织过程，与 Khalifa & Weir（2009）阅读模型中的高级认知过程——创建（跨）文本表征过程相呼应。选择则是从源文中根据任务目标和要求选择提取主要及次要信息的过程。信息提取完成后，写作者进行阐释、串联和整合，即为联系过程。

现有的阅读与写作认知过程模型主要针对单独的写作或阅读任务，对于读写结合任务情境下的语篇综合过程缺乏关注。本研究在前人研究的基础上继续探究读写综合任务中的（元）认知过程，以求勾勒出更为完整的图景。

14.3　读写综合任务相关研究

14.3.1　读写综合任务的定义

读写综合任务是综合性写作任务的一种。Knoch & Sitajalabhorn（2013: 307）在综合前人研究发现的基础上，给出了综合性写作任务的具体定义：综合性写作任务的形式是向参试者展示一种或多种源文本，并要求其创作书面作文。该任务需要参试者（1）挖掘源文本中的观点，（2）选择观点，（3）综合来自一个或多个源文本的观点，（4）转换输入语言，（5）组织观点和（6）按照文体惯例进行引用等。

Guo（2011）将目前已有的综合性写作测试任务归为三类：基于文本的写作任务（Text-based writing tasks）、主题相关的写作任务（Thematically related writing tasks）以及基于情景的写作任务（Situation-based writing tasks）。基于文本的写作任务要求测试者仅基于所提供的源文撰写摘要或对其中的信息进行比较/对比。主题相关的写作任务则要求测试者不仅基于源文，且需运用相关主题知识进行写作，续写任务就属于这一类。王初明（2012）提出续写任务的初衷是服务英语学习，但近年来，该任务逐步运用于大型英语水平测试（王初明、亓鲁霞 2013）。续写任务的参试者通常需要"阅读一篇不完整的故事，然后将其补全，内容要求逻辑清晰、连贯一致"（Wang & Wang 2015: 507）。基于情景的写作任务则是输入文本为对话或邮件，参试者需要撰写信件或邮件作为回复的任务。本章研究的读写综合任务即为此类。

与独立写作任务相比，读写综合任务的最大特点为"使用书面语言从相关的源文本中有效地构建知识"（Cumming 2013: 5）。这类任务强调参试者与源文材料的交互，参试者为适应任务要求须处理各项信息，涉及复杂的行为组合（Mislevy & Yin 2009: 250），因此无论其产出还是认知过程都独具特点。关于读写综合任务的研究通常聚焦其任务结果或任务过程。

14.3.2　读写综合任务的结果研究

读写综合任务的结果研究主要包括读写综合任务与独立写作任务的比较研究、不同英语水平 / 分数水平者的写作结果研究，以及读写综合任务的源文使用研究。

相关研究发现表明，尽管独立写作任务和读写综合任务的分数具有高度相关性（Gebril 2006; Lee & Kantor 2005），但若考虑词汇、句法复杂性、语法准确性等语言特征，则两类任务的结果差异显著，说明构念上存在差异（Kyle & Crossley 2016; Yu 2013b）。有关读写综合任务表现与英语水平 / 分数水平之间关系的研究发现，不同英语水平 / 分数水平者在语言特征、文本借用和阅读理解方面的表现存在显著的差异（Gebril & Plakans 2013, 2016; Payant *et al.* 2019）。

源文使用是读写综合任务的重要特征（Ohta *et al.* 2018），研究者主要关注源文使用的不同种类（如源文抄用、直接引用、间接引用）、协同效应及语篇综合。Weigle & Parker（2012）发现只有小部分考生大量借用源文本内容，这在一定程度上验证了综合性任务的效度和可行性。研究也表明，第二语言能力与源文使用之间具有相关性，二语水平较高的学生更多对源文进行总结使用，中等水平者则倾向于改述源文或直接抄用源文，而较低水平者最少使用源文，即使使用，也基本选择直接抄用源文（Cumming *et al.* 2015; Gebril & Plakans 2009; Plakans & Gebril 2013）。

关于语篇综合，Plakans（2009a）通过九名测试者的有声思维和访谈，证实综合写作任务中被试确实经历了语篇综合过程，高水平者尤为明显。Yang & Plakans（2012）和 Cheong *et al.*（2019）则发现了语篇综合过程对任务表现具有直接积极影响。

综上所述，对任务结果的研究显示，读写综合任务与独立写作任务存在构念上的差异，任务表现以及源文使用情况均与英语水平 / 分数水平相关。这些发现背后的原因与机制，需要通过对任务过程的研究进行探索。

14.3.3　读写综合任务的过程研究

过程研究通常分为两类，一类描述任务的全过程，另一类聚焦某些具体的次级过程。第一类研究随着研究方法的更新，得到的研究发现也逐渐深入。

Plakans（2008）通过有声思维法和访谈比较了十名非英语母语被试完成英语写作任务和读写综合任务的过程。该研究借鉴语篇综合模型，并提出两项任务的写作过程均包括写作准备阶段和写作阶段（见图14.5）。Plakans（2008）认为写作前的阅读、计划、组织呈现出线性特点，而写作中的计划、重读等则是非线性的。但这一观点将读写任务的完成过程简单地分割为写作前和写作中两个阶段，无法体现出实时写作过程的循环性以及各项次级过程的交互作用。

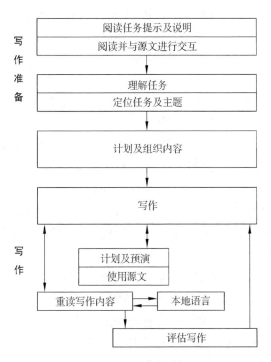

图 14.5　读写测试任务的过程

综合性写作任务重视源文使用，写作过程更凸显循环性和非线性的特点。参试者在写作准备阶段阅读源文，与文本进行交互，并在写作前或写作中进行计划与源文使用。Plakans *et al.*（2018, 2019）发现阅读和写作相互促进且具有共通的过程，即关注单词、使用背景知识、元认知理解监控、重读源文和总结。上述研究采用有声思维法，即在完成任务的同时口头表述当时的想法，局限性在于只能了解被试有意识采用的认知过程，并且可能会干扰正常任务完成过程，因此有可能在一定程度上影响研究发现的真实性。

Barkaoui（2015）通过眼动技术和刺激回忆访谈法详细描述了被试在完成托福考试独立和综合写作任务时所进行的认知活动，考察了各认知过程的频次和分布以及与任务类型、任务得分之间的关系。研究结果表明，被试参与了各种与构念相关的认知活动，这些过程在不同任务之间存在显著差异，且与任务得分相关。Chan（2017）采用 Inputlog 击键追踪软件，结合刺激回忆访谈法，分别记录了两名不同二语水平的研究生完成任务的阅读和写作过程。测试任务为阅读两篇 400 词左右的英文文章后进行议论文写作。研究者通过 Inputlog 对被试的流畅度、停顿、修改、文档切换等进行了分析，发现高分者大部分认知过程的频度更高，写作流畅度更高，停顿更少，与前人研究发现一致。但通过对文档切换和光标位置变化的分析发现，高得分学生的写作过程更具线性的特点，与前人发现不一致。原因可能在于 Chan（2017）的阅读过程数据仅通过访谈收集，缺乏对实时阅读过程的分析，因此学生在进行理解源文、使用源文以及评估作文时具体的阅读过程未能直接呈现。

Michel *et al.*（2020）结合使用击键追踪软件和眼动仪记录了被试完成任务过程中的击键行为和眼球运动，研究被试在完成独立与综合写作任务的全过程以及在不同阶段写作停顿时其所使用的认知过程的变化。研究结果表明，独立和综合写作任务的认知过程具有相似性，但后者更多动态变化。该结论仅针对写作停顿行为，被试在整体写作过程中使用的认知过程是否具有同样的特征仍有待探讨。

第二类过程研究着眼细节，集中探讨全过程中的若干次级过程。Plakans（2009b）和 Prichard & Atkins（2016, 2018）深入研究了任务的阅读过程。Plakans（2009b）将任务完成的过程分为三个阶段：写作前、写作和修改，并通过有声思维法和访谈探究阅读策略的使用。结果表明，词汇策略、整体策略（global strategy）和挖掘策略（mining strategy）最为常见，并且在不同阶段所使用的策略不同。尽管被试阅读策略使用的频次大体相似，但得分较高的被试使用了更多的挖掘和整体策略。Prichard & Atkins（2016）借助眼动追踪技术对摘要写作中的预视（previewing）进行探究，并发现被试不常进行预视且预视与分数并无显著相关性。Prichard & Atkins（2018）进一步研究了阅读过程中的选择性注意（selective attention），发现少数使用选择性注意的被试写作得分明显更高。上述两项研究所采用的研究任务均为三分钟限时阅读一篇短文并进行摘要写作，任务设定导致任务过程相对紧凑，致使被试不得不跳过或省略一些次级过程。有理由相信，不同的综合写作任务的阅读过程可能有所不同。

　　Barkaoui（2016）利用击键追踪技术，调查了不同二语水平的学习者在独立和综合写作任务中修改的内容、时间和频次。该研究借鉴 Stevenson *et al.*（2006）对修改的多维度分类，从四个维度对击键数据进行编码（见表14.1）。修改位置（location）是指修改发生的位置。修改目的（orientation）是指修改涉及的方面，如语言、内容、键入错误、组织和修辞。修改单位（domain）是指修改的语言单位层级，如单词、句子等。修改动作（action）则包括添加、删除、替换、调整。研究发现不同水平的被试都进行了更多的键入错误修改及语言修改，且多为成文前修改（precontextual revisions），即在刚刚键入完以后马上就进行修改，而修改单位则大多是短语和单词。

表 14.1　修改的编码框架

维度	主要类别
修改位置	成文前修改、成文后修改
修改目的	语言、内容、键入错误、组织和修辞
修改单位	句子及以上、句子以下、单词以下
修改动作	添加、删除、替换、调整

　　关于源文使用，除了从任务结果角度进行研究外，越来越多的研究关注任务过程。研究结果表明阅读源文一方面有助于被试获得词汇、语法等方面的支持，另一方面也有助于被试熟悉任务主题、获取有用观点。换言之，考生在解读源文本和写作时，同时关注源文本的文本层面和概念方面（Ye & Ren 2019）。关于分数／英语水平与源文使用过程之间的关系，研究发现并不一致，既有研究报告不存在相关性（Plakans & Gebril 2012），也有发现两者间存在显著相关（Gebril & Plakans 2009），且高得分者更倾向于模仿而非抄用源文（Ye & Ren 2019）。不一致的发现可能源于研究方法——最常用的问卷调查与有声思维法均带有一定主观判断，致使结果不够准确。

　　总的来看，既往研究得出了有关读写综合任务过程的一些发现，但研究结果受到研究设计与研究方法的影响。

14.3.4　认知过程的研究方法

以往的认知过程研究中最常用的研究方法是有声思维法（孙杭 2019；王海萍 2017）。然而，被试在实验过程中可能产生的过度报告以及该研究方法本身对写作过程的干扰性使之不完全适用于即时的阅读与写作过程的研究（Zarrabi & Bozorgian 2020）。

近年来，越来越多的研究逐步探索眼动追踪技术在语言测试，尤其是阅读测试过程研究中的应用（Bax 2013; Bax & Chan 2019; Brunfaut & McCray 2015）。眼动被认为是即时认知过程的反映，关键的眼动追踪指标包括眼跳（saccade）和注视（fixation）（Brunfaut & McCray 2015）。眼跳即眼球在注视点之间产生的跳动，又分为向前眼跳（forward saccade）和回视（backward saccade/regression）。在眼动过程中，眼睛的相对保持静止被称为注视，注视持续的时间量称为注视时间（fixation duration）。除了上述指标外，根据研究需求，还可研究特定区域中眼动的数据，该特定区域被称为兴趣区域（area of interest, AOI）（闫国利等 2013）。

眼动追踪技术促进了认知过程研究，但仅基于眼动数据分析的研究结果很难超越低级阅读过程，以眼动数据作为刺激进行刺激回忆访谈可与眼动技术互补，研究更高层次的阅读过程（Bax 2013）。结合眼动追踪技术和刺激回忆访谈，Brunfaut & McCray（2015）探索了 25 名二语及阅读能力不同的被试在完成不同阅读任务时阅读过程的差异。任务涉及选择、句子排序、填空和匹配标题等，每名被试完成测试后立即进行刺激回忆访谈。该研究所使用的眼动追踪指标分为整体过程指标、文本过程指标和任务过程指标（见表14.2）：整体过程指标更具总结性，指的是在任务完成过程中对文本的阅读和作答；文本过程指标仅针对文本阅读过程；任务过程指标则指文本阅读与作答之间的交互。对访谈转写文本的编码主要基于 Khalifa & Weir（2009）阅读过程模型中的核心过程和目标设定，同时结合了源自数据本身的编码（见表 14.3）。访谈数据的分析表明，任务几乎涉及所有过程，其中词汇通达、构建命题意义以及构建心理模型频度最高，单词识别和创建跨文本表征频度最低。原因有可能在于单词识别的自动化特性使其难以被汇报，且该研究所用任务较少需要被试进行跨文本的阅读（Brunfaut & McCray 2015）。至于二语阅读水平与阅读过程之间的关系，访谈分析结果显示水平越高的被试总体上报告了更多的认知过程，具体表现为，高水平者较少关注词汇而更多地关注句法解析和创建段落；眼动数据分析表明，二语阅读水平与任务过程的总注视时间和注视作答选项的时间占比等指标呈负相关，水平较低者注视文本以及作答选项的时间明显更长。Brunfaut & McCray（2015）采用混合研究方法对阅读过程进行了详细分析，展示了研究阅读过程的一种切实可行的途径。

表 14.2　**Brunfaut & McCray（2015）眼动指标**

处理焦点	指标
整体过程	注视总次数 文本及回答注视次数 眼跳次数
文本过程	眼跳长度中位数 回视次数 回视长度中位数 回视比例 注视时间中位数 文本每个单词总注视时间
任务过程	各回答选项注视时间占比 文本及回答选项兴趣区切换次数

表 14.3　**Brunfaut & McCray（2015）阅读过程编码框架**

目标设定编码	核心编码	其他编码
局部阅读 全面阅读 细读 速读-浏览 速读-跳读	词汇识别 词汇通达 句法分析 构建命题意义 推断 构建心理模型 创建文本表征 创建跨文本表征	搭配 背景知识 创建段落 表征 纯粹猜测

除阅读过程外，读写综合任务的研究还需要包括写作部分，可借助击键追踪技术（Chan 2017; Michel *et. al* 2020; Ranalli *et al.* 2018; Révész *et al.* 2017, 2019），观测写作的流畅度、停顿和修改（Barkaoui 2016）。流畅度指标通常包括总任务时间、总字母数、总单词数、结果 / 过程字数比、每分钟单词数等。停顿被定义为高于特定阈值的击键间隔（inter-keystroke intervals, IKI），通常为 2 秒，停顿发生的时段、位置以及停顿时间是分析的重点。修改的分析可根据修改位置、目的等进行多维度编码（如 Barkaoui 2016; Stevenson *et al.* 2006）。击键追踪技术在独立写作任务的过程研究中已得到比较广泛的应用，但在综合性写作任务的研究中尚不多见，或仅用于关注写作部分（Chan 2017），或仅探究某一项次级过程（Michel *et al.* 2020）。

读写综合任务的完成过程实际上是读写过程的结合和交互。为了以非入侵、无干扰的方式详尽地探究其实时过程，结合眼动追踪技术、击键追踪技术与刺激回忆访谈将是行之有效的方法。

14.3.5　任务过程研究的时间维度

现有对任务过程的研究大多仅计算过程的总体频次，忽略了各个过程的动态循环变化。加入时间维度，则可以在一定程度上解决问题。时间性是研究认知过程的关键因素——某些过程可能在某些阶段占主导地位而在其他阶段占次要地位，而不同分数 / 英语水平的考生各个过程的时间和频次分布也可能呈现不同特点。

长久以来，对写作过程中时间维度的研究主要集中在一语研究领域。近年研究者逐步关注二语写作过程的时间维度，de Larios *et al.*（2008）的开创性研究迈出了填补空白的第一步，利用有声思维法，研究了不同二语水平者英语议论文写作的整个过程。研究者将被试的整体写作时间划分为初期、中期和末期三个时段，测量被试每个时间段内在每个过程上所用的时间。结果表明，在三个时段中，生成文本（formulation）始终占主导地位，并在中期达到顶峰。任务完成过程的动态变化与二语水平有关，二语水平较低者在三个时段内各个过程保持比较相当的时间分布，仅在初期计划时间稍多；二语水平较高者的写作过程变化更为复杂多样，计划过程集中在初期并在随后两个时段内逐渐减少，而修改过程则呈相反的趋势。后来的研究也同样证实了特定时段特定认知过程的发生与分数水平的相关性（Michel *et al.* 2020; Tillema 2012; van den Bergh *et al.* 2016）。

Gánem-Gutiérrez & Gilmore（2018）采用了 de Larios *et al.*（2008）的研究框架，但将整体写作时间划分为 5 个时段进行更细致的分析。他们测量了每个过程在每个时段的时长和频次，频次的计算方式为每个时段内某个过程的频次占所有过程频次的比例。结果表明，文本生成所占比例最大，其次是修改，各个过程动态交织，验证了 de Larios *et al.*（2008）的研究结果。此外，后两个时段比前三个时段表现出更多的变化，与前人的研究有所矛盾。研究并未发现二语水平和分数与过程之间存在统计学意义上的关系，Gánem-Gutiérrez & Gilmore（2018）提出不同水平者并不一定在某些写作过程的频次或时间上有显著性差异，而是在写作各个过程的部署和完成质量上有所不同。

综上所述，在过程研究中应该引入时间维度，有助于更好地理解任务过程的动态变化。前人的研究已奠定基础，但所得研究结果并不统一，且大多数研究只关注写作任务，对读写综合任务的探索有待深入。

14.4　研究设计

14.4.1　研究问题

本研究结合眼动追踪技术、击键追踪技术和刺激回忆访谈，探索一项读写综合任务的（元）认知过程以及过程与分数水平的关系。同时本研究在数据分析中引入时间维度以比较三个连续的时长相同的时段中的（元）认知过程。具体回答的研究问题如下：

（1）考生在完成读写综合任务时的（元）认知过程如何？

（2）考生在任务的初期、中期、末期三个时段内（元）认知过程如何发展变化？

（3）不同分数水平的考生其（元）认知过程有何差异？

14.4.2　考生与测试任务

参加本次研究的考生为 14 名本科三、四年级学生及研究生，年龄在 20—26 岁之间。考生或通过大学英语四级且分数为 550 分以上，或通过专业英语四级，属于较高水平英语使用者。

测试任务为一项读写综合的沟通任务，考生须首先阅读给定的商务电子邮件，然后写一封电子邮件进行回复。测试采用机考，模拟真实语言使用情况在电脑上完成读写（任务界面截图见图 14.6），任务时长 20 分钟。测试任务指示语中介绍了沟通事件、沟通双方的交流目的和身份，考生以邮件回复方的身份实现具体的沟通目标。

任务采用分项评分，评分标准包括三个维度，即内容、语言以及结构，每个维度分值范围为 1—5 分，三个维度分数相加即为任务总得分。每位考生的任务产出由两名专业评分员独立评分后取平均分。

14.4.3 研究步骤

研究使用加拿大 SR Research 公司生产的 EyeLink 1000 桌面式眼动仪以捕捉眼球运动，采样率为 1000 Hz。实验采用九点校准，实验材料通过 Weblink 1.1.218 软件以网页形式呈现在 19 英寸的电脑屏幕上，屏幕分辨率为 1024×768。显示器屏幕中心点与被试眼睛距离大约 60cm。实验同步使用 Inputlog 8.0.0.6 以捕捉被试的击键运动（Leijten & Van Waes 2013）。在被试完成任务后，即接受刺激回忆访谈，以进一步获取（元）认知过程数据。

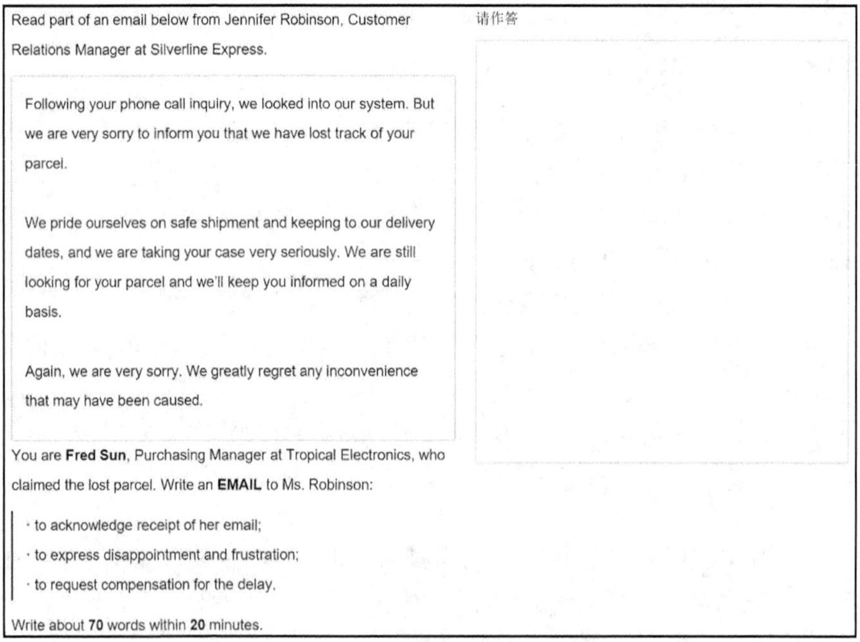

图 14.6　读写综合沟通任务界面

在正式考试开始前，考生首先熟悉眼动和击键追踪设备；研究者简要介绍实验要求、注意事项和时间限制；考生签署参加研究同意书。正式考试开始后，被试完成任务并可选择在确认完成任务无需修改的前提下提前交卷。考试结束后，使用眼动、击键运动的录像为刺激材料对考生进行回溯性访谈，考生用语言（中英文不限）描述如何完成任务以及任务过程中的具体想法，可随时暂停录像进行说明，访谈过程全程录音。

14.4.4　数据分析

本研究对访谈数据进行质性分析，对击键和眼动数据进行量化分析。在此基础上，为在时间维度上分析整个过程，又比较了三个连续时段（初期、中期、末期）内的（元）认知过程。例如，若被试完成任务的时间为 18 分钟，则初期时段为 0′00″—6′00″，中期时段为 6′01″—12′00″，末期时段为 12′01″—18′00″。

（1）访谈数据分析

访谈数据根据录音及对应的录屏信息进行转写。转写文本录入质性数据分析软件 Nvivo 12.0，然后根据读写过程的编码框架进行编码（见表 14.4）。

表 14.4　阅读及写作过程的编码框架

R-A. 阅读元认知活动	R-A1. 目标核查–监控	R-A1.1　监控目标设定 R-A1.2　监控理解
	R-A2. 目标设定–细读	R-A2.1　局部细读 R-A2.2　全面细读
	R-A3. 目标设定–速读	R-A3.1　局部速读 R-A3.1.1　浏览 R-A3.1.2　局部寻读 R-A3.2　全面速读 R-A3.2.1　跳读 R-A3.2.2　全面寻读
R-B. 阅读认知活动	R-B1. 低级认知过程	R-B1.1　词汇识别 R-B1.2　词汇通达 R-B1.3　句法分析

（待续）

（续表）

R-B. 阅读认知活动	R-B2. 高级认知过程	R-B2.1 推断 R-B2.2 构建命题意义 R-B2.3 构建心理模型 R-B2.4 创建文本表征 R-B2.5 语用处理 R-B2.5.1 解读发件人语气 R-B2.5.2 解读发件人及收件人的身份及相互关系 R-B2.5.3 解读沟通规范 R-B2.5.4 创建沟通场景 R-B2.6 预测
R-C 无意识 / 意外阅读		
W-A. 写作元认知活动	W-A1. 评估	W-A1.1 评估内容 W-A1.2 评估语言 W-A1.3 评估修辞 W-A1.4 评估文章长度 W-A1.5 避免重复 W-A1.6 评估时间 W-A1.7 评估任务完成度 W-A1.8 考虑任务得分
W-B. 写作认知活动	W-B1. 计划	W-B1.1 计划内容 W-B1.2 计划语篇结构 W-B1.3 计划语言 W-B1.4 计划修辞 W-B1.5 计划写作顺序 W-B1.6 计划文章长度
	W-B2. 生成文本	
	W-B3. 修改	W-B3. 修改 W-B3.1 修改位置 W-B3.1.1 成文前修改

（待续）

（续表）

W-B. 写作认知活动	W-B3. 修改	W-B3.1.2 成文后修改
		W-B3.2 修改目的 不明确
		W-B3.2.1 内容修改
		W-B3.2.2 修辞修改
		W-B3.2.3 组织修改
		W-B3.2.4 语言修改
		W-B3.2.5 键入错误修改
		W-B3.3 修改单位 不明确
		W-B3.3.1 单词以下
		W-B3.3.2 句子以下
		W-B3.3.3 句子及以上
		W-B3.4 修改动作 不明确
		W-B3.4.1 添加
		W-B3.4.1.1 添加–字母
		W-B3.4.1.2 添加–标点符号
		W-B3.4.1.3 添加–单词及以上
		W-B3.4.2 删除
		W-B3.4.2.1 删除–字母
		W-B3.4.2.2 删除–标点符号
		W-B3.4.2.3 删除–单词及以上
		W-B 3.4.3 替换
		W-B3.4.3.1 替换–字母
		W-B3.4.3.2 替换–标点符号
		W-B3.4.3.3 替换–单词及以上
	W-B4. 与源文交互	W-B4.1 提及源文
		W-B4.2 思考源文
		W-B4.3 情感回应源文
		W-B4.4 挖掘源文

（待续）

（续表）

W-B. 写作认知活动	W-B4. 与源文交互	W-B4.4.1 获得语言支持
		W-B4.4.2 获得书面沟通写作风格支持
		W-B4.4.3 获得篇章组织支持
		W-B4.4.4 获得想法或灵感
		W-B4.5 关联写作内容与源文
		W-B4.6 学习源文
	W-B5. 联接	W-B5.1 使用体裁及语域知识
		W-B5.2 使用主题知识（商业语境）
		W-B5.3 使用以往写作经历
		W-B5.4 联系以往生活经历
	W-B6. 思考写作任务	W-B6.1 分析任务难易程度
		W-B6.2 分析任务要求
		W-B6.3 分析读者
	W-B7. 与生成文本交互	W-B7.1 启发文本生成

本研究的读写过程编码框架的编制首先基于 Khalifa & Weir（2009）的阅读认知过程模型和 Hayes（2012）的写作认知过程模型。Khalifa & Weir（2009）对阅读（元）认知过程进行了全方位分析得出层级化、具体化的模型，该模型使得阅读认知过程的概念可操作化，并以一种适合实证研究的方式提出了契合阅读复杂性的认知过程层次结构（Bax 2013）。Hayes（2012）的写作过程模型则揭示并强调了写作过程的循环性、交互性和动态变化，且由于引入了阅读过程与读写综合任务较为匹配。其次，本研究编码结合了相关写作研究中的分析编码（Barkaoui 2015, 2016; Michel *et al.* 2020; Plakans & Gebril 2012; Stevenson *et al.* 2006）以及本研究数据中浮现的编码。编码框架包括阅读过程与写作过程。

阅读过程编码框架由三部分组成：元认知活动、认知活动和无意识／意外阅读。阅读元认知活动包括目标核查-监控、目标设定-细读以及目标设定-速读。目标核查-监控包含两个次级编码：监控目标设定和监控理解（Khalif & Weir 2009: 55）。目标设定-细读以及目标设定-速读与局部和全面阅读结合衍生出四个次级编码，即局部细读、全面细读、局部速读和全面速读（Khalif & Weir 2009: 44-47, 56-61）。阅读认知活动包括 Khalifa & Weir（2009）阅读过程模型中的八个层级分布的低级认知过程以及高级认知过程。鉴于本研究只涉及一篇文本阅读且任务本质为书面沟通，故而编码框架不包含模型中的创建跨文本表征，但从数据中浮现出两个高级认知过程——语用处理及预测。语用处理又细分为解读发件人语气、解读发件人及收件人的身份及相互关系、解读沟通规范以及创建沟通场景。无意识 / 意外阅读指的是被试不带目的的阅读，即眼睛意外地落于某个单词或字母而脑中并无任何想法。

　　写作过程编码包含写作元认知活动及写作认知活动。写作元认知活动是指对进行中的写作进行评估，基于 Barkaoui（2015）的评估编码框架以及本研究数据，元认知活动包含 8 个次级编码：评估内容、评估语言、评估修辞、评估文章长度、避免重复、评估时间、评估任务完成度、考虑任务得分。写作认知过程编码基于 Barkaoui（2015, 2016）的研究，编码包括：计划、生成文本、修改、与源文交互、联接、思考写作任务、与生成文本交互。计划所包括的下一级编码有计划内容、语篇结构、语言、修辞、写作顺序、文章长度。生成文本即键入文本的过程。修改所包含的具体编码在 Stevenson *et al.*（2006）和 Barkaoui（2016）基础上发展而来，每一处修改都在次一级四个编码上继续标注，即编码每一处修改的位置、目的、单位、动作，当一项修改在某个次级编码上不明确时则在该编码下标注为"不明确"。与源文交互是读写综合性任务所特有的一个编码。根据前人源文使用的研究（Barkaoui 2015; Plakans & Gebril 2012），本研究构建了六个次级编码：提及源文、思考源文、情感回应源文、挖掘源文、关联写作内容与源文、学习源文。联接、思考写作任务、与生成文本交互的下级编码均来自对本研究数据的分析。

　　需要说明的是，针对生成文本和修改的编码有部分来自对结合录屏的击键日志文件的分析，而非仅基于访谈或击键数据。有一些击键行为未在访谈中用言语表述出来，如键入错误的修改，击键日志文件能够弥补这一缺漏，每一个击键行为都被准确清晰地记录下来，而录屏则提供了视觉辅助。因此，多源数据的结合有助于进行全面、深入、多维度的分析。

　　为了回答第一个研究问题，每名被试的每个过程都计算并累加。同步 / 先后进行的阅读和写作过程也以表格形式呈现以显示其交互性。为了回答第二个研究问题，指标量化方式如下：每名被试的任务完成总时间平均分为三个时段，而后计算每名被试在每个时段内每个过程的频数并累加得到四个主要编码（阅读元认知活动、阅读认知活动、写作元认知活动和写作认知活动）的频率。数据采用百分比形式以消除被试提前交卷而导致任务完成时间不一致可能产生的影响。本研究使用 Shapiro-Wilk 检验对数据进行正态性检验，83.33% 的数据通过检验，足以进行两因素重复测量方差分析。四个主要过程和三个连续的时期被视为因变量。在必要时使用 Bonferroni 校正进行事后分析。在违反了球形检验的情况下，应用 Greenhouse-Geisser 校正来确定 F 值统计学意义上的显著性。为了回答第三个研究问题，本研究计算了每个被试的过程频数，同样将其表示为百分比。使用 Shapiro-Wilk 检验检查数据的正态性。对于整体任务完成中的过程，通过 Shapiro-Wilk 检验的数据进行 Pearson 相关性检验，对未通过的数据进行 Spearman 相关性检验。对于每个时段内的过程，由于超过一半的数据没有通过 Shapiro-Wilk 检验，因此采用 Spearman 相关性检验。

（2）击键数据分析

击键数据的分析从三个方面展开：修改、生成文本和停顿。修改和生成文本作为完成读写任务所必需的认知过程的一部分，其分析主要基于击键日志文件。停顿本身并非认知过程，但是在停顿时，被试会采取多种（元）认知过程，如评估、计划等。本研究没有对停顿中的认知过程再进行单独的编码，因为停顿时的认知过程与非停顿时的认知过程构成完成读写任务所采用的认知过程的有机整体。

本研究中对停顿的分析集中在停顿的位置、频次和持续时间。每次停顿发生的位置（即词内、词或从句之间、句子之间和段落之间）是通过参考击键日志文件和录屏进行手动编码。此外，正式作答前的停顿不计入在内，换句话说，在写下回复邮件的第一个字母之前被试因为进行阅读而产生的停顿时间不计入在内。最后，本研究遵循以往类似研究的惯例（如 Chan 2017）采取了 2 秒的阈值，即仅计入 2 秒以上的停顿。具体指标如表 14.5 所示。

为了回答第一个研究问题，本研究对表 14.5 中的指标进行测量并呈现在表格中。为了回答第二个研究问题，本研究采用两因素重复测量方差分析，使用 Shapiro-Wilk 检验检查数据的正态性，64.3% 的数据通过了检验。平均持续时间和四个停顿位置所各占的比例分别作为因变量处理，三个连续时期也是如此。在必要时使用 Bonferroni 校正进行事后分析。在违反了球形检验的情况下，应用 Greenhouse-Geisser 校正来确定 F 值统计学意义上的显著性。
为了回答第三个研究问题，本研究分别在整个任务完成过程和三个时段内满
足正态分布的分数和停顿相关测量指标之间进行了 Pearson 相关性检验，若
不满足正态分布则进行 Spearman 相关性检验。

表 14.5　停顿分析指标

处理焦点	指标
停顿	停顿占比 平均停顿时间 整体及三个时段中词内停顿、词间或从句间停顿、句间停顿以及段间停顿的数量、平均时长及占比

（3）眼动数据分析

参照以往的研究（如 Brunfaut & McCray 2015），眼动指标主要包括注
视、眼跳、回视和兴趣区切换（见表 14.6）。由于本研究探索的是读写任务
中的阅读（而非单纯的阅读），因此将眼动指标分为文本处理和任务处理两组，
如表 14.6 所示。整个页面被划分为多个兴趣区，分别是任务说明、电子邮件、
任务要求和写作区域（见图 14.7）。

表 14.6　眼动及击键指标

处理焦点	指标
文本处理	平均注视时间 词间及词内眼跳数量及平均长度 词间及词内回视数量及平均长度 词间及词内眼跳和词间及词内回视占比
任务处理	四个兴趣区注视时间占比 兴趣区切换频次（写作区域–任务说明、写作区域–电子邮件、写作区域–任务要求）

为回答第一个研究问题，本研究计算了所有被试的各项眼动指标的平均
值。为了回答第二个研究问题，每个被试的任务完成总时间被平均分为三
个时段。使用 Shapiro-Wilk 检验检查数据的正态性，75% 的数据通过了检验，
并进行了双因素重复测量方差分析。四种类型的眼跳的平均长度和比例分别
作为因变量处理，三个连续的时期也是如此。在必要时使用 Bonferroni 校正

进行事后分析。在违反了球形检验的情况下，应用 Greenhouse-Geisser 校正来确定 F 值统计学意义上的显著性。

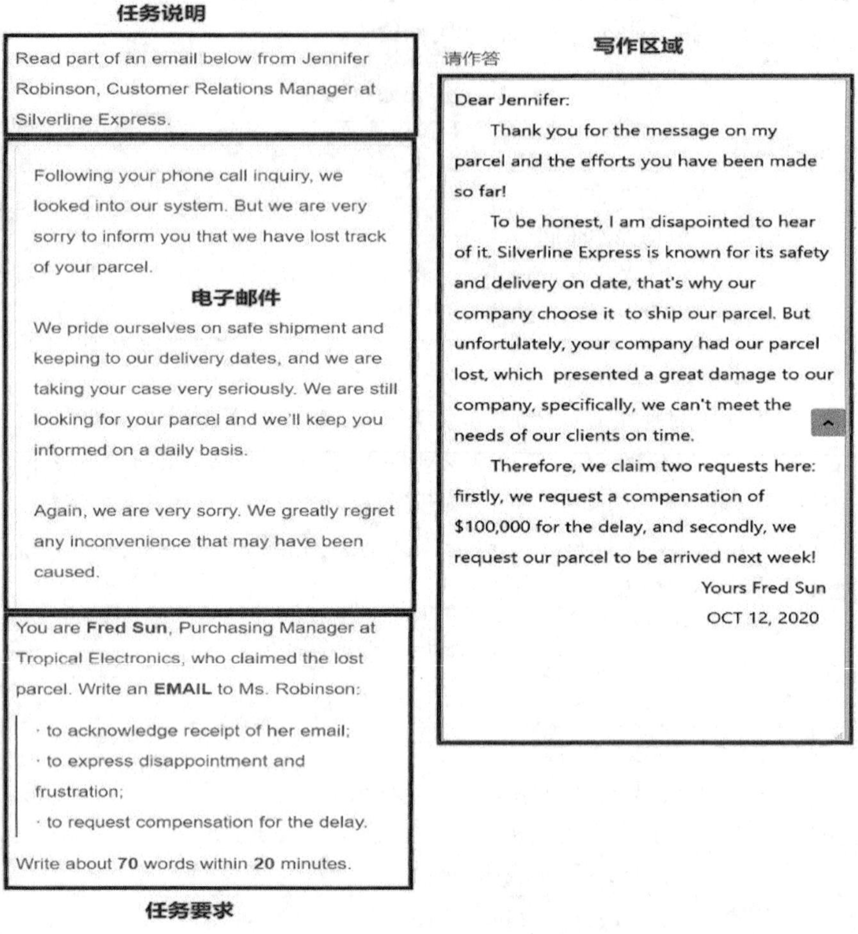

任务说明

Read part of an email below from Jennifer Robinson, Customer Relations Manager at Silverline Express.

Following your phone call inquiry, we looked into our system. But we are very sorry to inform you that we have lost track of your parcel.

电子邮件

We pride ourselves on safe shipment and keeping to our delivery dates, and we are taking your case very seriously. We are still looking for your parcel and we'll keep you informed on a daily basis.

Again, we are very sorry. We greatly regret any inconvenience that may have been caused.

You are **Fred Sun**, Purchasing Manager at Tropical Electronics, who claimed the lost parcel. Write an **EMAIL** to Ms. Robinson:

· to acknowledge receipt of her email;
· to express disappointment and frustration;
· to request compensation for the delay.

Write about **70** words within **20** minutes.

任务要求

写作区域

请作答

Dear Jennifer:

Thank you for the message on my parcel and the efforts you have been made so far!

To be honest, I am disapointed to hear of it. Silverline Express is known for its safety and delivery on date, that's why our company choose it to ship our parcel. But unfortulately, your company had our parcel lost, which presented a great damage to our company, specifically, we can't meet the needs of our clients on time.

Therefore, we claim two requests here: firstly, we request a compensation of $100,000 for the delay, and secondly, we request our parcel to be arrived next week!

Yours Fred Sun
OCT 12, 2020

图 14.7　兴趣区划分

为了回答第三个研究问题，本研究分别在整个任务完成过程和三个时段内满足正态分布的分数和相关指标（平均注视时间、各种眼跳占比以及每分钟兴趣区切换次数）之间进行了 Pearson 相关性检验，若不满足正态分布则进行 Spearman 相关性检验。

14.5　研究结果

14.5.1　读写综合任务中的（元）认知过程

（1）（元）认知过程及其交互性

如表 14.7 所示，读写综合任务涉及大量（元）认知过程。对摘录文本结合其他数据的深入解析将在讨论部分进行。

表 14.7　读写综合任务过程概览

过程	数量	占比
阅读	1476	34.41%
R-A. 元认知活动	1113	25.94%
R-B. 认知活动	340	7.93%
R-C. 无意识或意外阅读	23	0.54%
写作	2813	65.57%
W-A. 元认知活动	408	9.51%
W-B. 认知活动	2405	56.06%

在所有过程中，阅读过程占 34.41%，写作过程占 65.57%。总体而言，最多的是写作认知活动（56.06%），最少的是阅读认知活动（7.93%）。结果表明，写作是任务过程的重心。

就阅读过程而言（参见附录 1），元认知活动（n=1113；75.41%）的频率明显高于认知活动（n=340；23.04%）。元认知活动中，细读（n=477；32.32%）频率最高，其次是速读（n=429；29.07%）和监控（n=207；14.02%）。而在阅读认知活动中，高级认知过程（n=270）和低级认知过程（n=70）占所有阅读过程的 18.29% 和 4.74%。词汇通达（n=64；4.34%）、词汇识别（n=4；0.27%）和句法分析（n=2；0.14%）构成了低级认知过程。语用处理（n=109；7.38%）和构建心理模型（n=83；5.62%）在高级认知过程中占主导地位。语用处理主要是解读发件人及收件人的身份及相互关系（n=74；5.01%）以及解读发件人语气（n=22；1.49%）。上述结果表明，被试倾向于进行更多元认知活动，并认为细读最适合该任务，此外，被试进行更多高级认知过程，尤其是语用处理，即以适当的方式回复商业电子邮件。但上述结果应谨慎解读，因为低级认知过程常常以高度自动化的方式进行，很难被测试者口头报告，而未被有意识地报告不等于没有发生。

就写作过程而言（参见附录2），元认知活动（n=408）占14.50%，远低于认知活动（n=2405；85.50%）。元认知活动即评估的最主要的对象包括内容（n=136；4.83%）、语言（n=118；4.19%）和修辞（n=64；2.28%）。认知活动中，最频繁的是修改（n=780；27.73%），其次是生成文本（n=574；20.41%）、计划（n=441；15.68%）和与源文交互（n=324；11.52%）。进一步分析认知活动可知，大多数修改都发生在键入文本的当下，即成文前修改（n=629；22.36%），而成文后修改仅占5.37%（n=151）。修改目的以键入错误修改为主（n=366；13.01%），其次是语言修改（n=157；5.58%）、内容修改（n=105；3.73%）和修辞修改（n=80；2.84%）。此外，修改的单位大多数为单词以下（n=573；20.37%），少部分为句子以下（n=99；3.52%）和句子及以上（n=45；1.60%）。修改主要通过替换完成（n=431；15.32%），其次是删除（n=192；6.83%）和添加（n=127；4.51%）。替换的目标半数以上为字母（n=250；8.89%），而删除的目标近乎均等地分布于字母（n=69；2.45%）、标点符号（n=60；2.13%）和单词及以上（n=63；2.24%）。添加的目标与前两者不同，占比最高的是单词及以上（n=60；2.13%），而非字母（n=52；1.85%）和标点符号（n=15；0.53%）。

计划（n=441；15.68%）的对象主要是内容（n=235；8.35%）、修辞（n=94；3.34%）和语言（n=62；2.20%）。与源文交互（n=324；11.52%）为读写综合任务所特有，其中挖掘源文（n=166；5.90%）以获得写作上的帮助占半数以上，主要目的是为了获得想法或灵感（n=81；2.88%）以及获得语言支持（n=75；2.67%），此外还有关联写作内容与源文（n=77；2.74%）、提及源文（n=41；1.46%）、思考源文（n=26；0.92%）、情感回应源文（n=12；0.43%）。

联接（n=153；5.44%）、思考写作任务（n=111；3.95%）和与生成文本交互（n=22；0.78%）的占比不高，但仍然发挥着不可或缺的作用。联接包括使用商业语境主题知识（n=61；2.17%）、联系以往写作经验（n=33；1.17%）、联系以往生活经历（n=33；1.17%）、使用体裁及语域知识（n=26；0.92%）。分析任务要求（n=94；3.34%）在思考写作任务的过程中占主导地位。与生成文本交互即启发文本生成（n=22）占整个写作过程的0.78%。

上述研究结果表明，与阅读过程不同，在写作过程中更常进行的是认知活动而非元认知活动，其中最常见的认知过程是修改、生成文本、计划和与源文交互。此外，在评估、计划以及修改时，内容、语言、修辞受到更多的关注。值得注意的是，在任务完成过程中，阅读过程与写作过程并非独立进行，两者常常同步或相邻发生。

如表14.8所示，阅读和写作的元认知活动常伴随出现，最常见的组合是评估和细读（n=149）或者速读（n=84）。阅读的认知活动和写作的元认知活动较少伴随出现（低级认知过程：n=0；高级认知过程：n=19）。但写作认知活动和阅读元认知活动常同步或先后发生。最频繁的搭配是计划和与源文交互伴随阅读元认知活动。计划和速读伴随出现的频率高于计划和细读（n=153 vs. n=74），与源文的交互也呈现出类似的模式（速读：n=213 vs. 细读：n=49），细微的差别在于少数情况下（n=9）与源文交互和监控同时发生。为了进一步分析计划和与源文互动这两个认知过程，表14.9和表14.10分别呈现了计划和与源文交互下的次级过程。表14.9显示计划的次级过程通常与速读配对。计划内容这一次级过程与阅读过程伴随出现的频次最高（速读：n=101；细读：n=51）。计划语言和修辞与阅读过程伴随发生的频率较低（语言：n=27；修辞：n=36）。计划语篇结构、写作顺序以及文章长度很少搭配阅读过程（语篇结构：n=7；写作顺序：n=1；文章长度：n=4）。表14.10体现与源文交互的次级过程中，挖掘源文（包括获得语言支持、获得写作风格、篇章组织支持以及获得想法或灵感）总是与元认知阅读过程交织出现：速读（n=132）、细读（n=21）和监控（n=4）。关联写作内容与源文、提及源文和思考源文则较少与阅读过程交互（关联写作内容与源文：n=47；提及源文：n=41；思考源文：n=20）。情感回应源文以及学习源文则几乎与阅读过程没有交互（情感回应源文：n=6；学习源文：n=0）。此外，除了思考源文和情感回应源文外，所有次级过程都倾向于和速读交互，而非细读或监控。

表14.8 阅读和写作过程的同步及先后出现

		阅读元认知活动				阅读认知活动		
		监控	细读	速读	总计	低级	高级	总计
写作元认知活动	评估	0	149	84	233	0	19	19
写作认知活动	计划	0	74	153	227	2	19	21
	生成文本	0	44	132	176	1	10	11

（待续）

（续表）

		阅读元认知活动				阅读认知活动		
		监控	细读	速读	总计	低级	高级	总计
写作认知活动	修改	0	58	56	114	1	6	7
	与源文交互	9	49	213	271	0	28	28
	联接	9	24	26	59	2	13	15
	思考写作任务	18	21	42	81	0	5	5
	与生成文本交互	0	16	10	26	0	0	0

表 14.9　计划和阅读过程的同步及先后出现

		阅读元认知活动			
		监控	细读	速读	总计
计划	内容	0	51	101	152
	语篇	0	2	5	7
	语言	0	10	17	27
	修辞	0	10	26	36
	写作顺序	0	0	1	1
	文章长度	0	1	3	4

表 14.10　与源文交互和阅读过程的同步及先后出现

		阅读元认知活动			
		监控	细读	速读	总计
与源文交互	提及源文	0	4	37	41
	思考源文	4	10	6	20
	情感回应源文	1	4	1	6
	挖掘源文	4	21	132	157
	关联写作内容与源文	0	10	37	47
	学习源文	0	0	0	0

　　表 14.8 还显示了阅读过程与其他写作过程之间的交互，即生成文本、修改、联接和与生成文本的交互。生成文本多与速读而非细读交织在一起（n=132 vs. n=44）。修改则与速读和细读的交互程度相似（n=56 vs. n=58），联接也是如此（n=26 vs. n=24），并且联接很少与监控同时发生（n=9）。思考写作任务与速读最常伴随出现（n=42），其次是细读（n=21）和监控（n=18）。与生成文本交互和阅读元认知活动虽然较少伴随出现，但却呈现出截然不同的模式——与生成文本交互更多和细读伴随出现（n=16）而非速读（n=10）。此外，阅读和写作的认知活动之间的交互程度很低，尤其是写作认知活动和阅读低级认知活动（见表 14.8）。在所有的写作认知活动中，与源文的交互和阅读高级认知活动同时或依次发生的频率最高（n=28），计划和阅读高级认知活动的组合次之（n=19）。联接和阅读高级认知活动的组合也有少量出现（n=13）。其余的写作认知活动与阅读高级认知活动很少或几乎没有交互（生成文本：n=10；修改：n=6；思考写作任务：n=5；与生成文本交互：n=0）。

　　总的来说，写作元认知和认知活动似乎更多地与阅读元认知活动同步或先后发生，并且大多数写作过程都搭配速读，其次是细读和监控。

　　（2）击键数据结果

　　表 14.11 为写作停顿模式的概览：平均停顿频率为 62.79 次，平均停顿时间为 544145.28ms。停顿时间随着停顿单位的增大而增加，段落间停顿时间最长，词内停顿时间最短。此外，词间停顿在频率（62.95%）和时长（53.02%）上所占比例最高。段落间停顿和词内停顿分别在频数和时长上所占的比例最小，这意味着被试倾向于在段落之间停顿更少但更长，但在词内停顿更多但更短。

表 14.11　读写综合任务停顿模式概览

	频数	频数占比	时长（ms）	时长占比	平均时长（ms）
停顿 e（>2000ms）	62.79	—	544,145.28	— （49.39%）	9,204.25
词内停顿	7.64	11.53%	34,634.93	6.12% （3.06%）	4,541.95
词间或从句间停顿	40.14	62.95%	298,624.43	53.02% （26.45%）	7,464.01

（待续）

（续表）

	频数	频数占比	时长（ms）	时长占比	平均时长（ms）
句间停顿	9.86	16.99%	12,088.71	24.17%（11.67%）	12,613.30
段间停顿	5.14	8.53%	88,797.21	16.69%（8.21%）	17,409.48

注：时长占比一列中括号内的数值为各类停顿时间在任务完成总时间中的比例。

（3）眼动数据结果

表 14.12 和 14.13 汇总了兴趣区的分析结果。表 14.12 说明在写作区域停留的时间最多，占 66.08%，其次是电子邮件（18.33%）、任务要求（12.88%）和任务说明（2.71%）。表 14.13 显示了兴趣区转换的结果，写作区域–写作说明、写作区域–电子邮件和写作区域–任务要求之间的转换分别占 6.71%、68.81% 和 24.48%。上述结果表明，被试倾向于分配更多时间在写作区域上，目的可能有二，即写作以及阅读已生成文本，而且在任务完成期间，发件人的电子邮件是被试重读最多的部分。表 14.14 汇总了跳读的结果：词间和词内向前跳读的平均频率和平均长度以及中值长度均大于回视。此外，词内回视的比例（47.5%）高于词间回视的比例（37.4%）。

表 14.12　各兴趣区平均注视时间及占比

兴趣区	注视时间（ms）	占比
任务说明	281,604	2.71%
电子邮件	1,903,354	18.33%
任务要求	1,337,881	12.88%
写作区域	6,863,589	66.08%
总计	10,386,428	100%

表 14.13　兴趣区切换平均频数及占比

兴趣区转换	频数	占比
写作区域–任务说明	68	6.71%
写作区域–电子邮件	697	68.81%
写作区域–任务要求	248	24.48%
总计	1013	100%

表 14.14　眼跳模式概览

		频数	占比	平均长度	长度中位数
词间 （85.84%）	眼跳	448.79	62.6%（54.05%）	3.49	2.60
	回视	264	37.4%（31.79%）	3.25	2.40
词内 （14.16%）	眼跳	62.57	52.5%（7.54%）	1.36	1.29
	回视	55	47.5%（6.62%）	1.20	1.10

注：占比一列中括号内的数值为各类型眼跳和回视在总频数中的占比。

14.5.2　读写综合任务中三个时段内的认知过程

（1）访谈数据结果

初期，阅读过程（n=1016）和写作过程（n=937）分别占52.02%和47.98%（见表14.15）。中期，阅读过程的频率和占比急剧下降（n=236；18%），写作过程频率变化不大（n=1075），但占比激增至82%。末期，阅读过程的频率（n=224）和写作过程的频率（n=745）均有所下降，后者下降幅度大于前者，因而阅读过程的占比小幅上升至23.12%，写作过程下降至76.88%。

表 14.15　三个时段中阅读和写作过程概览

过程	数量 初期	占比 初期	数量 中期	占比 中期	数量 末期	占比 末期
阅读	1016	52.02%	236	18.00%	224	23.12%
写作	937	47.98%	1075	82.00%	745	76.88%

为了进一步分析数据，研究采用了两因素重复测量方差分析，发现过程类型主效应显著，时段主效应不显著，时段与过程类型之间存在显著的交互作用，因此对每个时段的过程和每个过程的时段进行了比较，发现各时段不同过程的频率存在显著差异（见表14.16）。后续对三个时段的过程的成对比较证实（参见附录3），三个时段的写作认知活动均显著超过其他几乎所有活动（除初期的阅读元认知活动），同时阅读活动的频率在三个时段中也发生了转变，初期阅读元认知活动最少，中末期阅读认知活动最少。从表14.17可以看出，每个过程在不同时段之间存在显著差异，并且呈现显著的线性趋

势，这意味着它们的发生随着时间的推移而逐渐变得更频繁（写作元认知活动），或更稀少（阅读元认知活动和阅读认知活动）。

表 14.16　各时段中过程间差异

时段	$F(3, 39)$	p	ηp^2
初期	45.347 a	<0.001	0.777
中期	342.549b	<0.001	0.963
末期	56.646c	<0.001	0.813

注：调整后的自由度值（Greenhouse-Geisser）为 [a]1.260，16.327；[b]1.480，192.237；[c]1.145，14.880。

表 14.17　各过程的时段间差异

过程	时段间差异			跨时段线性趋势		
	$F(2, 26)$	p	ηp^2	$F(1, 21)$	p	ηp^2
阅读元认知活动	32.898 [a]	<0.001	0.717	20.920	<0.001	0.51
阅读认知活动	68.387	<0.001	0.840	58.930	<0.001	0.09
写作元认知活动	64.038	<0.001	0.831	82.222	<0.001	0.02
写作认知活动	17.282	<0.001	0.571	4.289	0.059	0.06

注：调整后的自由度值（Greenhouse-Geisser）为 [a]1.143，14.856。

（2）击键数据结果

针对时段以及停顿位置的频次占比，两因素重复测量方差分析显示时段对停顿位置的频率占比没有显著影响，而停顿位置的主效应显著，$F(3, 39) = 110.683$，$p < 0.001$，$\eta p2 = 0.895$。后续的成对比较显示（参见附录 4），词间或从句间停顿的比例显著高于其他类型的停顿。针对时段以及停顿位置的时长占比，结果表明时段的主效应不显著，停顿位置对停顿时间占比的主效应显著，$F(1.873, 24.344) = 27.912$，$p < 0.001$，$\eta p^2 = 0.682$。后续的成对比较显示，词间或从句间停顿时间显著超过其他停顿类型，词内停顿时间最短（参见附录 4）。

（3）眼动数据结果

两因素重复测量方差分析表明，三个时段中的眼跳长度差异不显著，$F(2, 26) = 2.461$，$p = 0.118$，而眼跳类型对其长度有显著的主效应，$F(3, 39) = 189.763$，$p < 0.001$，$\eta p^2 = 0.933$，因为词间距离天然地大于词内距离。

关于三个时段中各个类型的眼跳频率占比，结果显示眼跳类型的主效应显著，F（1.509, 19.615）= 11.217, p <0.001, ηp^2 = 0.463，时段的主效应同样显著，F（2, 26）= 96.382, p < 0.001, ηp^2 = 0.881。此外，时段与眼跳类型之间存在显著的交互作用，F（2.582, 33.565）= 8.637, p < 0.001, ηp^2 = 0.399，因此继续比较各时段中各类型眼跳和回视以及各类型眼跳和回视的时段间差异。表 14.18 显示，不同类型的眼跳仅在初期时段存在显著的差异。表 14.19 则显示各类型眼跳频率在三个时段之间存在显著差异，且都表现出显著的线性趋势，在不同时间段内的频率逐渐降低。

表 14.18　各时段中各类型眼跳和回视间差异

时段	F (3, 39)	p	ηp^2
初期	18.294[a]	<0.001	0.585
中期	2.284[b]	0.126	0.149
末期	1.516[c]	0.242	0.104

注：调整后的自由度值（Greenhouse-Geisser）为 [a]1.421，18.470；[b]1.865，24.242；[c]1.224，15.300。

表 14.19　各类型眼跳和回视的时段间差异

	时段间差异			跨时段线性趋势		
	F(2, 26)	p	ηp^2	F(1, 21)	p	ηp^2
词间眼跳	115.909	<0.001	0.899	180.110	<0.001	0.993
词间回视	55.480	<0.001	0.810	74.068	<0.001	0.851
词内眼跳	12.168	<0.001	0.908	136.161	<0.001	0.892
词内回视	24.759[a]	<0.001	0.656	21.071	<0.001	0.618

注：调整后的自由度值（Greenhouse-Geisser）为 [a]1.369，17.796。

14.5.3　不同分数水平者的认知过程

（1）访谈数据结果

对任务分数水平（各被试最终分数水平见表 14.20，被试均为化名）与读写综合任务中整体认知过程的频次的相关性分析显示（见表 14.21 和

表 14.22），在阅读以及写作（元）认知活动中，只有写作元认知活动（评估）与分数水平显著相关（$r = 0.589$，$p < 0.05$），尤其是评估内容（$r = 0.567$，$p < 0.05$）、评估修辞（$r = 0.554$，$p < 0.05$）、评估任务完成度（$r = 0.582$，$p < 0.05$）和避免重复（$r = 0.653$，$p < 0.05$）这四个次级元认知过程。这意味着两种可能性，即评估越频繁，得到的分数越高，或者分数越高者评估活动越频繁。

表 14.20　各被试最终分数水平

	内容	结构	语言	总分
Amy	5	3.5	3.5	12
Becky	4.5	5	4	13.5
Carla	2	2	1.5	5.5
Daisy	3	2.5	2.5	8
Eda	3.5	4	3.5	11
Faye	4.5	5	4	13.5
Galen	2	2.5	2	6.5
Haley	3	2.5	2.5	8
Ida	4	4	3.5	11.5
Jane	3.5	3.5	3	10
Kate	2	2	2.5	6.5
Lana	3	2.5	2	7.5
Patti	3	3.5	3	9.5
Rosy	2	1.5	2	5.5

表 14.21　过程与分数水平显著相关性结果汇总（Pearson 相关性检验）

过程	r	p
R-A2.2　全面细读	0.546*	0.043
R-A3.2.2　全面寻读	0.544*	0.044
W-A. 写作元认知活动（评估）	0.589*	0.027

（待续）

（续表）

过程	*r*	*p*
W-A1.1 评估内容	0.567*	0.034
W-A1.3 评估修辞	0.554*	0.040
W-A1.7 评估任务完成度	0.582*	0.029
W-B1.2 计划语篇结构	0.585*	0.028
W-B3.2.1 内容修改	0.643*	0.013
W-B3.3.2 句子以下修改	0.789**	0.001
W-B3.4.1 添加	0.538*	0.047
W-B5.2 使用主题知识（商业语境）	0.478	0.084
W-B7. 与生成文本交互	0.669**	0.009
W-B7.1 启发文本生成	0.669**	0.009

表 14.22 过程与分数水平显著相关性结果汇总（Spearman 相关性检验）

过程	r	p
R-B2.3 构建心理模型	−0.539*	0.047
W-A1.5 避免重复	0.653*	0.011
W-B1.5 计划写作顺序	0.596*	0.025
W-B3.2.2 修辞修改	0.680**	0.007
W-B4.3 情感回应源文	−0.709**	0.005
W-B4.5 关联写作内容与源文	0.631*	0.015

在写作的认知活动中，计划语篇结构、计划写作顺序分别与分数水平显著正相关（$r = 0.585$，$p < 0.05$；$r = 0.596$，$p < 0.05$）。就修改而言，内容修改、修辞修改、句子以下修改、添加与分数水平也显著正相关（$r = 0.643$，$p < 0.05$；$r = 0.680$，$p < 0.01$；$r = 0.789$，$p < 0.01$；$r = 0.538$，$p < 0.05$）。关联写作内容与源文、与生成文本交互（同启发文本生成）和分数水平有显著的相关性（$r = 0.631$，$p < 0.05$；$r = 0.669$，$p < 0.01$）。情感回应源文和分数水平之间呈显著负相关（$r = -0.709$，$p < 0.01$）。

对阅读过程与分数水平的相关性分析表明，在阅读元认知活动中，全面细读、全面寻读与分数水平显著正相关（$r = 0.546$，$p < 0.05$；$r = 0.544$，

$p < 0.05$），这可能意味着得分较高的被试进行了更多的全面阅读。阅读高级认知活动整体与分数水平之间则未发现显著的相关性，但其中一个次级过程，即构建心理模型与分数水平间呈显著负相关（$r = -0.539$，$p < 0.05$）。

引入时间维度后再分析任务分数水平与读写综合任务三个时段内认知过程频率的相关性，结果显示，在初期（见表 14.23），所有阅读过程中只有全面寻读与分数水平相关（$r = 0.614$，$p < 0.05$），写作过程的元认知活动与分数水平呈显著正相关（$r = 0.725$，$p < 0.01$），尤其是评估内容（$r = 0.802$，$p < 0.01$）、避免重复（$r = 0.577$，$p < 0.05$）、评估任务完成度（$r = 0.691$，$p < 0.01$）。写作认知活动中，成文后修改（$r = 0.713$，$p < 0.01$）、修辞修改（$r = 0.550$，$p < 0.05$）、句子以下修改（$r = 0.623$，$p < 0.05$）与分数水平相关性显著。联接（特别是使用体裁及语域知识）、与生成文本交互和分数水平同样呈显著正相关（$r = 0.642$，$p < 0.05$；$r = 0.719$，$p < 0.01$）。与源文交互这一过程下，仅情感回应源文与分数水平呈显著负相关（$r = -0.717$，$p < 0.01$）。如表 14.24 所示，在任务中期，仅评估修辞、内容修改、添加标点与分数水平呈显著正相关（$r = 0.675$，$p < 0.01$；$r = 0.659$，$p < 0.05$；$r = 0.675$，$p < 0.01$）。

表 14.23　初期过程与分数水平显著相关性结果汇总

过程	r	p
R-A3.2.2　全面寻读	0.614*	0.019
W-A. 写作元认知活动（评估）	0.725**	0.003
W-A1.1　评估内容	0.802**	0.001
W-A1.5　避免重复	0.577*	0.031
W-A1.7　评估任务完成度	0.691**	0.006
W-B3.1.2　成文后修改	0.713**	0.004
W-B3.2.2　修辞修改	0.550*	0.042
W-B3.3.2　句子以下修改	0.623*	0.017
W-B4.3　情感回应源文	−0.717**	0.004
W-B5. 联接	0.642*	0.013
W-B5.1　使用体裁及语域知识	0.702**	0.005
W-B7. 与生成文本交互	0.719**	0.004
W-B7.1　启发文本生成	0.719**	0.004

表 14.24　中期过程与分数水平显著相关性结果汇总

过程	r	p
W-A1.3　评估修辞	0.675**	0.008
W-B3.2.1　内容修改	0.659*	0.010
W-B 3.4.1.2　添加–标点符号	0.675**	0.008

　　如表 14.25 所示，在任务末期，阅读过程整体与分数水平呈显著正相关（$r = 0.642$，$p < 0.05$）。进一步分析发现，阅读过程中的细读与分数水平呈正相关（$r = 0.845$，$p = < 0.001$），写作过程中的评估内容这一次级过程以及整体认知活动与分数水平显著相关（$r = 0.744$，$p < 0.01$；$r = -0.693$，$p < 0.01$）。在写作认知活动中，计划、生成文本、替换标点符号（修改的次级过程）与分数水平呈负相关（$r = -0.693$，$p < 0.01$；$r = -0.569$，$p < 0.05$；$r = -0.581$，$p < 0.05$），而内容修改、关联写作内容与源文、使用主题知识与分数水平呈正相关（$r = 0.614$，$p < 0.05$；$r = 0.697$，$p < 0.01$；$r = 0.614$，$p < 0.05$）。

表 14.25　末期过程与分数水平显著相关性结果汇总

过程	r	p
阅读过程	0.642*	0.013
R-A. 阅读元认知活动	0.687**	0.007
R-A2. 目标设定–细读	0.845**	0.000
R-A2.1 局部细读	0.634*	0.015
R-A2.2 全面细读	0.537*	0.048
W-A1.1 评估内容	0.744**	0.002
W-B. 写作认知活动	−0.693**	0.006
W-B1. 计划	−0.693**	0.006
W-B1.1 计划内容	−0.538*	0.047
W-B1.3 计划语言	−0.700**	0.005
W-B2. 生成文本	−0.569*	0.034

（待续）

（续表）

过程	r	p
W-B3.2.1 内容修改	0.614*	0.019
W-B 3.4.3.2 替换–标点符号	−0.581*	0.029
W-B4.5 关联写作内容与源文	0.697**	0.006
W-B5.2 使用主题知识（商业语境）	0.614*	0.019

（2）击键数据结果

击键数据中修改和生成文本的相关结果与访谈数据结合分析已在前文说明，这里报告写作停顿的结果。分析结果显示任务分数水平与整个过程中的停顿模式之间没有显著相关。若考虑时间维度，则仅在初期，段间停顿次数的比例与分数水平呈显著正相关（$r = 0.577$，$p < 0.05$），可能表明分数水平较高的被试倾向于在任务初期在段间停顿更多。

（3）眼动数据结果

对读写综合任务中整体的眼动数据与分数水平的相关性分析表明，与分数水平显著相关的有电子邮件兴趣区的注视时间的比例（$r = −0.645$，$p < 0.05$）、词间眼跳的平均长度（$r = 0.682$，$p < 0.01$）、词间回视的长度中位数（$r = 0.737$，$p < 0.01$）以及词内回视的平均长度（$r = 0.709$，$p < 0.01$）。上述结果表明，分数水平越高的被试花在阅读电子邮件上的时间越少，眼跳和回视的平均长度越长。

对读写综合任务每个时段中眼动数据与分数水平的相关性分析显示，前期、中期、末期三个时段内的词间眼跳平均长度都与分数水平呈显著正相关（$r = 0.678$，$p < 0.05$；$r = 0.745$，$p < 0.01$；$r = 0.636$，$p < 0.05$），即得分较高的被试在三个时段内的词间眼跳平均长度更长。在中期，词内回视的平均长度与分数水平呈显著正相关（$r = 0.613$，$p < 0.05$），可能说明在中期词内回视的长度越长，分数水平越高。此外，中期的词间回视和词内眼跳的比例与分数水平呈显著负相关（$r = −0.539$，$p < 0.05$；$r = −0.656$，$p < 0.05$），表明在中期词间回视和词内眼跳所占比例越大，分数水平越低。

14.6　分析与讨论

14.6.1　读写综合沟通任务中的（元）认知过程

总体而言，读写综合沟通任务所使用的写作过程多于阅读过程，写作过程频次占比远高于阅读过程（65.57% vs. 34.41%），写作区域兴趣区上的注视时间更多（占比66.08%）。

（1）写作过程

在写作过程中，认知活动占主导地位，且涉及更多的次级过程，元认知活动即评估主要通过伴随阅读元认知活动中的细读或速读来进行。在写作认知活动中修改占主导地位，生成文本次之，这与前人发现并不完全一致（Gánem-Gutiérrez & Gilmore 2018; Manchón *et al.* 2009）。一个可能的解释是在以往的写作过程研究中，修改频次的计算仅依赖被试的口头报告，这在一定程度上会遗漏一些修改过程，尤其是占比很高的键入错误修改。键入错误修改占比高，这与之前通过击键记录软件进行的写作修改过程研究的发现相吻合（Barkaoui 2016）。此外，部分被试提及不太适应机考和实验环境，这也可能影响了他们的击键行为，如击键的准确性。

计划的比例也相对较高，在所有认知过程中位列第三，其后是与源文交互。与源文交互作为读写综合任务所特有的过程，服务于各种目的。被试在写作过程中反复关联写作内容与源文，以使他们的作答合情合理（见摘录1）。源文在整个任务完成过程中可提供想法，充当语言库以提供语言、写作风格和组织的帮助（见摘录2）。换句话说，考生同时关注源文的概念和文本两个方面，以促进源文理解和写作发展（Ye & Ren 2019）。除寻求帮助外，被试同时会批判性地情感回应源文。他们对源文的有用性和组织结构进行评论，并在解读发件人的语气后表达自身的情感（见摘录3）。此外，被试不断思考写作任务，以调整他们任务表征（task representation），即 Wolfersberger（2013）所定义的作者对任务要求进行概念化的一个持续的过程。

摘录1

其实这边我第一遍想写来着的，就是 the efforts you have been made，但是我想你都把我的邮包都给丢了，你还做什么努力啊，但是在这里他们不是又说 taking 什么 seriously。而且我最后还想他们不是还说什么 informed on daily base 啊，我就觉得他们也有做工作，而且他们

这里还查找了一下的，我觉得还是写一个偏礼貌的，就是谢谢你的来信，还有你到现在为止所做的努力。（Amy）

摘录 2

（2.1）应该是刚写完，那句话之后觉得写的太少了，然后想着要再写点什么，就是再看看原文。（Haley）

（2.2）问：你这边 parcel 没写完，为什么在往回看？答：因为在找这个词，看怎么拼。（Daisy）

（2.3）问：你是为什么每段间空行？答：我不是就这么对比（原文）嘛，我感觉我写得怎么这么挤。（Jane）

（2.4）我可能在尽量地模仿左边邮件的口吻。（Kate）

摘录 3

（3.1）第一段和第三段都是很明显的那种，要么就是有套话的，就是那种客套话，要么就是已经非常清楚的那种信息点。（Patti）

（3.2）这个原邮件让我觉得很阴阳怪气。we pride ourselves 那一段，就花了一整段在那儿说，我们对自己这个其实很有信心，我们这个很厉害。可是，那你怎么把我的包裹弄丢了呢？我当时就是这样想的，这奠定了我整个写 reply 的心情和基调。（Carla）

被试倾向于使用更多的评估、计划、与源文交互和思考源文过程，这也被击键数据所证实。因为上述过程主要发生的时间是写作过程中的停顿期间，而研究数据表明停顿几乎占任务完成时间的一半（49.39%）。

值得强调的是，在读写综合任务中，计划不仅发生在被试眼动落在写作区域之时，也发生在写作之前和写作期间阅读任务要求和发件人电子邮件时（见摘录 4），这与以往的独立写作任务的发现相呼应——被试在写作之前和写作期间都会进行一定的计划（Barkaoui 2015; Plakans 2008）。不同之处在于读写综合任务提供的源文让被试在计划时有了很多落"眼"之处，这进一步促进他们完善计划。本研究也证实了前人的另一个发现——随着停顿位置的单位变大，停顿时间也相应地增加（Révész *et al.* 2017, 2019），例如，词内停顿比词间或从句停顿短，而它们分别与低级和高级写作过程相关。因此，较低百分比（6.12%）的词内停顿证明在完成读写综合任务时被试执行了更多的高级认知过程。

摘录 4

（4.1）这个我确实看了很长时间（指任务要求中的 Acknowledge

receipt of her Email），我当时在想怎么第一个要求要这样，然后我当时在想不知道后面我要怎么表述了。（Amy）

（4.2）问：这边为什么把 mail to Ms. Robinson 和第一个要求（receipt of the email）又划了一下？答：在想第一个要求要怎么写了。（Faye）

此外，与独立阅读测试相比（Brunfaut & McCray 2015），读写综合任务中回视的比例要高得多（38.41% vs. 28%），这印证了与单纯的阅读相比，在写作过程中所进行的阅读过程与多种其他认知过程相结合以服务于不同的写作目的（Michel *et al.* 2020; Wengelin *et al.* 2009）。在进行重读时，被试最常阅读的是电子邮件，具体而言，通过兴趣区的切换和注视时间的数据可知，被试通常细读或速读电子邮件的第二段，原因在于这一段最长且信息量最大，虽然对部分考生来说这些信息量仍太不足够（见摘录5）。除电子邮件外，被试也经常通过寻读、回看任务要求，对其进行多次分析解读以获得想法或促进计划（见摘录6和摘录4.2）。

摘录5

　　我觉得第二段应该在一般文章里面来说是最主体的部分，第一段其实介绍的背景我也知道了，最后一段其实也没啥用，所以就是感觉所有信息应该都在第二段，但在第二段其实并没有找到我理想中那么多的信息量。（Ida）

摘录6

（6.1）问：为什么又回看了要求这边？答：因为我要再确认一下这是什么人，我是要给谁回信。（Kate）

（6.2）问：你又回到了前面看了下要求和原文？答：对，找灵感呢。（Carla）

（2）阅读过程

总体而言，阅读的元认知活动所占的比例明显更多。一方面，这可能是由于在一个片段中多个元认知活动并存。如摘录7所示，在阅读理解源文时，被试往往会同时或依次进行目标设定和目标检查，再结合一个阅读认知活动。另一方面，阅读的认知活动主要用于理解文本，而在写作过程中重读文本时，阅读的主要目的已经不是理解文本，而是为了帮助写作（Plakans *et al.* 2018, 2019）。被试在写作时仍然会进行诸如细读和速读等阅读元认知活动，但不常进行阅读认知活动。

摘录 7

（7.1）我第一遍看的时候有点紧张了。我一般要是在做一件事情，尤其是在考试时候有点紧张的话，那我第一遍扫过去的时候，我大脑里面是没有什么信息能留住的。所以我在第二遍的时候，就会看得比较仔细，就是会一个字一个字地看。（Amy）

（7.2）问：你在 Silverline Express 上面也停的时间稍微久一些，还记得是为什么吗？答：当时在想 Silverline Express 是什么意思，然后突然反应过来是公司名。（Lana）

阅读低级认知过程是一个相对自动化无意识的过程，因此难以口头报告。尽管如此，访谈的不足仍可通过参考眼动数据来弥补。词内回视的占比很小（6.62%）表明低级认知过程确实使用最少，因为回视被认为是更能体现低级认知过程的指标，如词汇识别和词汇通达（Brunfaut & McCray 2015; Holmqvist *et al.* 2011）。

（3）读写综合沟通任务中的语用处理

由于本研究中任务的交际性质，语用处理在阅读和写作过程中尤为突出，使得此项任务与其他读写综合任务有所区别。被试对发件人的语气、发件人与收件人的身份和相互关系以及沟通规范进行了解读。同时，他们在计划、评估和修改文本时非常注重修辞。上述诸项过程往往成对发生，如摘录8所示。在摘录 8.1 中，Daisy 首先解读发件人的语气，认为其不真诚，然后做出计划——不进行商讨而是直接提出主张。在摘录 8.2 中，Patti 通过解读发件人的语气来评估自己的语气是否恰当。在摘录 8.3 中，Amy 评估了语言风格并进行了替换修改。

摘录 8

（8.1）问：这边看了原文的第二段和第三段的原因是什么？答：就是我觉得他们公司把自己摆在比较高的位置上，对顾客没有以很真诚的态度去道歉。然后想那我就不应该用 we，这好像是协商式的，而是应该直接提出自己的要求。（Daisy）

（8.2）问：第三段 we greatly regret inconvenience 这里，为什么反复看呢？答：写的时候是我在想跟他要什么赔偿，然后在这里（发件人邮件）又看到一个 greatly regret，我就想他用这样的语气应该是感到很抱歉嘛，那他应该会给我赔偿金，所以我就用这样的语气写应该是 OK 的。（Patti）

（8.3）问：（录屏显示被试反复看自己写的 we have 后修改了 have）
你这边把 have 改成了 claim 为什么？答：我就觉得 claim 很严肃哈，当
时我不确定 claim 和 request 可不可以一起用。当时我想表述的就是，
一般你想要赔偿金或者要什么，你不是都可以用 claim 嘛，表达诉求嘛。
我觉得这个会比较正式一点。这个词就出于正式考虑。（Amy）

在写作过程中，被试还使用了体裁、语域以及商业活动的相关知识。摘
录 9.1 显示 Becky 关注电子邮件的体裁和语域，而在摘录 9.2 中，Eda 使用
了货运相关知识帮助她完成关于补偿的第三个任务要求。

摘录 9

（9.1）因为我最近也给老师写邮件，用英语写得也比较多，所以我
觉得就用书信的或者说邮件这种礼仪和格式。（Becky）

（9.2）问：你这里是想表达让他付运费吗？是怎么想到了这样的
赔偿方式？答：对，付运费，然后还有其他的额外费用。因为运费应该
是顾客提前已经付了，然后他不仅要把运费的钱还了，还要还其他钱。
（Eda）

（4）读写综合沟通任务的交互性本质

本项任务过程中，读写的交互性本质凸显。生成文本经常和细读或速读
循环地进行，被试从生成文本开始，然后进行不同的阅读过程，接着再次以
生成文本结束，循环往复，并在此过程链中嵌入其他过程。此外，还有大量
同步或相邻发生的阅读和写作过程，大多数写作过程都伴随着阅读元认知活
动，尤其是速读，表明此项任务写作过程中阅读的目的通常不是通过细读实
现的文本理解（Khalifa & Weir 2009），写作中的阅读服务于写作目的。

研究结果还呈现了一些阅读和写作过程之间的交互模式。计划是最频繁
的写作过程之一，它常常嵌入在生成文本-阅读-生成文本的过程链中，与速
读和细读相结合。速读的内容通常是发件人的电子邮件，被试快速重读电子
邮件，以获得想法和灵感等来计划后续文本生成（见摘录 10.1）。细读的内
容则通常是已生成的文本和任务要求，被试在计划下一个要写的语句时仔细
重读他们已经写下的文本（见摘录 10.2），或者在计划内容时仔细重读任务
要求以便更好地理解要求，按照要求写作（见摘录 10.3）。

摘录 10

（10.1）问：你这边输入完 I'm glad to receive your email for 之后，

回到了原文 we have lost track of your parcel 这一段看了一下是吧？答：对，我想再看下他写了什么内容，然后我该回他什么。（Galen）

（10.2）问：这边回看了刚写的 as you mention...，是吗？答：是的，我在想前一句话和后一句话怎么衔接。（Becky）

（10.3）问：为什么反复读第一点要求呢？答：因为我觉得第一句很难写，所有作文的第一句都很难写，要看看到底让我写什么，所有第一句要想很久才能憋出来。（Carla）

研究发现与源文交互常在两次文本生成过程之间，与计划和速读同步进行（见摘录 10.1）。此外，挖掘源文（与源文交互的次级过程）、速读与评估的结合也很频繁，当被试对已生成文本进行评估时，他们会回到源文，通过速读来获得语言或内容支持（见摘录 11.1）。挖掘源文本身有时也会只与速读相结合，当被试遇到语言、写作风格等问题时，他们在大多数情况下都会快速有效地重读电子邮件，以获得必要的支持（见摘录 11.2 和摘录 11.3）。

摘录 11

（11.1）问：这边为什么先到 lost track of，然后又回到了第一段 missing parcel 这里来回看了一下？答：我会希望 parcel 都没有写错，就又回去看一下自己有没有写错。（Jane）

（11.2）问：你这边写完 is still 回去看了一下原文？答：我是在找 lost track of your parcel，我是在看原文是怎么表述的。（Ida）

（11.3）因为我不太写英文邮件，所以我想先熟悉他写这个邮件的语气是怎么样的，然后我就该用什么样的态度口吻。（Kane）

评估也是生成文本-阅读-生成文本过程链的有机组成部分。如前所述，评估可与挖掘源文和速读相结合。但在大多数情况下，评估通过细读来实现，因为被试需要确保已生成的文本准确、连贯、恰当并满足任务要求（见摘录 12.1、摘录 12.2 和摘录 12.3）。评估有时也可能会启发文本生成（见摘录 12.1）。此外，评估和修改过程有时相互交织。被试在评估后发现错误或不当之处时，则即时进行修改（见摘录 12.4），而修改又可能会引起新一轮评估，通常通过速读来发现类似的错误，并在必要时进行后续修改（见摘录 12.5）。

摘录 12

（12.1）问：这边（写到 electronic equipment）在读前面的话，为什么这边没有写完，你就在往前面读了？答：因为我比较习惯写的东西能

顺下来，比较顺畅，这句话我写不下去了，我不知道要干嘛了，所以我就往前读，然后一读也许一顺就出来了。（Faye）

（12.2）问：（it brings much... compensation）这边你也是来来回回看了一下，是为什么？答：应该还是在检查。然后就看一下语气对不对。（Patti）

（12.3）问：（扫了一下自己的文章）然后你又回看了一下第二点要求里的 disappointment, frustration。答：我就是又在回顾我是否有表达出 disappointment。我觉得我表达到了。（Jane）

（12.4）问：你在 I have waited for my parcel for time 和 I want to know more details，就这两句话。你来回扫了一下，是为什么？答：看看是不是有关联的。因为我后面补充了 details，比如什么时候能到，然后就跟第一句话有关系了。（Patti）

（12.5）这里想到好像 felt 用得不对，因为这是信件，我现在写的是信件，就可能时态不对，然后开始改时态了。问：你就把全文的时态都改了一下是吗？答：不是全文，是前面，前面就因为习惯使然，写了过去时。问：然后你就把这边的过去时都改成了现在时？答：对。（Lana）

14.6.2　读写综合沟通任务中三个时段内的认知过程

Flower & Hayes（1981）强调写作过程的循环性，他们认为每个写作过程都可以在写作中的任何时间发生。对于本研究读写综合任务而言更是如此，大多数（元）认知过程都具有"时常出现"的特征，刺激回忆访谈数据分析结果表明大多数阅读和写作过程在初期、中期和末期间均有使用，同时击键数据也提供了证据——词间或从句间停顿的比例更高，而许多（元）认知过程就是发生在停顿期。读写综合任务因为各项过程的动态交织而更具复杂性。引入时间维度后进行分析，令过程的动态发展特点更加明晰。

不同时段阅读和写作的元认知和认知活动存在明显差异，这与其他研究的结果一致（de Larios *et al.* 2008; Gánem-Gutiérrez & Gilmore 2018）。对每个过程趋势的进一步分析印证前人研究的发现，即"被试执行的各项写作认知活动，在任务完成过程中并非在任何特定时间都平等地被激活"（Manchón *et al.* 2009: 108）。本研究任务的写作和阅读的元认知活动以及写作的认知活动在三个时段内表现出显著的线性趋势。随着写作元认知活动（评估）的增加，阅读的元认知和认知活动逐渐减少，这与 Michel *et al.*（2020）的发现相吻合。

阅读元认知活动和认知活动的次级过程在三个时段内几乎均有所下降，眼跳数据同样呈显著线性趋势——眼跳频率在三个时段内持续降低。但细读这一阅读过程较为特殊，并非逐渐减少，其最低点落在任务中期。这是由于被试在初期主要通过细读来理解源文本，而末期通过细读来评估自己的写作产出。

不同于阅读活动的发展特点，写作的认知活动表现出非线性趋势，在中期达到高峰。与源文的交互初期最多，生成文本中期最多，符合前人的研究发现（Barkaoui 2015, 2016; Leijten *et al.* 2019; Michel *et al.* 2020）。被试倾向于在初期通过阅读任务说明、电子邮件及任务要求循环地思考写作任务，符合读写结合任务的特点（Plakans 2010）。初期和中期高频率的计划过程表明，在读写综合任务中被试倾向于进行更多写作时（during-writing）计划（Plakans 2008）。本研究关于写作过程的独特发现在于生成文本和修改这两个过程的发展特点。前人研究表明在整个任务完成过程中，生成文本递增，修改或逐渐增加或没有变化（Gánem-Gutiérrez & Gilmore 2018; Michel *et al.* 2020; Tillema 2012）。本研究发现生成文本的频率在前期和中期相似，修改在任务中期最为频繁，主要原因可能在于此任务本身的特点。首先，源文篇幅相对较短，减少了理解源文的用时；其次，源文和任务具有交际性质，被试理解源文和任务要求的同时交际功能被激活。因此，多数被试在任务初始阶段就已开始计划过程，在中期时至少完成了一半写作，这解释了前两个时段相似的生成文本频率。关于修改，本研究的被试成文前的修改更多，表明他们倾向于在键入文本时进行即时修改，而非在产出全部完成后再进行修改。从摘录 11 和摘录 12 可以看出，被试一边行文一边评估产出的质量并根据评估结果随时实施修改。由于任务是回复邮件，且任务要求明确规定了必须包括的三项主要内容，任务好似书面进行的对话，被试需要随时确认自己的产出是否符合交际目的和要求。因此，关于修改过程的特点，必然不同于独立写作任务或基于源文整体理解后开放式产出的读写综合任务（即先产出再统一评估修改）。

14.6.3 读写综合沟通任务与分数水平

分数水平与阅读和写作（元）认知过程的诸多方面都存在相关性。第一，分数水平较高的被试在整个任务完成过程和每个时段中都倾向于在阅读和写作方面进行更多的语用处理，反映出此任务测试书面交流能力的构念。第二，在阅读元认知过程方面，分数水平较高的被试进行了更多的全面细读和全面寻读（尤其是初期），以获得他们认为相关或必要的信息（见摘录 13），这与前人的发现相符（Bax 2013; Brunfaut & McCray 2015; Plakans 2009b）。眼跳分析结果也进一步证实了这一发现。分数越高的被试，其词间眼跳长度越长，说明进行了更多的寻读。同时，他们的词内回视长度也更长，表明与分数较低被试相比，分数较高的被试回视的是更长的单词。

摘录 13

（13.1）问：你看完这一部分（任务说明）之后没有接着看邮件第一段，而是往下扫视了，是为什么？答：我想直接找到需要我做什么的部分。（Becky，得分：13.5/15）

（13.2）问：这边你上下扫了两眼（原文）是因为？答：主要是在抓这边这个信息，看 Robinson 是什么人。（Amy，得分：12/15）

第三，分数较高被试的写作元认知过程也更为频繁。在每个时段，分数较高的被试都倾向于进行更多评估（参见摘录 14），但不同时段侧重评估活动的不同方面：初期更多的是评估内容、任务完成度和避免重复，中期侧重评估修辞，末期侧重评估内容。此外，分数较高的被试在初期进行了更多的段落间停顿，表明与分数较低的被试相比，他们更关注所进行任务的完成情况，以避免或纠正可能出现的错误。

摘录 14

（14.1）问：这边看了一下第二点要求吗？答：对，为了确定我有没有完成要求。（Faye，得分：13.5/15）

（14.2）问：你这边另起了第二段，看了第二点要求，当时是在思考什么？答：我的构思就是满足这三点要求嘛，所以我确定已经满足第一点了，就再看看第二点怎么去衔接。（Becky，得分：13.5/15）

（14.3）问：好像在整个写作过程当中，你写完一句话后，基本上不太会回看这句话，而是直接往下写，对吗？答：是的，我是都写完了最后才看的，平时就是这个习惯。（Galen，得分：6.5/15）

第四，分数水平较低的被试在整个任务期间阅读过程活跃的时段更长，写作过程活跃的时段偏晚。分数较低的被试在任务末期阶段仍然有更高频率的写作计划过程，呼应了前人研究的结论，即在写作过程中，早期计划对产出高质量的文本很重要（van der Hoeven 1999）。分数水平较低的被试在任务末期生成文本的过程更频繁，而以理解源文为目的的阅读活动持续时间更长。一方面，对源文的理解更为困难、与源文的交互较为低效，使得分数较低的被试花费更多时间阅读发件人的电子邮件。特别是在任务中期，他们仍然在为理解源文而进行阅读，表现在眼动数据上是更频繁的词内眼跳和词间回视。词内眼跳在一定程度上意味着进行局部细读，词间回视则主要反映句法分析、构建命题意义和推断的过程（Holmqvist *et al.* 2011）。摘录 15 里两位分数较低的被试在理解源文上遇到了困难，一位（Rosy）误读源文致使后期写作过程中重新细读源文及重新进行写作计划，另一位（Galen）由于未能顺利理解源文只得花更长的时间反复细读。另一方面，相对较低的书面沟通能力使得分数较低的被试生成文本更为困难，也不流畅。他们书面沟通能力的缺乏主要体现为，一是很少使用体裁和语域知识以及商业环境下的主题知识，以及对邮件的写作风格和沟通规范不了解（如摘录 16），二是很少关联写作内容和源文，这意味着他们在沟通中缺乏互动交流的意识。

摘录 15

（15.1）（第一遍读完）当时想的大概是一种想要应聘什么的。然后他们公司可能是把我交上去的什么资料给丢了。（Rosy，得分：5.5/15）

（15.2）我这个时候就开始猜测我的理解可能是错了。因为 parcel 是我不认识的单词，我不确定他什么意思，然后怀疑按我原来的想法可能是错的。写到这儿的时候，我开始猜是不是他们遗失了我的快递什么的。（Rosy，得分：5.5/15）

（15.3）问：这边你开始从头再读一遍（原邮件）了是吧？答：是的，因为完整读完第一遍的时候还是很懵。问：那你读完第一遍的时候理解邮件大概是在讲什么吗？答：反正挺模糊的，而且第一遍注意力没有这么集中。问：那你第二遍读也是在仔细地读吗？答：对。应该读了三遍。（Galen，得分：6.5/15）

摘录 16

（16.1）问：你在 Fred Sun 这里进行了反复停留，当时是怎么想的呢？答：我在想，我要以什么样的口吻回这封信。我不确定要怎么写这种比较正式的邮件，然后当时在想那个格式啊什么的。（Daisy，得分：8/15）

（16.2）我是想了很久，才写出第一句话。挺难的，因为我不知道英文邮件要怎么说"收到你的邮件"（任务要求中的第一点内容），我感觉挺奇怪的，因为一般回复了肯定说明已经收到邮件了，为什么还要专门写"我收到你的邮件了"？（Kate，得分：6.5/15）

第五，高低分数水平的被试在修改、与生成文本交互两项认知活动上也存在差异。分数较高的被试进行了更多的内容修改（尤其是任务初期和末期）和修辞修改，更倾向于在句子层面进行删除和添加，而分数水平较低的被试则进行更多的浅层修改，如替换标点符号等，这与以往的研究比较一致（Barkaoui 2007, 2016; Butterfield *et al.* 1996）。分数较高的被试与生成文本交互更为频繁，他们更频繁地阅读自己已经生成和正在生成的文本以启发后续的文本生成，这在一定程度上使得他们的文本更加连贯和合乎逻辑。

14.7 结论与启示

本章研究的首要目的是探索读写综合书面沟通任务过程中的认知机制。结合了眼动和击键追踪技术的混合研究设计，有助于深入探究阅读和写作过程的循环性、在时间维度上的动态变化以及与任务分数水平的关系。

研究发现，大量的阅读和写作（元）认知过程得以应用，其中写作过程占据了更大的比例。在写作过程中，认知活动占主导地位，而在阅读过程中，元认知活动频率更高。总体上看，最常见的阅读过程是目标设定-细读、目标设定-速读，最常见的写作过程是修改、生成文本、计划、评估、与源文交互。本研究特别发现在阅读与写作过程中进行的语用加工，包括阅读中解读发件人的语气、解读发件人及收件人的身份及相互关系、解读沟通规范、创建沟通场景，写作中评估修辞、计划修辞、修辞修改、使用体裁及语域知识、使用主题知识（商业语境），反映出本研究中的读写综合沟通任务通过合理设计，能够有效测试运用语言进行沟通的能力。

对写作停顿、眼跳和兴趣区的多维度分析表明，大多数过程的整体使用模式具有复杂性，可以描述为"时常发生"，其中阅读和写作过程时常动态地交织在一起，有些过程往往成对出现，甚至三者伴随出现，这是读写综合任务区别于其他写作任务的重要特征。对任务不同时段的分析表明，各种认知活动并非均匀分布、同等激活。在任务前、中、末期三个时段内，写作元认知活动逐渐增加，阅读元认知和阅读认知活动逐步下降，反映出读写综合任务总体上从侧重读到侧重写的发展轨迹。

对任务认知过程和任务分数水平的相关性分析表明，语用加工、全面阅读、评估、修改这几项活动的频率与任务分数呈显著正相关。生成文本、计划、不同类型的评估等活动在不同时段的频率也与任务分数水平显著相关。总体上，较高分数的被试花在阅读理解源文的时间精力更少，更早开始写作活动，在写作过程中更加注重评估写作质量并作出相应修改，且更注重任务的沟通目的，进行更多语用加工。

　　本章研究的结果有助于比较全面深入地理解读写综合任务的认知机制，验证读写综合书面沟通任务的效度，也为外语测试、教学和研究带来如下启示。第一，读写综合任务的源文对于任务完成起到重要作用，在任务完成过程中，考生与源文进行交互以获得语言支持和内容灵感，因此在开发读写综合测试和教学任务时，应根据其构念和测试目的正确并仔细地选择、改编或编写源文本。第二，在综合性任务中设定具体的沟通目的、事件、对象和情境能够有效激活考生或学习者的语用加工过程，这是以沟通能力为目标的测试与教学活动可以参考的设计思路。第三，在读写综合沟通任务中，语用处理、源文的使用以及阅读能力都会显著影响任务产出的质量，在测试和教学中对综合沟通任务表现进行评价时，应考量上述方面，使评价标准匹配测试构念与教学目标。第四，学习者本身语言水平会显著影响其对任务要求的理解、对源文的阅读和对自己产出的加工方式，可以通过在这些方面进行有针对性的教学，提升读写策略，从而有效培养学习者运用语言进行沟通的能力。第五，基于眼动行为、击键行为和以眼动击键记录为刺激的回忆访谈等不同来源数据的分析和三角互证，有助于探索和构建语言测试任务的复杂认知机制全景，引进不同技术赋能测评研究将是未来研究的发展趋势。

参考文献

Ableeva, R. & Stranks, J. 2013. Listening in another language: Research and materials. In B. Tomlinson (ed.). *Applied Linguistics and Materials Development*. London: Bloomsbury. 199-212.

Adams, W. R. 1989. *Developing Reading Versatility*. Fort Worth: Holt, Rinehart and Winston, Inc.

Afflerbach, P. 1990. The influence of prior knowledge and text genre on readers' prediction strategies. *Journal of Reading Behaviour 22*: 131-148.

Agca, R. K. & S. Özdemir. 2013. Foreign language vocabulary learning with mobile technologies. *Procedia-Social and Behavioral Sciences 83*: 781-785.

Akbari, J., H. H. Tabrizi & A. Chalak. 2021. Effectiveness of virtual vs. non-virtual teaching in improving reading comprehension of Iranian undergraduate EFL students. *Turkish Online Journal of Distance Education 22*: 272-283.

Alderson, J. C. & D. Wall, 1993. Does Washback exist?. *Applied Linguistics 4*: 115-129.

Alderson, J. C. 2000. *Assessing Reading*. Cambridge: Cambridge University Press.

Alderson, J.C., C. Clapham & D. Wall. 2000. *Language Test Construction and Evaluation*. Beijing: Foreign Language Teaching and Research Press.

Allen, C. 2015. Marriages of convenience? Teachers and coursebooks in the digital age. *ELT Journal 69*: 249-263.

Alnofaie, H. 2013. A framework for implementing critical thinking as a language pedagogy in EFL preparatory programmes. *Thinking Skills and Creativity 10*: 154-158.

Alptekin, C. 2002. Towards intercultural communicative competence in ELT. *ELT Journal 56*: 57-64.

Álvaro, B. T., M. P. Cabrerizo & M. D. Bermejo. 2011. Moodle, a key tool for teaching English in the EHEA (European Higher Education Area). Implementation of learning strategies in the education degree (Eu Soria).

Paper presented at the Third International Conference on Education and New Learning Technologies, Barcelona, Spain, July 2011.

Anderson, L. W. & D. R. Krathwohl. 2001. *A Taxonomy for Learning, Teaching, and Assessing: A Revision of Bloom's Taxonomy of Educational Objectives.* New York: Longman.

Anderson, R. C. & P. Freebody. 1981. Vocabulary knowledge. In J. T. Guthrie (ed.). *Comprehension and Teaching: Research Reviews.* Newark: International Reading Association. 77-117.

Anderson, R. C. & P. Freebody. 1983. Reading comprehension and the assessment and acquisition of word knowledge. In B. Hutson & P. Mosenthal (ed.). *Advances in Reading/ Language Research: A Research Annual.* Greenwich: JAI Press. 231-256.

Anderson, R. C. & D. Pearson. 1984. A schema-thematic view of basic processes in reading comprehension. In P. D. Pearson, R. Barr, M. L. Kamil & P. Mosenthals (eds.). *Handbook of Reading Research.* New York: Longman. 255-291.

Appel, C., F. Santanach, & S. Jager. 2012. SpeakApps: New tools and activities for the development of speaking skills in a second language. Paper presented at the 4th International Conference on Education and New Learning Technologies, Barcelona, Spain, July 2012.

Arends, R. I. 1994a. *Learning to Teach.* New York: McGraw-Hill, Inc.

Arends, R. I. 1994b. *Strategies for Effective Teaching* (2nd ed). Madsison, WI: Brown & Benchmark.

Ashraf, H., S. Noroozi & M. Salami. 2011. E-listening: The promotion of EFL listening skill via educational podcasts. Paper presented at the Sixth International Conference on E-learning, Vancouver, Canada, June 2011.

Assessment Reform Group. 1999. *Assessment for Learning: Beyond the Black Box.* University of Cambridge, Faculty of Education.

Audrey, A., F. Henrietta & Z. Houlin. 2020. *The Digital Transformation of Education: Connecting Schools, Empowering Learners.* Swizerland Geneva: Broadband Commission.

Bachman, L. F. 1990. *Fundamental Considerations in Language Testing.* Oxford: Oxford University Press.

Bachman, L. F. 2007. What is construct? The dialectic abilities and contexts in defining constructs in language assessment. In J. Fox, M. Wesche, D. Bayliss,

L. Cheng, C. Turner & C. Doe (eds.). *Language Testing Reconsidered*. Ottawa: University of Ottawa. 41-71.

Bachman, L. F. & A. S. Palmer. 1996. *Language Testing in Practice*. Oxford: Oxford University Press.

Bachman, L. F. & A. S. Palmer. 2010. *Language Assessment in Practice: Developing Language Assessments and Justifying their Use in the Real World*. Oxford: Oxford University Press.

Badger, R. & G. White. 2000. A process genre approach to teaching writing. *ELT Journal 54*: 153-160.

Bailin, S. & H. Siegel. 2003. Critical thinking. In N. Blake, P. Smeyers, R. Smith & P. Standish (eds.). *The Blackwell Guide to the Philosophy of Education*. Oxford: Blackwell. 181-193.

Baker, J. W. 2000. The "classroom flip": Using web course management tools to become the guide by the side. Paper presented at the 11th International Conference on College Teaching and Learning, Jacksonville, FL.

Barkaoui, K. 2007. Revision in second language writing: What teachers need to know. *TESL Canada Journal 25*: 81-92.

Barkaoui, K. 2015. Test-takers' writing activities during the TOEFL iBT® writing tasks: A stimulated recall study. *ETS Research Report Series 2015*: 1-42.

Barkaoui, K. 2016. What and when second-language learners revise when responding to timed writing tasks on the computer: The roles of task type, second language proficiency, and keyboarding skills. *The Modern Language Journal 100*: 320-340.

Bax, S. 2013. The cognitive processing of candidates during reading tests: Evidence from eye-tracking. *Language Testing 30*: 441-465.

Bax, S. & S. Chan. 2019. Using eye-tracking research to investigate language test validity and design. *System 83*: 64-78.

Bean, J. C., V. A. Chappell & A. Gillam. 2002. *Reading Rhetorically: A Reader for Writers*. London: Longman.

Beck, I. L. & M. G. McKeown. 2006. *Improving Comprehension with Questioning the Author: A Fresh and Expanded View of a Powerful Approach*. New York: Scholastic.

Bennett, J. M., M. J. Bennett & W. Allen. 2003. Developing intercultural competence in the language classroom. In D. L. Lange & R. M. Paige (eds.). *Culture as the*

Core: Perspectives on Culture in Second Language Learning. Connecticut: Information Age Publishing Inc. 237-270.

Bereiter, C. & M. Scardamalia. 1987. *The Psychology of Written Composition.* New Jersey: Lawrence Erlbaum Associates.

Berrett, D. 2012. How "Flipping" the classroom can improve the traditional lecture. *Chronicle of Higher Education 58*: 16-18.

Bhrman, E. H. 2006. Teaching about language, power, and text: A review of classroom practices that support critical literacy. *Journal of Adolescent and Adult Literacy 49*: 490-498.

Bielousova, R. 2020. On the issue of adapting materials for the English for specific purposes online course. *Revista Românească pentru Educaţie Multidimensională 12*: 60-76.

Black, P. & D. William. 1998a. Assessment and classroom learning. *Assessment in Education 15*: 7-74.

Black, P. & D. Wiliam. 1998b. Inside the black box: Raising standards through classroom assessment. *Phi Delta Kappan 80*: 139-148.

Black, P. & D. Wiliam. 2009a. Developing the theory of formative assessment. *Educational Assessment, Evaluation and Accountability 21*: 5-31.

Bloom, B. S., J. T. Hastings & G. F. Madaus (eds.). 1971. *Handbook on Formative and Summative Evaluation of Student Learning.* New York: McGraw-Hill.

Bloom, B., M. Englehart, E. Furst, W. Hill & D. Krathwohl (eds.). 1956. *Taxonomy of Educational Objectives, the Classifications of Educational Goals (Handbook I: Cognitive Domain).* New York: McKay.

Bogolepova, S. V. 2021. Investigating the use of a MOOC as a component of a university language course. *Tomsk State University Journal 473*: 170-176.

Boston, C. 2002. The concept of formative assessment. *Practical Assessment, Research, and Evaluation 8*: Article 9. doi: 10.7275/kmcq-dj31.

Brewer, S. & K. Whiteside. 2019. The Cara Syria programme-combining teaching of English for Academic Purposes and academic and research skills development. *Language Learning in Higher Education 9*: 161-172.

Brown, H. D. 2004. *Language Assessment: Principles and Classroom Practices.* London: Longman.

Brown, P. & S. C. Levinson. 1987. *Politeness: Some Universals in Language Usage*. Cambridge: Cambridge University Press.

Brunfaut, T. & G. McCray. 2015. *Looking into Test-takers' Cognitive Processes Whilst Completing Reading Tasks: A Mixed-method Eye-tracking and Stimulated Recall Study*. British Council.

Burns, A. & D. Hill. 2013. Teaching speaking in a second language. In B. Tomlinson (ed.). *Applied Linguistics and Materials Development*. London: Bloomsbury. 231-248.

Butterfield, E. C., D. J. Hacker & L. R. Albertson. 1996. Environmental, cognitive, and metacognitive influences on text revision: Assessing the evidence. *Educational Psychology Review 8*: 239-297.

Bygate, M. 2001. Speaking. In R. Carter & D. Nunan (eds.). *The Cambridge Guide to Teaching English to Speakers of Other Languages*. Cambridge: Cambridge University Press. 14-20.

Byram, M. 1997. *Teaching and Assessing Intercultural Communicative Competence*. New York: Multilingual Matters.

Candlin, C. 2001. Taking the curriculum to task. In M. Bygate, P. Skehan & M. Swain (eds.). *Researching Pedagogic Tasks: Second Language Learning, Teaching and Testing*. Harlow: Pearson Education Ltd. 229-243.

Carless, D. 2009. Trust, distrust and their impact on assessment reform. *Assessment & Evaluation in Higher Education 2009*: 79-89.

Carrell, P. L. & W. Grabe. 2002. Reading. In N. Schmitt (ed.). *An Introduction to Applied Linguistics*. London: Arnold. 233-249.

Chalhoub-Deville, M. 2016. Validity theory: Reform policies, accountability testing, and consequences. *Language Testing 4*: 453-472.

Chan, S. H. C. 2017. Using keystroke logging to understand writers' processes on a reading-into-writing test. *Language Testing in Asia 7*: 1-27.

Chapelle, C, A. 1998. Construct definition and validity inquiry in SLA research. In L. F. Bachman & A. D. Cohen (eds.). *Interfaces Between Second Language Acquisition and Language Testing Research*. New York: Cambridge University Press. 32-70.

Chapelle, C. A. & G. Brindley. 2010. Assessment. In N. Schmitt (ed.). *An Introduction to Applied Linguistics*. Abingdon: Hodder & Stoughton Ltd. 247-266.

Chapelle, C. A., M. K. Enright & J. M. Jamieson. 2008. *Building a Validity Argument for the Test of English as a Foreign Language*. New York: Routledge.

Chappius, S. & J. Chappius. 2008. The best value in formative assessment. *Educational Leadership 65*: 14-18.

Chen, I. J. & C. C. Chang. 2009. Cognitive load theory: An empirical study of anxiety and task performance in language learning, http://www.investigacion-psicopedagogica.org/.

Chen, H., G. Zhao & N. Xu. 2012. The analysis of research hotspots and fronts of knowledge visualization based on CiteSpace II. In S. K. S. Cheung, J. Fong, L.-F. Kwok, K. Li & R. Kwan (eds.). *Hybrid Learning*. Heidelberg: Springer. 57-68.

Cheong, C. M., X. Zhu, G. Y. Li & H. Wen. 2019. Effects of intertextual processing on L2 integrated writing. *Journal of Second Language Writing 44*: 63-75.

Chin, C. 2006. Classroom interaction in science: Teacher questioning and feedback to students' responses. *International Journal of Science Education 28*: 1315-1346.

Clasen, D. R. & C. Bonk. 1990. *Teachers Tackle Thinking*. Madison: Madison Education Extension Program.

Cohen, A. D. 2006. The coming of age of research on test-taking strategies. *Language Assessment Quarterly 4*: 307-331.

Conley, M. W. 1986. The influence of training on three teachers' comprehension questions during content area lessons. *The Elementary School Journal 87*: 17-26.

Conole, G. 2013. *Designing for Learning in An Open World*. Leicester: Springer Science & Business Media.

Cooper, C. R. 2009. Myth 18: It is fair to teach all children the same way. *The Gifted Child Quarterly 53*: 283-285.

Cooper, C. R., R. Cherry, B. Copley, S. Fleischer, R. Pollard & M. Sartisky. 1984. Studying the writing abilities of a university freshman class: Strategies from a case study. In R. Beach & L. S. Bridwell (eds.). *New Directions in Composition Research*. New York: The Guilford Press. 19-52.

Correa, M. 2015. Flipping the foreign language classroom and critical pedagogies—a (new) old trend. *Higher Education for the Future 2*: 114-125.

Crammond, J. 1998. The uses and complexity of argument structures in expert and student persuasive writing. *Written Communication 2*: 230-268.

Crouch, C. H. & E. Mazur. 2001. Peer instruction: Ten years of experience and results. *American Journal of Physics 69*: 970-977.

Cumming, A. 2013. Assessing integrated writing tasks for academic purposes: Promises and perils. *Language Assessment Quarterly 10*: 1-8.

Cumming, A., R. Kantor, K. Baba, U. Erdosy, K. Eouanzoui & M. James. 2015. Differences in written discourse in independent and integrated prototype tasks for next generation TOEFL. *Assessing Writing 1*: 5-43.

Davin, K. J. & R. Donato. 2013. Student collaboration and teacher-directed classroom dynamic assessment: A complementary pairing. *Foreign Language Annals 46*: 5-22.

Davison, C. & C. Leung. 2009. Current issues in English language teacher-based assessment. *TESOL Quarterly 43*: 393-415.

de Larios, J. R., R. Manchón, L. Murphy & J. Marín. 2008. The foreign language writer's strategic behavior in the allocation of time to writing processes. *Journal of Second Language Writing 17*: 30-47.

Deardorff, D. K. 2006. Identification and assessment of intercultural competence as a student outcome of internationalization. *Journal of Studies in Intercultural Education 10*: 241-266.

Diklil, S. & S. Bleyle. 2014. Automated Essay Scoring feedback for second language writers: How does it compare to instructor feedback?. *Assessing Writing 22*: 1-17.

Docherty, M. & K. Gaubinger. 2019. Using state-of-the-art methodological approaches to enhance interdisciplinary synergies in STEM subjects. Paper presented at the Twentieth International Conference on Research and Education in Mechatronics, Wels, Austria, May 2019.

Dubin, F. & E. Olshtain. 1986. *Course Design.* New York: Cambridge University Press.

Earl, I. M. 2003. *Assessment as Learning: Using Classroom Assessment to Maximize Student Learning.* Thousand Oaks: Corwin Press.

Enright, M.K., W. Grabe, K. Koda, P. Mosenthal, P. Mulcahy-Ernt & M. Schedl. 2000. TOEFL 2000 Reading Framework: A Working Paper. *TOEFL Monograph Series MS-17.* Princeton: Educational Testing Service.

Facione, P. A. 1990. *Critical Thinking: A Statement of Expert Consensus for Purposes of Educational Assessment and Instruction — The Delphi Report.* Millbrae: California Academic Press.

Feldon, D. F. 2007. Cognitive load and classroom teaching: The double-edged sword of automaticity. *Educational Psychologist 42*: 123-137.

Finocchiaro, M. & S. Sako. 1983. *Foreign Language Testing: A Practical Approach.* New York: Regents Publishing Company.

Flower, L. & J. R. Hayes. 1981. A cognitive process theory of writing. *College Composition and Communication 32*: 365-387.

Flowerdew, J. & M. Peacock (eds.). 2001. *Research Perspectives on English for Academic Purposes.* Cambridge: Cambridge University Press.

Forsey, M., M. Low & D. Glance. 2013. Flipping the sociology classroom—towards a practice of online pedagogy. *Journal of Sociology 49*: 471-485.

Freiberg, H. J. 1987. *Teacher Self-Evaluation and Principal Supervision.* NASSP Bulletin, April.

Gánem-Gutiérrez, G. A. & A. Gilmore. 2018. Tracking the real-time evolution of a writing event: Second language writers at different proficiency levels. *Language Learning 68*: 469-506.

Garrigus, R. 2002. *Design in Reading: An Introduction to Critical Reading.* New York: Longman.

Gebril, A. 2006. Independent and integrated academic writing tasks: A study in generalizability and test method. Ph.D. Dissertation. Iowa: University of Iowa.

Gebril, A. & L. Plakans. 2009. Investigating source use, discourse features, and process in integrated writing tests. *Spaan Fellow Working Papers in Second or Foreign Language Assessment 7*: 47-84.

Gebril, A. & L. Plakans. 2013. Toward a transparent construct of reading-to-write tasks: The interface between discourse features and proficiency. *Language Assessment Quarterly 10*: 9-27.

Gebril, A. & L. Plakans. 2016. Source-based tasks in academic writing assessment: Lexical diversity, textual borrowing and proficiency. *Journal of English for Academic Purposes 24*: 78-88.

Ghaffar, M. A., M. Khairallah & S. Salloum. 2020. Co-constructed rubrics and assessment for learning: The impact on middle school students' attitudes and writing skills. *Assessing Writing 45*: 100468. doi:10.1016/j.asw.2020.100468.

Gilmore, A. 2007. Authentic materials and authenticity in foreign language learning. *Language Teaching 40*: 97-118.

Gilson, C. M., C. A. Little, A. N. Ruegg & M. Bruce-Davis. 2014. An investigation of elementary teachers' use of follow-up questions for students at different reading levels. *Journal of Advanced Academics 25*: 101-128.

Girón-García, C. & S. Boghiu-Balaur. 2021. A mixed-methods study of online learning in the EFL classroom. *Revista de Lingüística y Lenguas Aplicadas 16*: 95-122.

Godwin-Jones R. 2016. Culture, language learning and technology. In Farr F. & L. Murray (eds.). *The Routledge Handbook of Language Learning and Technology*. London and New York: Routledge. 173-184.

Goh, C. 2007. *Teaching Speaking in the Language Classroom*. Singapore: SEAMO.

Goh, C. 2017. Scaffolding learning processes to improve speaking performance. *Language Teaching 50*: 247–260.

Government of Canada. 2002. *Knowledge Matters: Skills and Learning for Canadians* (Cat No. SP-482-02-02) . Hull, QC: Human Resources Development Canada.

Grabe, W. 2009. *Reading in a Second Language: Moving from Theory to Practice*. New York: Cambridge University Press.

Grammatosi, F. & N. Harwood. 2014. An experienced teacher's use of the textbook on an academic English course: A case study. In N. Harwood (ed.). *English Language Teaching Textbooks: Content, Consumption, Production*. New York: Palgrave Macmillan. 178-204.

Graves, K. 2019. Recent books on language materials development and analysis. *ELT Journal 73*: 337-354.

Graves, M. F., C. Juel & B. B. Graves. 2004. *Teaching Reading in the 21st Century* (3rd ed). Boston: Pearson Education, Inc.

Green, L. 2005. Two Birds with One Stone: Teaching Reading and Teaching Thinking. *School Psychology International 26*: 109-120.

Gu, P. Y. 2021. *Classroom-Based Formative Assessment*. Beijing: Foreign Language Teaching and Research Press.

Guariento, W. & J. Morley. 2001. Test and task authenticity in the EFL classroom. *ELT Journal 55*: 347-353.

Guerrettaz, A. M., M. M. Engman & Y. Matsumoto. 2021. Empirically defining language learning and teaching materials in use through sociomaterial perspectives. *The Modern Language Journal 105*: 3-20.

Guo, L. 2011. Product and process in TOEFL iBT independent and integrated writing tasks: An investigation of construct validity. Ph.D. Dissertation. Atlanta: Georgia State University.

Har, F. 2022. English language learning in response to the COVID-19 pandemic: Hong Kong English as a Second Language students' perceptions of Badaboom!. *Frontiers in Education*. https://www.frontiersin.org/articles/10.3389/feduc.2022.966059/full?amp;amp (accessed 11/06/2023).

Harlen, W. 2007. *Assessment of Learning*. Los Angeles: SAGE Publication.

Harris, R. 1998. *Introduction to Creative Thinking*. http://www.virtualsalt.com/crebook1.htm.

Hattie, J. 2009. *Visible Learning: A Synthesis of over 800 Meta-analyses Relating to Achievement*. New York: Routledge.

Hayes, J. R. 2012. Modeling and remodeling writing. *Written Communication 29*: 369-388.

Hayes, J. R. & L. S. Flower. 1980. Identifying the organization of writing processes. In L. W. Gregg & E. R. Steinberg (eds.). *Cognitive Processes in Writing*. Erlbaum. 3-30.

Heaton, J. B. 2000. *Writing English Language Tests*. Beijing: Foreign Language Teaching and Research Press.

Hedge, T. 2005. *Writing*. Oxford: Oxford University Press.

Heift, T. & N. Vyatkina, 2017. Technologies for teaching and learning L2 grammar. In C. A. Chapelle & S. Sauro (eds.). *The Handbook of Technology and Second Language Teaching and Learning*. Hoboken: Wiley-Blackwell. 26-44.

Henning, G. 2001. *A Guide to Language Test: Development, Evaluation and Research*. Beijing: Foreign Language Teaching and Research Press.

Henriksen, B. 1999. Three dimensions of vocabulary development. *Studies in Second Language Acquisition 21*: 303-317.

Heritage, M. 2007. Formative assessment: What do teachers need to know and do?. *Phi Delta Kappan 89*: 140-145.

Hinkel, E. 2006. Current perspectives on teaching the four skills. *TESOL Quarterly 40*: 109-131.

Hinkelman, D. & P. Gruba. 2012. Power within blended language learning programs in Japan. *Language Learning & Technology 16*: 46-64.

Ho, J. 2020. Gamifying the flipped classroom: How to motivate Chinese ESL learners?. *Innovation in Language Learning and Teaching 14*: 421-435.

Holliday, A. 2013. *Understanding Intercultural Communication: Negotiating a Grammar of Culture*. Abingdon: Routledge.

Holmqvist, K., M. Nyström, R. Anderson, R. Dewhurst, H. Jarodzka & van de Weijer, J. 2011. *Eye-tracking*. Oxford: Oxford University Press.

Houghton, S. & E. Yamada. 2012. *Developing Criticality in Practice Through Foreign Language Education*. Bern: Peter Lang.

Housen, A. & F. Kuiken. 2009. Complexity, accuracy, and fluency in second language acquisition. *Applied Linguistics 30*: 461-473.

Huang, H. D, S. A. Hung & H. V. Hong. 2016. Test-taker characteristics and integrated speaking test performance: A path-analytic study. *Language Assessment Quarterly 13*: 283-301.

Hughes, A. 2000. *Testing for Language Teachers*. Shanghai: Shanghai Foreign Language Education Press.

Hughes, R. 2002. *Teaching and Researching Speaking*. Harlow: Pearson.

Hughes, R. 2010. Materials to develop the speaking skill. In N. Harwood (ed.). *English Language Teaching Textbooks: Content, Consumption, Production*. Cambridge: Cambridge University Press. 207-224.

Hyland, K. 2013. Materials for developing writing skills. In B. Tomlinson (ed.). *Developing Materials for Language Teaching*. (2nd ed). London: Bloomsbury. 391-405.

Ishikawa, Y., R. Akahane-Yamada, C. Smith, Y. Tsubota & M. Dantsuji. 2014. Flipped learning in a university EFL course: Helping students improve their TOEIC scores. Paper presented at the Eighth International Technology, Education and Development Conference, Valencia, Spain, March 2014.

Jackson, J. 2014. *Introducing Language and Intercultural Communication*. London: Routledge.

Jenkins, J., W. Baker & M. Dewey. 2018. *The Routledge Handbook of English as a Lingua Franca*. London: Routledge.

Jia, H. 2017. Shift of English teacher's role in school-based blended learning college English course. *DEStech Transactions on Social Science, Education and Human Science (eemt)*.

Jones, C. 2017. Soap operas as models of authentic conversations. Implications for materials design. In A. Maley & B. Tomlinson (eds.). *Authenticity in Materials Development for Language Learning*. Newcastle-upon-Tyne: Cambridge Scholars Publishing. 158-175.

Jones, C. 2022. Authenticity in language teaching materials. In J. Norton & H. Buchanan (eds.). *The Routledge Handbook of Materials Development for Language Teaching*. New York: Routledge. 65-77.

Kane, M. T. 1992. An argument-based approach to validity. *Psychological Bulletin 112*: 527-535.

Karimi, M. N. 2018. The mediated/unmediated contributions of language proficiency and prior knowledge to L2 multiple-texts comprehension: A structural equation modelling analysis. *Applied linguistics 39*: 912-932.

Khalifa, H. & C. J. Weir. 2009. *Examining Reading: Research and Practice in Assessing Second Language Reading*. Cambridge: Cambridge University Press.

Khan, I. A. 2021. Teaching of pharmacy in Saudi Arabia: Relevance of English and digital pedagogy. *Bahrain Medical Bulletin 43*: 618-620.

Kharkhurin, A. V. 2012. A preliminary version of an internet-based Picture Naming Test. *Open Journal of Modern Linguistics 2*: 34-41.

Khilchenko, T., S. Suvorova & I. Blyasova. 2019. The flipped classroom as a variant of blended learning in the process of multicultural personality development.

Paper presented at the Eleventh International Conference on Education and New Learning Technologies, Palma, Spain, July 2019.

King, A. 1995. Inquiring minds really do want to know: Using questioning to teach critical thinking skill. *Teaching of Psychology 22*: 13-17.

Klimova, B. & M. Pikhart. 2021. New advances in second language acquisition methodology in higher education. *Education Sciences 11*: 128.

Kluger, A. N. & A. DeNisi. 1996. The effects of feedback interventions on performance: A historical review, a meta-analysis, and a preliminary feedback intervention theory. *Psychological Bulletin 119*: 254-284.

Knoch, U. & W. Sitajalabhorn. 2013. A closer look at integrated writing tasks: Towards a more focused definition for assessment purposes. *Assessing Writing 18*: 300-308.

Ko, M. 2013. A case study of EFL teacher's critical literacy teaching in a reading class in Taiwan. *Language Teaching Research 17*: 91-108.

Kwee, C. T. T & L. M. Dos Santos. 2022. How can blended learning English-as-a-second-language courses incorporate with cultural heritage, building, and sense of sustainable development goals?: A case study. *Frontiers in Education.* https://www.frontiersin.org/articles/10.3389/feduc.2022.966803/full (accessed 11/06/2023).

Kyle, K. & S. Crossley. 2016. The relationship between lexical sophistication and independent and source-based writing. *Journal of Second Language Writing 34*: 12-24.

Lado, R. 1961. *Language Testing.* London: Longman.

Laufer, B. 1996. The lexical threshold of second language reading comprehension: What it is and how it relates to L1 reading ability. In K. Sajavaara. & C. Fairweather (eds.). *Approaches to Second Language Acquisition.* Jyväskylä: University of Jyväskylä. 55-62.

Lazarinis, F., C. V. Karachristos, E. C. Stavropoulos & V. S. Verykios. 2019. A blended learning course for playfully teaching programming concepts to school teachers. *Education and Information Technologies 24*: 1237-1249.

Le Vo, T. H. 2022. Online simulated workplace tasks to enhance business English learning. *Journal of Asian Business and Economic Studies 29*: 205-221.

Lee, H. G. & J. Egbert. 2016. Language learning and technology in varied technology contexts. In F. Farr & L. Murray (eds.). *The Routledge Handbook of Language Learning and Technology*. London and New York: Routledge. 185-196.

Lee, J. & Y. G. Butler. 2020. Reconceptualizing language assessment literacy: Where are language learners?. *TESOL Quarterly 54*: 1098-1111.

Lee, Y. A. 2007. Third turn position in teacher talk: Contingency and the work of teaching. *Journal of Pragmatics 39*: 1204-1230.

Lee, Y. W. & R. Kantor. 2005. Dependability of new ESL writing test scores: Evaluating prototype tasks and alternative rating schemes. *TOEFL Research Report* No.05-14, TOEFL-MS-31.

Leijten, M. & L. Van Waes. 2013. Keystroke logging in writing research: Using Inputlog to analyze and visualize writing processes. *Written Communication 30*: 358-392.

Leijten, M., L. V. Waes, I. Schrijver, S. Bernolet & L. Vangehuchten. 2019. Mapping master's students' use of external sources in source-based writing in L1 and L2. *Studies in Second Language Acquisition 41*: 555-582.

Leung, C. & B. Mohan. 2004. Teacher formative assessment and talk in classroom contexts: Assessment as discourse and assessment of discourse. *Language Testing 21*: 335-359.

Li, J. 2017. Establishing comparability across writing tasks with picture prompts of three alternate tests. *Language Assessment Quarterly 1*:1-19.

Liaw, M. L. & K. English. 2017. Technologies for Teaching and Learning L2 Reading. In C. A. Chapelle & S. Sauro (eds.). *The Handbook of Technology and Second Language Teaching and Learning*. Hoboken: Wiley-Blackwell. 62-76.

Lin, H. W. 2010. The taming of the immeasurable: An empirical assessment of language awareness. In A. Paran & L. Sercu (eds.). *Testing the Untestable in Language Education*. Bristol: Multilingual Matters. 191-216.

Linacre, J. M. 1999. Investigating rating scale category utility. *Journal of Outcome Measurement 3*: 103-122.

Linacre, J. M. 2005. *A User's Guide to FACETS: Rasch-Model Computer Program [Computer program manual]*. Chicago: MESA Press.

Little, D., S. Devitt & D. M. Singleton. 1989. *Learning Foreign Languages from Authentic Texts: Theory and Practice*. Dublin: Authentik.

Liu, F. & P. Stapleton. 2014. Counterargumentation and the cultivation of critical thinking in argumentative writing: Investigating washback from a high-stakes test. *System 1*: 117-128.

Lomer, S. & L. Anthony-Okeke. 2019. Ethically engaging international students: Student generated material in an active blended learning model. *Teaching in Higher Education 24*: 613-632.

Luppi, F. 2022. Tools and models for distance teaching in an English language and culture university course: The flipped classroom and cooperative learning in a digital environment. *Altre Modernità 27*: 181-195.

Ma, Q. 2017. Technologies for teaching and learning L2 vocabulary. In C. A. Chapelle & S. Sauro (eds.). *The Handbook of Technology and Second Language Teaching and Learning*. Hoboken: Wiley-Blackwell. 45-61.

Macalister, J. 2014. Teaching reading: Research into practice. *Cambridge Language Teaching 47*: 387-397.

Maker, J. & M. Lenier. 1986. *College Reading*. Belmont: Wadsworth Publishing Company.

Maley, A. & P. Prowse. 2013. Reading. In B. Tomlinson (ed.). *Applied Linguistics and Materials Development*. London: Bloomsbury. 165-182.

Manchón, R., J. R. de Larios & L. Murphy. 2009. The temporal dimension and problem-solving nature of foreign language composing processes: Implications for theory. In R. Manchón (ed.). *Writing in Foreign Language Contexts: Learning, Teaching & Research*. Bristol: Multilingual Matters. 102-129.

Marculescu, C. 2015. Teaching ESP in the digital era: The use of technology in project-based learning and assessment. Paper presented at the Eleventh International Conference on eLearning and Software for Education, Bucharest, Romania, April 2015.

Marschall, S. & C. Davis. 2012. A conceptual framework for teaching critical reading to adult college students. *Adult Learning 23*: 63-68.

Matsumoto, Y. 2021. Student self-initiated use of smartphones in multilingual writing classrooms: Making learner agency and multiple involvements visible. *The Modern Language Journal 105*: 142-174.

May, L., F. Nakatsuhara, D. Lam & E. Galaczi. 2019. Developing tools for learning oriented assessment of interactional competence: Bridging theory and practice. *Language Testing 37*: 165-188.

Mazur, E. 1997. *Peer Instruction: A User's Manual*. Upper Saddle River: Prentice-Hall.

Mazur, E. 2009. Farewell, lecture?. *Science 323*: 50-51.

McGrath, I. 2006. Teachers' and learners' images for coursebooks. *ELT Journal 60*: 171-180.

McNamara, T. F. 1996. *Measuring Second Language Performance*. London: Longman.

Melnik, O. G., M. G. Akhanova & G. Plotnikova. 2020. The role of electronic textbook in self-study of non-language students. In O. D. Shipunova & D. S. Bylieva (eds.). *Professional Culture of the Specialist of the Future & Communicative Strategies of Information Society*. London: European Publisher. 72-80.

Messick. S. 1989. Validity. In R. L. Linn (ed.). *Educational Measurement* (3rd edition). New York: Macmillan Publishing Company. 13-103.

Mezynski, K. 1983. Issues concerning the acquisition of knowledge: Effects of vocabulary training on reading comprehension. *Review of Educational Research 53*: 253-279.

Michel, M., A. Révész, X. Lu, N. E. Kourtali, M. Lee & L. Borges. 2020. Investigating L2 writing processes across independent and integrated tasks: A mixed-methods study. *Second Language Research 36*: 1-28.

Mihaes, L., A. Dimitriu & I. Bocianu. 2016. Towards a computer-mediated ESP class. *eLearning & Software for Education 3*: 167-174.

Milan, D. 1995. *Developing Reading Skills*. New York: McGraw-Hill, Inc.

Mishan, F. 2017. "Authenticity 2.0": Reconceptualising "authenticity" in the digital era. In A. Maley & B. Tomlinson (eds.). *Authenticity in Materials Development for Language Learning*. Newcastle-upon-Tyne: Cambridge Scholars Publishing. 10-24.

Mishan, F. 2022. *Designing Authenticity into Language Learning Materials*. Beijing: Foreign Language Teaching and Researching Press.

Mishan, F. & I. Timmis. 2015. *Materials Development for TESOL*. Edinburgh: Edinburgh University Press.

Mislevy, R. J. & C. Yin. 2009. If language is a complex adaptive system, what is language assessment. *Language Learning 59*: 249-267.

Moon, J. 2008. *Critical Thinking*. London, England: Routledge.

Nation, I. S. P. 1990. *Teaching and Learning Vocabulary*. New York: Newbury House.

Nation, I. S. P. 2001. *Learning Vocabulary in Another Language*. Cambridge: Cambridge University Press.

National Reading Panel. 2000. *Teaching Children to Read: An Evidence-based Assessment of the Scientific Research Literature on Reading and Its Implications for Reading Instruction*. Washington, DC, U.S. Department of Health and Human Services.

Nicholas, D., I. Rowlands & H. R. Jamali. 2010. E-textbook use, information seeking behaviour and its impact: Case study business and management. *Journal of Information Science 36*: 263-280.

Norton, J. & H. Buchanan. 2022. Why do we need coursebooks? In J. Norton & H. Buchanan (eds.). *The Routledge Handbook of Materials Development for Language Teaching*. New York: Routledge. 49-64.

Oberg, A. & P. Daniels. 2013. Analysis of the effect a student-centred mobile learning instructional method has on language acquisition. *Computer Assisted Language Learning 26*: 177-196.

Obukhova, L., N. Lizunova & T. Moiseeva. 2019. Mobile learning as an effective tool of e-learning and a lever to gain skills in foreign languages. Paper presented in the Thirteenth International Technology, Education and Development Conference, Valencia, Spain, March 2019.

Odinokaya, M. A., E. A. Krylova, A. V. Rubtsova & N. I. Almazova. 2021. Using the discord application to facilitate EFL vocabulary acquisition. *Education Sciences 11*: 470.

Ohta, R., L. M. Plakans & A. Gebril. 2018. Integrated writing scores based on holistic and multi-trait scales: A generalizability analysis. *Assessing Writing 38*: 21-36.

Ornstein, A. C. 1987. *Questioning: The Essence of Good Teaching*. NASSP Bulletin, May.

Pack, A., A. Barrett, H. N. Liang & D. V. Monteiro. 2020. University EAP students' perceptions of using a prototype virtual reality learning environment to learn writing structure. *International Journal of Computer-Assisted Language Learning and Teaching (IJCALLT) 10*: 27-46.

Patchan, M. M, C. D. Schunn, W. Sieg & D. McLaughlin. 2015. The effect of blended instruction on accelerated learning. *Technology, Pedagogy and Education 25*: 1-18.

Paul, R. & I. Elder. 2001. *The Miniature Guide to Critical Thinking: Concepts and Tools*. Dillon Beach: Foundation for Critical Thinking.

Paul, R. & I. Elder. 2006. *Critical Thinking: Learn the Tools the Best Thinkers Use*. New Jersey: Pearson Prentice Hall.

Payant, C., K. McDonough, P. Uludag & R. Lindberg. 2019. Predicting integrated writing task performance: Source comprehension, prewriting planning, and individual differences. *Journal of English for Academic Purposes 40*: 87-97.

Peacock, M. 1997. The effect of authentic materials on the motivation of EFL learners. *ELT Journal 51*: 144-156.

Peterson, D. S. & B. M. Taylor. 2012. Using higher order questioning to accelerate students' growth in reading. *The Reading Teacher 65*: 295-304.

Phillips, A. N. & P. Sotiriou. 1992. *Steps to Reading Proficiency*. Belmont: Wadsworth Publishing Company.

Piccolo, D. L., A. P. Harbaugh, T. A. Carter, M. M. Capraro & R. M. Capraro. 2008. Quality of instruction: Examining discourse in middle school mathematics instruction. *Journal of Advanced Academics 19*: 376-410.

Pirozzi, R. 2003. *Critical Reading, Critical Thinking* (2nd edition). New York: Longman.

Plakans, L. 2008. Comparing composing processes in writing-only and reading-to-write test tasks. *Assessing Writing 13*: 111-129.

Plakans, L. 2009a. Discourse synthesis in integrated second language writing assessment. *Language Testing 26*: 561-587.

Plakans, L. 2009b. The role of reading strategies in integrated L2 writing tasks. *Journal of English for Academic Purposes 8*: 252-266.

Plakans, L. 2010. Independent vs. integrated writing tasks: A comparison of task representation. *Tesol Quarterly 44*: 185-194.

Plakans, L. & A. Gebril. 2012. A close investigation into source use in L2 integrated writing tasks. *Assessing Writing 17*: 18-34.

Plakans, L. & A. Gebril. 2013. Using multiple texts in an integrated writing assessment: Source text use as a predictor of score. *Journal of Second Language Writing 22*: 217-230.

Plakans, L., A. Gebril & Z. Bilki. 2019. Shaping a score: Complexity, accuracy, and fluency in integrated writing performances. *Language Testing 36*: 161-179.

Plakans, L., J. T. Liao & F. Wang. 2018. Integrated assessment research: Writing-into-reading. *Language Teaching 51*: 430-434.

Plakans, L., J. T. Liao & F. Wang. 2019. "I should summarize this whole paragraph": Shared processes of reading and writing in interative integrated assessment tasks. *Assessing Writing 40*: 14-26.

Poehner, M. E., J. Zhang, X. Lu. 2015. Computerized dynamic assessment (CDA): Diagnosing L2 development according to learner responsiveness to mediation. *Language Testing 32*: 337-357.

Poulson, L. & M. Wallace. 2004. Designing and writing about research: Developing a critical frame of mind. In L. Poulson & M. Wallace (eds.). *Learning to Read Critically in Teaching and Learning*. London: SAGE Publications. 2-36.

Pratiwi, D. I. & B. Waluyo. 2022. Integrating task and game-based learning into an online TOEFL preparatory course during the COVID-19 outbreak at two Indonesian higher education institutions. *Malaysian Journal of Learning and Instruction 19*: 37-67.

Prichard, C. & A. Atkins. 2016. Evaluating L2 readers' previewing strategies using eye tracking. *The Reading Matrix: An International Online Journal 16*: 110-130.

Prichard, C. & A. Atkins. 2018. L2 readers' global processing and selective attention: An eye tracking study. *Tesol Quarterly 52*: 445-456.

Prodromou, L. 1995. The washback effect: From testing to teaching. *ELT Journal 49*: 13-25.

Qian, D. D. 1998. *Depth of vocabulary knowledge:* Assessing its role in adults' reading comprehension in English as a second language. Unpublished doctoral thesis, University of Toronto.

Qian, D. D. 1999. Assessing the roles of depth and breadth of vocabulary knowledge in reading comprehension. *Canadian Modern Language Review 56*: 282-308.

Qian, D. D. 2002. Investigating the relationship between vocabulary knowledge and academic reading performance: An assessment perspective. *Language Learning, 52*: 513-536.

Qin, J. & E. Karabacak. 2010. The analysis of Toulmin elements in Chinese EFL university argumentative writing. *System 3*: 444-456.

Ranalli, J. 2018. Automated written corrective feedback: How well can students make use of it?. *Computer Assisted Language Learning 31*: 653-674.

Ranalli, J., H. H. Feng & E. Chukharev-Hudilainen. 2018. Exploring the potential of process-tracing technologies to support assessment for learning of L2 writing. *Assessing Writing 36*: 77-89.

Read, J. 1987. Towards a deeper assessment of vocabulary knowledge. Paper presented at the 8th World Congress of Applied Linguistics. Sydney, NSW, Australia, August, 1987.

Read, J. 1993. The development of a new measure of L2 vocabulary knowledge. *Language Testing 10*: 355-71.

Read, J. 1998. Validating a test to measure depth of vocabulary knowledge. In A. Kunnan (ed.). *Validation in Language Assessment: Selected Papers from the 17th Language Research Colloquium*. Mahwah: Lawrence Erlbaum. 41-60.

Read, J. 2000. *Assessing Vocabulary*. Cambridge: Cambridge University Press.

Reis, S. M. 2008. Talented readers. In J. A. Plucker & C. M. Callahan (eds.). *Critical Issues and Practices in Gifted Education: What the Research Says*. Waco: Prufrock Press. 655-667.

Révész, A., M. Michel & M. Lee. 2017. *Investigating IELTS Academic Writing Task 2: Relationships Between Cognitive Writing Processes, Text Quality, and Working Memory*. The British Council.

Révész, A., M. Michel & M. Lee. 2019. Exploring second language writers' pausing and revision behaviors. *Studies in Second Language Acquisition 41*: 605-631.

Richards, J. C. 1976. The role of vocabulary teaching. *TESOL Quarterly 10*: 77-89.

Ryabkova, G. V. 2020. The use of blended learning in EFL (Writing Skills): A case for Rosetta Stone software. *ARPHA Proceedings 3*: 2113-2120.

Sadler, R. 1989. Formative assessment and the design of instructional systems. *Instructional Science 18*: 119-144.

Sadler, R. 1998. Formative assessment: Revisiting the territory. *Assessment in Education 15*: 77-84.

Sambell, K. 2013. Engaging students through assessment. In E. Dunne & D. Owen (eds.). *The Student Engagement Handbook: Practice in Higher Education*. Bingley: Emerald Group. 379-396.

Saran, M., G. Seferoglu & K. Cagiltay. 2009. Mobile assisted language learning: English pronunciation at learners' fingertips. *Eurasian Journal of Educational Research (EJER) 34*: 97-114.

Sari, F. M. & A. Y. Wahyudin. 2019. Undergraduate students' perceptions toward blended learning through Instagram in English for business class. *International Journal of Language Education 3*: 64-73.

Schwegler, R. 2004. *Patterns of Exposition*. London: Person Education, Inc.

Scriven M. 1967. The Methodology of Evaluation. In R. W. Tyler, R. M. Gagne & M. Scriven (eds.). *Perspectives of Curriculum Evaluation*. Chicago: Rand McNally. 39-83.

Sheerah, H. A. H. 2020. Using blended learning to support the teaching of English as a foreign language. *Arab World English Journal (AWEJ) Special Issue on CALL*: 191- 211.

Shieh, D. 2009. These lectures are gone in 60 Seconds. *Chronicle of Higher Education 55*: 1-13.

Siegle, D. 2013. Technology-differentiating instruction by flipping the classroom. *Gifted Child Today 37*: 51-55.

Siegel, J. 2014. Exploring L2 listening instruction: Examinations of practice. *ELT Journal 68*: 22-30.

Smith, C. A. 2023. One does not simply teach idioms: Meme creation as innovative practice for virtual EFL learners. *RELC Journal 54:* 714-728.

Smith, C. D., K. Worsfold, L. Davies, R. Fisher & R. McPhail. 2013. Assessment literacy and student learning: The case for explicitly developing students "assessment literacy". *Assessment & Evaluation in Higher Education 38*: 44-60.

Spache, G. D. & P. C. Berg. 1984. *The Art of Efficient Reading*. New York: Machmillan Publishing Company.

Spitzberg, B. H. 2013. A model of intercultural communication competence. In L. A. Samovar, R. E. Porter, E. R. McDaniel & C. S. Roy (eds.). *Intercultural Communication: A Reader* (14th ed.). Boston: Cengage Learning. 343-354.

Spivey, N. N. & J. R. King. 1989. Readers as writers composing from sources. *Reading Research Quarterly 24*: 7-26.

Spolsky, B. 1995. *Measure Words*. Oxford: Oxford University Press.

Stapleton, P. 2001. Assessing critical thinking in the writing of Japanese university students: Insights about assumptions and content familiarity. *Written Communication 4*: 506-548.

Stevenson, M., R. Schoonen & K. Deglopper. 2006. Revising in two languages: A multi-dimensional comparison of online writing revisions in L1 and FL. *Journal of Second Language Writing 15*: 201-233.

Stiggins, R. J. 2002. Assessment crisis: The absence of assessment *for* learning. *Phi Delta Kappan 83*: 758-765.

Stiggins R. J. 2005a. From formative assessment to assessment for learning: A path to success in standard based schools. *Phi Delta Kappan 4*: 321-328.

Stiggins R. J. 2005b. *Student-involved Assessment for learning*. Upper Saddle River: Practice Hall.

Stoynoff, S & C. A. Chapelle (eds.). 2005. *ESOL Tests and Testing—A Resource for Teachers and Administrators*. Alexandria: TESOL Publications.

Stratton, R. P. & P. L. Nacke. 1974. The role of vocabulary knowledge in comprehension. In P. L. Nacke (ed.). *Interaction: Research and Practice for College-adult Reading*. Twenty-third yearbook of the National Reading Conference. Clemson: National Reading Conference.185-192.

Struck, J. M. & C. A. Little. 2011. Integrating higher order process skills and content. In J. VanTassel-Baska & C. A. Little (eds.). *Content-based Curriculum*. Waco: Prufrock Press. 71-99.

Stumpf, S. E. & J. Fieser. 2007. *Socrates to Sartre and Beyond: A History of Philosophy*. L.A.: McGraw-Hill.

Sun, J. C. Y. & K. Y. Chang. 2016. Design and development of a location-based mobile learning system to facilitate English learning. *Universal Access in the Information Society 15*: 345-357.

Suvorova, S., I. Kotlyarova, K. Volchenkova & A. Chuvashova. 2018. In search for a fast-paced approach to speaking: Mastering basic English communicating skills by blending classroom activities and online practice. Paper presented at the Tenth International Conference on Education and New Learning Technologies, Palma, Spain, July 2018.

Symonenko, S., N. Zaitseva, V. Osadchyi, K. Osadcha & E. Shmeltser. 2019. Virtual reality in foreign language training at higher educational institutions. Paper presented at the Second International Workshop on Augmented Reality in Education (AREdu), Kryvyi Rih, Ukraine, March 2019.

Thornbury, S. 2005. *How to Teach Speaking*. Harlow: Longman.

Thornton, P. & C. Houser. 2005. Using mobile phones in English education in Japan. *Journal of Computer Assisted Learning 21*: 217-228.

Tillema, M. 2012. Writing in first and second language: Empirical studies on text quality and writing processes. Ph.D. Dissertation. Utrecht: Utrecht University.

Timmis, I. 2005. Towards a framework for teaching spoken grammar. *ELT Journal 59*: 117-125.

Timmis, I. 2018. A text-based approach to grammar practice. In C. Jones (ed.). *Practice in Second Language Learning*. Cambridge: Cambridge University Press. 79-108.

Timmis, I. 2021. Writing materials for publication: Questions raised and lessons learned. In N. Harwood (ed.). *English Language Teaching Textbooks: Content, Consumption, Production*. Beijing: Foreign Language Teaching and Research Press. 242-262.

Timmis, I. 2022. Theory and practice in materials development. In J. Norton & H. Buchanan (eds.). *The Routledge Handbook of Materials Development for Language Teaching*. New York: Routledge. 30-46.

Tomlinson B. 2012. Materials development for language learning and teaching. *Language Teaching 45*: 143-179.

Tomlinson, B. 2017. Introduction. In A. Maley & B. Tomlinson (eds.). *Authenticity in Materials Development for Language Learning*. Newcastle-upon-Tyne: Cambridge Scholars Publishing. 1-9.

Toulmin, S. 1958. *The Uses of Argument*. Cambridge: Cambridge University Press.

Tsui, L. 2002. Fostering critical thinking through effective pedagogy: Evidence from four institutional case studies. *Journal of Higher Education 73*: 740-763.

Turner, C. E. & J. E. Purpura. 2016. Learning-oriented assessment in second and foreign language classrooms. In D. Tsagari & J. Banerjee (eds.). *Handbook of Second Language Assessment*. Berlin: de Gruyter. 255-272.

Turuk, M. 2008. The relevance and implications of Vygotsky's sociocultural theory in the second language classroom. *Annual Review of Education, Communication & Language Sciences 5*: 244-262.

van den Bergh, H., G. Rijlaarsdam & E. van Steendam. 2016. Writing process theory: A functional dynamic approach. In C. A. MacArthur, S. Graham & J. Fitzgerald (eds.). *Handbook of Writing Research*. New York: The Guilford Press. 57-72.

van der Hoeven, J. 1999. Differences in writing performance: Generating as an indicator. In M. Torrance & D. Galbraith (eds.). *Knowing What to Write: Conceptual Processes in Text Production*. Amsterdam: Amsterdam University Press. 65-77.

Vandergrift, L. 2007. Recent developments in second and foreign language listening comprehension research. *Language Teaching 40*: 191-210.

Vaseghi R., R. Gholami & H. Barjesteh. 2012. Critical thinking: An influential factor in developing English. *Advances in Asian Social Science 2*: 401-410.

Vaughan, N. A. Reali, S. Stenbom, M. J. van Vuuren & D. MacDonald. 2017. Blended learning from design to evaluation: International case studies of evidence-based practice. *Online Learning 21*: 103-114.

Vymetalkova, D. & E. Milkova. 2016. MyEnglishLab component used in the distant part of blended learning. Paper presented at the Fifth International Conference, Rome, Italy, October 2016.

Vymetalkova, D. & E. Milkova. 2019. Experimental verification of effectiveness of English language teaching using MyEnglishLab. *Sustainability 11*: 1357.

Wahyuni, E. 2018. Improving students' independence and collaboration with blended learning. Paper presented at the Fifth International Conference on Community Development, Paris, France, July 2018.

Wallace, C. 2003. *Critical Reading in Language Education*. Palgrave: Macmillan.

Wang, C. & M. Wang. 2015. Effect of alignment on L2 written production. *Applied Linguistics 36*: 503-526.

Wassman, R. & A. Paye. 1985. *A Reader's Handbook*. New York: Harper Collins Publishers.

Wei W. 2017. Can integrated skills tasks change students' learning strategies and materials?. *The Language Learning Journal 45*: 336-351.

Weigle, S. C. 2002. *Assessing Writing*. Cambridge: Cambridge University Press.

Weigle, S. C. & K. Parker. 2012. Source text borrowing in an integrated reading/ writing assessment. *Journal of Second Language Writing 21*: 118-133.

Weir, C. J. 2005. *Language Testing and Validation: An Evidence-Based Approach*. New York: Palgrave Macmillan.

Wen, Q. F. 2014. Production-oriented approach to teaching Chinese adult learners. A Keynote speech at the 7th International Conference on English Language Teaching in China. Nanjing: October. 23-26.

Wengelin, Å., M. Torrance, K. Holmqvist, S. Simpson, D. Galbraith, V. Johansson & R. Johansson. 2009. Combined eyetracking and keystroke-logging methods for studying cognitive processes in text production. *Behavior Research Methods 41*: 337-351.

Wesche, M. & T. S. Paribakht. 1996. Assessing second language vocabulary knowledge: Depth versus breadth. *Canadian Modern Language Review 53*: 13-40.

Wiliam, D. 2007. Changing classroom practice. *Educational Leadership 65*: 36-42.

Wiliam, D. 2010. An integrative summary of the research literature and implications for a new theory of formative assessment. In H. L. Andrade & G. J. Cizek (eds.). *Handbook of Formative Assessment*. New York: Routledge. 18-40.

Wiliam, D. & M. Thompson. 2007. Integrating assessment with learning: What will it take to make it work?. In C. A. Dwyer (ed.). *The Future of Assessment: Shaping Teaching and Learning*. New York: Routledge. 53-82.

Wiliam, D., C. Lee, C. Harrison & P. Black. 2004. Teachers developing assessment for learning: Impact on student achievement. *Assessment in Education: Principles, Policy & Practice 11*: 49-65.

Wilson, D. & P. J. Black. 1996. Meanings and consequences: A basis for distinguishing formative and summative functions of assessment. *British Educational Research Journal 22*: 537-554.

Wold, K. A. 2011. Blending theories for instructional design: Creating and implementing the structure, environment, experience, and people (SEEP) model. *Computer Assisted Language Learning 24*: 371-382.

Wolfe-Quintero, K., S. Inagaki & H-Y. Kim. 1998. *Second Language Development in Writing: Measures of Fluency, Accuracy, and Complexity.* Honolulu: University of Hawaii Press.

Wolfersberger, M. 2013. Refining the construct of classroom-based writing-from-readings assessment: The role of task representation. *Language Assessment Quarterly 10*: 49-72.

Wu, Z. W. 2019. Lower English proficiency means poorer feedback performance? A mixed-methods study. *Assessing Writing 41*: 14-24.

Xodabande, I. & M. R. Hashemi. 2022. Learning English with electronic textbooks on mobile devices: Impacts on university students' vocabulary development. *Education and Information Technologies 28*: 1587-1611.

Xu, J. 2011. The application of critical thinking in teaching English reading. *Theory and Practice in Language Studies 1*: 136-141.

Yan, X. 2014. An examination of rater performance on a local oral English proficiency test: A mixed-methods approach. *Language Testing 4*: 501-527.

Yan, X. & Fan, J. 2020. "Am I qualified to be a language tester?": Understanding the development of language assessment literacy across three stakeholder groups. *Language Testing 38*: 219-246.

Yang, H. C. & L. Plakans. 2012. Second language writers' strategy use and performance on an integrated reading-listening-writing task. *TESOL Quarterly 46*: 80-103.

Yang, Y-T. C., Y-C. Chuang, L-Y. Li & S-S. Tseng. 2013. A blended learning environment for individualized English listening and speaking integrating critical thinking. *Computers & Education 63*: 285-305.

Ye, W. & W. Ren. 2019. Source use in the story continuation writing task. *Assessing Writing 39*: 39-49.

Yoon, E. & H. K. Lee. 2013. Do effects of self-assessment differ by L2 language level? A case of Korean learners of English. *The Asia-Pacific Education Researcher 22*: 731-739.

York, J., F. J. Poole & J. W. DeHaan. 2021. Playing a new game — An argument for a teacher-focused field around games and play in language education. *Foreign Language Annals 54*: 1164-1188.

Yu, G. 2013a. From integrative to integrated language assessment: Are we there yet? *Language Assessment Quarterly 10*: 110-114.

Yu, G. 2013b. The use of summarization tasks: Some lexical and conceptual analyses. *Language Assessment Quarterly 10*: 96-109.

Yu, S. & G. Hu. 2017. Understanding university students' peer feedback practices in EFL writing: Insights from a case study. *Assessing Writing 33*: 25-35.

Zarrabi, F. & H. Bozorgian. 2020. EFL students' cognitive performance during argumentative essay writing: A log-file data analysis. *Computers and Composition 55*: 102546.

Zhang, Z. V. 2020. Engaging with automated writing evaluation (AWE) feedback on L2 writing: Student perceptions and revisions. *Assessing Writing 43*: 100439.

Zhao, H. 2014. Investigating teacher-supported peer assessment for EFL writing. *ELT Journal 68*: 155-168.

Zou, S. 2005. An Interactive Approach to Test Validation—Re-examining the test usefulness of the TEM4 reading component. Ph.D Dissertation. Shanghai: Shanghai International Studies University.

白丽茹，2012，大学英语写作中同伴互评反馈模式测量评价表的编制，《现代外语》（2）：184-192+220。

白丽茹，2013，基础英语写作同伴互评反馈模式的可行性及有效性检验，《解放军外国语学院学报》（1）：51-56。

鲍敏、李霄翔，2017，信息化环境下数字化大学英语教材研究，《外语电化教学》（3）：80-84+96。

曹荣平、张文霞、周燕，2004，形成性评估在中国大学非英语专业英语写作教学中的运用，《外语教学》（5）：82-87。

常俊跃，2018，对《国标》框架下外语院校英语专业课程设置的思考，《外语教学》（1）：60-64。

常俊跃、陈胜国，2012，"内容依托"阅读教学改革对学生批判性思维技能发展的影响。载侯毅凌等（编），《英语阅读教学与思辨能力培养研究》。北京：外语教学与研究出版社。45-63。

陈琳、王运武，2015，面向智慧教育的微课设计研究，《教育研究》（3）：127-130。

陈文婷，2023，新形态外语教材的使用评估研究：高校师生视角。载杨莉芳（编），《新形态外语教材研究》。北京：外语教学与研究出版社。177-204。

陈晓、余璐、黄甫全，2015，论学习化评估的缘起、原理与方法，《教育科学研究》（1）：48-54+70。

陈亚平，2016，教师提问与学习者批判性思维能力的培养，《外语与外语教学》（2）：87-96。

陈忆浓、张玉双，2022，虚拟仿真实验教学对本科生外语学习绩效的影响机制研究，《外语电化教学》（4）：52-57。

陈悦、陈超美、胡志刚、王贤文，2014，《引文空间分析原理与应用：Citespace 实用指南》。北京：科学出版社。

陈则航、程晓堂，2015，英语专业基础课程教学：问题与对策，《外语界》（6）：11-18。

陈智敏、吕巾娇、刘美凤，2014，我国高校教师微课教学设计现状研究，《现代教育技术》（8）：20-27。

戴朝晖，2019，智慧教育视域下的大学英语口译教学探索，《上海翻译》（3）：67-73。

单小艳、李文艳，2016，大学英语移动化自主学习模式及其教学有效性研究，《黑龙江高教研究》（6）：171-173。

邓隽、黄昌朝、李娜，2012，网络环境下大学英语学习者自主学习的适应性分析，《外语电化教学》（1）：47-51。

邓鹂鸣、岑粤，2010，同伴互评反馈机制对中国学生二语写作能力发展的功效研究，《外语教学》（1）：59-63。

丁邦平，2008，从"形成性评价"到"学习性评估"：课堂评价理论与实践的新发展，《课程·教材·教法》（9）：20-25。

杜中全、云天英、王晓来，2012，论网络环境下的大学英语自主学习，《中国电化教育》（6）：112-114。

范能维、王爱琴，2017，国标背景下英语专业课程模块设计与思辨能力培养融合的探索，《外语界》(1)：7-14。

范烨、彭华，2023，外语自主学习中心的构建及发展研究，《外语电化教学》(1)：32-39+109。

方海光、吴淑苹、李玉顺，2009，基于 EML 构建移动学习资源对象单元的研究，《现代教育技术》(12)：75-79。

冯晓英、王瑞雪、吴怡君，2018，国内外混合式教学研究现状述评——基于混合式教学的分析框，《远程教育杂志》(3)：13-24。

高琳琳、高晓媛、解月光、张明宇，2019，回顾与反思：微课对学习效果影响的研究——基于 38 篇国内外论文的元分析，《现代远距离教育》(1)：37-45。

高永晨，2014，中国大学生跨文化交际能力测评体系的理论框架构建，《外语界》(4)：80-88。

顾晓乐，2017，外语教学中跨文化交际能力培养之理论和实践模型，《外语界》(1)：79-88。

顾永琦、李加义，2020，形成性评估的效度验证方法，《外语教育研究前沿》(4)：57-63。

关中客，2011，微课程，《中国信息技术教育》(17)：14。

郭纯洁，2007，《有声思维法》。北京：外语教学与研究出版社。

郭茜、杨志强，2003，试论形成性评价及其对大学英语教学与测试的启示，《清华大学教育研究》(5)：103-108。

郭文革、杨璐、唐秀忠、李海潮，2022，数字教学法：一种数字时代的教学法及一种教学法的数字教材，《中国电化教育》(8)：83-91。

韩宝成，2000，语言测试：理论、实践与发展，《外语教学与研究》(1)：47-52。

韩宝成，2018，整体外语教育及其核心理念，外语教学 (2)：52-56。

韩宝成、张允，2015，高考英语测试目标和内容设置框架探讨，《外语教学与研究》(3)：426-436。

韩晔、高雪松，2022，外语教师混合式教学认知与实践研究述评，《外语与外语教学》(1)：74-83+149。

韩中保、韩扣兰，2014，基于 Blending Learning 的微课设计研究，《现代教育技术》(1)：53-59。

何高大、钟志英，2007，多媒体技术环境下大学英语教与学的适应性研究，《外语界》(2)：9-17。

何佳佳，2019，基于 Peerceptiv 在线同伴互评系统的学术英语写作个性化辅导模式研究，《外语电化教学》(2)：25-33。

何克抗，2004，从 Blending Learning 看教育技术理论的新发展 (上)，《电化教育研究》(3)：1-6。

何莲珍，2019，语言考试与语言标准对接的效度验证框架，《现代外语》(5)：660-671。

何莲珍，2020a，新时代大学英语教学的新要求———《大学英语教学指南》修订依据与要点，《外语界》(4)：13-18。

何莲珍，2020b，准确识变，科学应变 变局中的大学英语教学，《外国语》(5)：2-7。

何莲珍、孙悠夏，2015，提示特征对中国学生综合写作任务的影响研究，《外语教学与研究》(2)：237-250。

何强生、刘晓莉，2003，批判性阅读及其策略，《当代教育科学》(19)：54-55。

何英团、周远梅，2010，探究式教学模式在大学英语教学中的应用研究，《现代教育技术》(11)：96-99。

胡杰辉，2021，混合式外语教学的理论内涵与研究范式，《外语界》(4)：2-10。

胡君，2014，基于认知负荷理论的"质量守恒定律"微课教学设计，《课程教学研究》(9)：47-51。

胡畔、柳泉波，2018，"教育云服务 + 云终端"模式下的数字教材研究，《现代教育技术》(3)：85-91。

胡铁生，2011，"微课"：区域教育信息资源发展的新趋势，《电化教育研究》(10)：61-65。

胡文仲，2013，跨文化交际能力在外语教学中如何定位，《外语界》(6)：2-8。

胡苑艳、曹新宇，2021，线上线下混合式教学中的同伴中介研究：活动理论视角，《外语与外语教学》(4)：124-135+151。

胡壮麟，2005，新世纪的大学英语教材，《外语与外语教学》(11)：24-27。

黄明东、蔺全丽、李晓锋，2022，高校新形态教材的特征、发展态势与建设路径，《出版科学》(2)：32-39。

黄源深，1998，思辨缺席，《外语与外语教学》(7)：1。

黄源深，2010，英语专业课程必须彻底改革——再谈"思辨缺席"，《中国外语》(1)：14-15。

季佩英、潘海英，2023，《新未来大学英语综合教程 3B》。北京：外语教学与研究出版社。

江进林，2019，高校英语教师测评素养现状及其影响因素研究，《外语界》（6）：18-26。

蒋洪新、杨安、宁琦，2020，新时代外语教育的战略思考，《外语教学与研究》（1）：12-16。

教育部高等学校大学外语教学指导委员会，2020，《大学英语教学指南（2020版）》。北京：高等教育出版社。

金利民、杨莉芳、崔琳琳、孙旻，2023，《新标准大学英语综合教程3》（第三版）。北京：外语教学与研究出版社。

金艳，2021，外国语言文学类专业本科教学评价——理念与实践，《中国外语》（3）：4-15。

金艳、孙杭，2020，外语课堂评估研究（2007—2018）：回顾与展望，《东北师大学报（哲学社会科学版）》（5）：166-173。

拉尔夫·泰勒，1994，《课程与教学的基本原理》。北京：人民教育出版社。

黎宇珍、贾积有、蒋学清，2022，国内大学英语混合式教学研究述评与展望（2001—2021），《外语电化教学》（3）：58-63+111。

李爱萍，2020，新技术时代移动智慧学习：资源建设与环境营造——以"任我学"APP微视频资源运用为例，《教育学术月刊》（2）：106-111。

李朝晖，2012，英语精读教学过程中的思辨能力培养。载侯毅凌等（编），《英语阅读教学与思辨能力培养研究》。北京：外语教学与研究出版社。64-73。

李琛，2023，研究生公共外语教师的新形态教材使用研究。载杨莉芳（编），《新形态外语教材研究》。北京：外语教学与研究出版社。157-176。

李晨、陈坚林，2017，大学英语教学生态系统中学生生态位研究，《外语电化教学》（5）：15-22。

李杰、陈超美，2017，《CiteSpace科技文本挖掘及可视化（第二版）》。北京：首都经济贸易大学出版社。

李莉文，2011，英语写作中的读者意识与思辨能力培养——基于教学行动研究的探讨，《中国外语》（3）：66-73。

李绿山、赵蔚、刘凤娟，2022，基于学习分析的大学英语网络学习可视化监控和反馈研究，《外语电化教学》（2）：23-31。

李民、王文斌，2018，关于构建外语教育学若干问题的思考，《外语与外语教学》（2）：7-14。

李清华，2012，形成性评估的现状与未来，《外语测试与教学》(3)：1-7+26。

李睿，2014，大学英语教材辅助移动学习资源系统建设，《科技与出版》(08)：107-110。

李绍山，2005，语言测试的反拨作用与语言测试设计，《外语界》(1)：71-75。

李文光、张情、李洪娟，2012，富交互型网络学习环境探索与实证研究——基于大学英语实践能力培养的视角，《远程教育杂志》(4)：79-86。

李艳叶，2015，基于故事教学法的中学英语微课设计，《中国教育学刊》(6)：3-4。

李荫华，2022，大学英语教材编写回眸：实践与探索。载查明建（编），《外语教材研究》(第一辑)。上海：上海外语教育出版社。12-36。

林娟、战菊，2015，"活动"中的英语写作教材评估与使用——来自高校英语教师的声音，《现代外语》(6)：790-801。

林莉兰，2012，关于我国大学英语自主学习中心建设的思考，《中国电化教育》(11)：104-108。

林莉兰，2013，高校语言自主学习中心的定位及建设——基于一项学习资源的调查，《中国外语》(4)：78-85。

林晓、何莲珍，2017，论大学英语课堂中的思辨能力培养，《西安外国语大学学报》(1)：61-66。

林岩，2012，口语教学与思辨能力培养——一项对英语辩论课程中学生反思日志的研究，《外语与外语教学》(5)：29-33。

刘红霞、赵蔚、陈雷，2014，基于"微课"本体特征的教学行为设计与实践反思，《现代教育技术》(2)：14-19。

刘建达、韩宝成，2018，面向运用的中国英语能力等级量表建设的理论基础，《现代外语》(1)：78-90。

刘建达、杨满珍，2010，做事测试评卷中的质量控制，《外语电化教学》(1)：26-32。

刘敏、吴始年，2020，英语教学形成性评价云端测评模式构建，《外语教学》(5)：71-75。

刘庆涛，2015，关于微课设计的探索分析，《中国信息技术教育》(1)：33。

刘森、牛子杰，2018，优化英语语音教学多元评价模式的实证研究，《外语教学理论与实践》(4)：62-68。

刘伟、郭海云，2006，批判性阅读教学模式实验研究，《外语界》(3)：14-23。

刘晓民，2013，论大学英语教学思辨能力培养模式构建，《外语界》(5)：59-66。

卢海燕，2014，基于微课的"翻转课堂"模式在大学英语教学中应用的可行性分析，《外语电化教学》(7)：33-36。

马武林、张晓鹏，2011，大学英语混合式学习模式研究与实践，《外语电化教学》(3)：50-57。

马晓雷、陈颖芳、侯俊霞、张宗波，2016，基于 CiteSpace 的二语习得研究可视化分析（1970—2014），《解放军外国语学院学报》(1)：121-129。

孟祥增、刘瑞梅、王广新，2014，微课设计与制作的理论与实践，《远程教育杂志》(6)：24-32。

牛瑞英、张蕊，2018，二语写作教师书面反馈焦点、策略及成效个案研究，《解放军外国语学院学报》(3)：91-99。

潘鸣威、吴雪峰，2019，中国英语能力等级量表在中小学英语形成性评价中的应用——以写作能力为例，《外语界》(1)：89-96。

彭青龙，2016，论《英语类专业本科教学质量国家标准》的特点及其与学校标准的关系，《外语教学与研究》(1)：109-117。

秦秀白、蒋静仪、肖锦银、崔岭，2010，加强评判性阅读，提高学生的思辨能力——"新世纪大学英语系列教材"《综合教程》第五、六册简介，《外语界》(2)：83-86。

饶国慧，2020，基于混合式学习的教材出版融合创新之路——以上海外语教育出版社"新目标大学英语系列教材"为例，《出版广角》(5)：53-55。

任文，2013，再论外语专业学生的思辨能力"缺席"还是"在场"？兼论将思辨能力培养纳入外语专业教育过程——以英语演讲课为例，《中国外语》(1)：10-17。

阮全友，2012，构建英语专业学生思辨能力培养的理论框架，《外语界》(1)：19-26。

单丽雯，2017，基于移动端的高校教材出版创新：数字化、微课化——以大学英语教材为例，《中国出版》(18)：41-44。

申昌英，2012，英语专业精读教学与思辨能力培养的现状调查：教师和学生的双重视角。载侯毅凌等（编），《英语阅读教学与思辨能力培养研究》。北京：外语教学与研究出版社。9-23。

沈鞠明、高永晨，2015，基于知行合一模式的中国大学生跨文化交际能力测评量表构建，《中国外语》(3)：14-21。

沈欣忆、苑大勇、陈晖，2022，从"混合"走向"融合"：融合式教学的设计与实践，《现代教育技术》（4）：40-49。

宋毅，2012，英语口语教学中交流学理论对提高学生思辨能力的作用，外语与外语教学（5）：34-38。

隋晓冰、程璐璐，2019，作文自动批改系统辅助大学英语写作慕课的交互式教学模式研究，《现代教育技术》（2）：66-71。

隋晓冰、周天豪，2012，外语教材的研发与学生外语能力的培养——基于我国高校主要外语教材的分析与探讨，《外语电化教学》（6）：52-59。

孙杭，2019，英语阅读诊断测评中学生的认知过程，《外语教育研究前沿》（4）：25-32+91。

孙曙光，2017，"师生合作评价"课堂反思性实践研究，《现代外语》（3）：397-406。

孙亚玲，2008，《课堂教学有效性标准研究》。北京：教育科学出版社。

孙有中，2011，突出思辨能力培养，将英语专业教学改革引向深入，《中国外语》（3）：49-58。

孙有中，2014，英语教育十大关系——英语专业教学质量国家标准的基本原则初探，《中国外语教育》（1）：3-10。

孙有中，2016，外语教育与跨文化能力培养，《中国外语》（3）：1+17-22。

孙有中，2017，人文英语教育论，《外语教学与研究》（6）：859-870。

孙有中，2019a，思辨英语教学原则，《外语教学与研究》（6）：825-837+959。

孙有中，2019b，振兴发展外国语言文学类本科专业：成就、挑战与对策，《外语界》（1）：2-7。

孙有中，2019c，落实《国标》要求，大力提高外国语言文学类专业人才培养能力，《中国外语》（5）：36-42。

孙有中，2020，课程思政视角下的高校外语教材设计，《外语电化教学》（6）：46-51。

孙有中、金利民，2010，英语专业的专业知识课程设置改革初探，《外语教学与研究》（4）：303-305。

谭萍，2017，语言教材评价的哲学和语言学观照——以 Cunningsworth 教材评价框架为例，《外语界》（6）：87-94。

唐雄英，2005，语言测试的后效研究，《外语与外语教学》（7）：55-59。

田朝霞，2018，"英语演讲"课在中国高校的本土化再研讨——形成性评估课程设计与实施，《外语教育研究前沿》（1）：26-34。

涂艳国，2007，《教育评价》。北京：高等教育出版社。

汪洋，2019，探究读写结合写作任务在高考英语中的运用——以高考英语（上海卷）概要写作为例，《外语测试与教学》（4）：31-39。

王博佳，2019，口语思辨"一体化"教学对议论文写作反哺性的实证研究——基于思辨模型和产出导向法理论，《外语教学》（5）：51-56。

王初明，2012，读后续写——提高外语学习效率的一种有效方法，《外语界》（5）：2-7。

王初明、亓鲁霞，2013，读后续写题型研究，《外语教学与研究》（5）：707-718。

王海萍，2017，语言测试学中的认知过程研究述评，《外语测试与教学》（2）：38-44+64。

王海啸、王文宇，2022，创新创优 共建共享——"项目式大学英语教学模式改革虚拟教研室"建设路径探索，《外语界》（04）：8-15。

王嘉琦、顾晓梅、王永祥，2020，混合学习情景下英语视听资源的个性化协同推荐研究，《外语电化教学》（3）：54-60+9。

王骏，2012，在阅读中培养思辨能力需要的元认知知识，《当代外语研究》（8）：37-40。

王薇、鲍彦，2020，国内生态学视角外语教学的特征和趋势——基于 CiteSpace 的可视化分析，《外语研究》（5）：52-59。

王艳，2018，以语言能力、思辨能力和跨文化能力为目标构建外语听力教学新模式，《外语教学》（6）：69-73。

王艳素、王丹、吴理好，2022，混合式外语教学中思辨策略赋能 CLIL 模式的实践探究，《外语电化教学》（3）：71-76。

文秋芳，2007，输出驱动假设和问题驱动假设——论述新世纪英语专业课程设置与教学方法的改革，"首届全国英语专业院系主任高级论坛"大会发言，上海，2007 年 5 月 12 日。

文秋芳，2008，输出驱动假设与英语专业技能课程的改革，《外语界》（2）：2-9。

文秋芳，2011，《文献阅读与评价》课程的形成性评估：理论与实践，《外语测试与教学》（3）：39-49。

文秋芳，2013，输出驱动假设在大学英语教学中的应用：思考与建议，《外语界》（6）：14-22。

文秋芳，2014，输出驱动-输入促成假设：构建大学外语课堂教学理论的尝试，《中国外语教育》（2）：1-12。

文秋芳，2015a，构建"产出导向法"理论体系，《外语教学与研究》（4）：547-558。

文秋芳，2015b，微课在外语教学中的应用：原则、设计与评价，讲座。

文秋芳，2016，"师生合作评价"："产出导向法"创设的新评价形式，《外语界》（5）：37-43。

文秋芳、任庆梅，2011，探究我国高校外语教师互动发展的新模式，《现代外语》（1）：83-90。

文秋芳、王海妹、王建卿、赵彩然、刘艳萍，2010，我国英语专业与其他文科类大学生思辨能力的对比研究，《外语教学与研究》（5）：350-355。

吴秀兰，2008，形成性评价在国内高校外语教学中的应用研究综述，《外语界》（3）：91-96。

夏传真，2015，基于认知信息加工学习理论指导下的大学英语微课教学模式研究，《教育教学论坛》（6）：161-162。

夏燕、王小英，2019，阅读日志对学生思辨倾向发展的作用研究，《外语教育研究前沿》（2）：333-339。

解冰、高瑛、贺文婧、梁忠庶，2020，英语写作同伴互评感知量表的编制与探索性应用，《外语教学》（3）：67-72。

熊开武，2014，微课在小学信息技术教学中的设计与应用，《中国信息技术教育》（6）：161-162。

徐金雷，2018，国际学科教学知识的文献计量研究，《课程·教材·教法》（3）：132-138。

徐锦芬、范玉梅，2017，大学英语教师使用教材任务的策略与动机，《现代外语》（1）：91-101。

徐锦芬、刘文波，2023，外语教材使用：分析框架与研究主题，《现代外语》（1）：132-142。

徐劲，2021，教育出版的未来模式——基于超媒体技术的新形态一体化教材出版，《出版发行研究》（1）：36-42。

徐一洁、杜灏，2023，新形态外语教材的技术实现。载杨莉芳（编），《新形态外语教材研究》。北京：外语教学与研究出版社。36-58。

徐一洁、谢芸、张晓帆、周园园、刘嘉秀、东京，2023，基于不同学习群体的新形态教材编写研究。载杨莉芳（编），《新形态外语教材研究》。北京：外语教学与研究出版社。1-35。

闫国利、熊建萍、臧传丽、余莉莉、崔磊、白学军，2013，阅读研究中的主要眼动指标评述，《心理科学进展》（4）：589-605。

杨港、彭楠，2021，数字时代高校外语教材研究的自传式叙事范式，《当代外语研究》（2）：96-105+112。

杨华、文秋芳，2014，目标在外语课堂即时形成性评估中的动态变化特征及方式，《外语教学与研究》（3）：389-400。

杨开城、陈宝军，2019，论信息化教育的数据基础，《现代远程教育研究》（4）：19-25。

杨莉芳，2011，精读课堂活动评价的实证研究。载张中载、孙有中（主编），《北外英文学刊》。北京：外语教学与研究出版社。38-50。

杨莉芳，2015，阅读课堂提问的认知特征与思辨能力培养，《中国外语》（2）：68-79。

杨莉芳，2018，融合思辨能力与跨文化交流能力的语言测试任务设计——以"国际人才英语考试"为例，《外语界》（2）：49-56。

杨莉芳（编），2023a，《新形态外语教材研究》。北京：外语教学与研究出版社。

杨莉芳，2023b，大学英语教材形成性评价活动研究，《外语教育研究前沿》（4）：82-89。

杨莉芳、胡杰辉，2021，《新未来大学英语综合教程 3A》，北京：外语教学与研究出版社。

杨莉芳、王婷婷，2022a，国内外外语教学课堂评价研究可视化分析（2008—2020），《外语教育研究前沿》（2）：34-41。

杨莉芳、王婷婷，2022b，基于复合型构念的语言测试任务效度研究：评分结果与过程，《外语界》（6）：81-89。

杨莉芳、杨华，2023，《大学英语听说教程 4》（第二版）。北京：外语教学与研究出版社。

杨满珍、刘建达，2019，基于形成性评价的大学英语教学实践探究，《外语电化教学》（3）：97-102。

杨晓红，2009，促进大学英语教学效能的认知工具研究，《外语电化教学》（2）：33-37。

杨孝堂，2001，开放教育课程形成性考核情况述评，中国远程教育（12）：30-33。

杨宗凯，2021，《教育新基建：高质量教育体系的支撑力量》。北京：科学出版社。

叶蓉、李晓妹，2012，现代教育技术条件下英语自主学习中心的科学管理，《中国外语》（5）：78-82。

易焱，2012，从近期教育学、阅读教学理论和研究成果看北外的精读课程。载侯毅凌等（编），《英语阅读教学与思辨能力培养研究》。北京：外语教学与研究出版社。74-97。

于书林、Icy Lee，2013，基于社会文化活动理论的二语写作同伴反馈系统模型构建，《山东外语教学》（5）：24-29。

于文浩、张祖忻，2009，新理念大学英语网络教学系统的功能改进设计，《开放教育研究》（4）：80-85。

俞理明、曹勇衡、潘卫民，2013，《什么是应用语言学》。上海：上海外语教育出版社。

曾文婕、黄甫全，2015，学本评估：缘起、观点与应用，《课程·教材·教法》（6）：33-41。

张琛、刘正，2014，微课的设计与制作——以《火车过桥问题》为例，《教育理论与实践》（23）：60-61。

张传根，2021，混合式外语教材出版路径研究，《编辑学刊》（5）：87-92。

张福会、夏文静，2012，二语写作思辨能力教学策略，《东北师大学报》（5）：236-239。

张虹、李会钦、何晓燕，2021a，我国高校本科英语教材存在的问题调查，《外语与外语教学》（1）：65-75。

张虹、李会钦、何晓燕，2021b，高校英语教材使用及其影响因素调查研究，《外语教学》（4）：64-69。

张敬源、王娜、曹红晖，2017，大学英语新形态一体化教材建设探索与实践——兼析《通用学术英语》的编写理念与特色，《中国外语》（2）：81-85。

张莲、李东莹，2019，CLIL 框架下语言、思辨和学科能力的协同发展，《外语教育研究前沿》（2）：16-24。

张琳、金艳，2016，基于交互观的口语互动能力构念界定，《外语学刊》（2）：103-108。

张庆宗，2023，《外语学与教的心理学原理》。北京：外语教学与研究出版社。

张胜、赵珏，2020，智慧教育管理体系的可视化探究——以湖南工商大学为例，《现代教育技术》（8）：80-85。

张帅、唐锦兰、王琦，2022，教育技术在外语教育学中的内涵、定位及作用，《外语教学》（4）：56-61。

张爽、张奂奂、张增田，2022，基于知识图谱的国内外数字教材研究，《开放教育研究》（5）：105-112。

张文霞、罗立胜，2004，关于大学英语教学现状及其发展的几点思考，《外语界》
　　（3）：2-7+39。

张晓君、李雅琴、王浩宇、丁雪梅，2014，认知负荷理论视角下的微课程多媒体课
　　件设计，《现代教育技术》（9）：42-44。

张新玲、张思雨，2017，综合性读写结合写作能力构念实证研究———中国英语能
　　力等级量表框架视角，《外语界》（5）：22-31。

张新玲、周燕，2012，英语综合性听 / 读-写测试任务研究述评，《外语测试与教学》
　　（1）：21-26。

章木林、邓鹏鸣，2018，自主学习中心环境下大学生英语学习动机减退现象研究：
　　基于泛在学习视角，《现代教育技术》（2）：68-74。

赵玲，2010，基于网络学习共同体的大学英语教学模式研究，《开放教育研究》（5）：
　　72-76。

赵衢、邓彦君、金慧，2022，基于知识图谱的国内外电子教材研究综述———现状与启
　　示，载查明建（编），《外语教材研究》（第一辑）。上海：上海外语教育出版社。
　　104-120。

赵舒静，2018，基于纸质媒介与数字资源的混合式教学模式新探——"全新版大学
　　进阶英语"的融合创新之路，《外语界》（2）：93-96。

赵雯、刘建达，2022，《大学外语课程思政教学指南》内容重点研制与阐释，《外语界》
　　（3）：12-19。

郑东辉，2014，试论课堂评价与教学的关系，《课程·教材·教法》（12）：33-38。

郑晓红，2018，跨文化交际视角下的教材评价研究———与 Michael Byram 教授的学
　　术对话及其启示，《外语界》（2）：80-86。

中国外语测评中心，2018，《国际人才英语考试官方指南》。北京：外语教学与研究
　　出版社。

钟绍春、张琢、唐烨伟，2014，微课设计和应用的关键问题思考，《中国电化教育》
　　（12）：85-88。

周季鸣、束定芳，2019，同伴互评中的教师实践与学生认识互动研究，《外语界》（5）：
　　64-71。

周晓玲，2019，新时代大学英语课程智慧教育体系构建———以人-机-环境系统为视角，
　　《社会科学家》（5）：149-154。

朱琳、徐鹰、韩金龙，2021，外语教学与信息技术的深度融合路径研究———学术英
　　语教学改革与实践，《外语界》（2）：46-53+62。

祝智庭、胡姣，2021，技术赋能后疫情教育创变：线上线下融合教学新样态，《开放教育研究》(1)：13-23。

祝智庭、罗红卫、王诚谦，2022，外语教育数字化转型与融合创新，《外语电化教学》(4)：7-17+110。

附录 1　读写综合沟通任务的阅读过程

过程	数量	占比
R-A. 阅读元认知活动	**1113**	**75.41%**
R-A1. 目标检查–监控	**207**	**14.02%**
R-A1.1 监控目标设定	100	6.78%
R-A1.2 监控理解	107	7.25%
R-A2. 目标设定–细读	**477**	**32.32%**
R-A2.1 局部细读	395	26.76%
R-A2.2 全面细读	82	5.56%
R-A3. 目标设定–速读	**429**	**29.07%**
R-A3.1 局部速读	201	13.62%
R-A3.1.1 浏览	98	6.64%
R-A3.1.2 局部寻读	103	6.98%
R-A3.2 全面速读	228	15.45%
R-A3.2.1 跳读	167	11.31%
R-A3.2.2 全面寻读	61	4.13%
R-B. 阅读认知活动	**340**	**23.04%**
R-B1. 阅读低级认知过程	**70**	**4.74%**
R-B1.1 词汇识别	4	0.27%
R-B1.2 词汇通达	64	4.34%
R-B1.3 句法分析	2	0.14%
R-B2. 阅读高级认知过程	**270**	**18.29%**
R-B2.1 推断	17	1.15%

（待续）

（续表）

过程	数量	占比
R-B2.2 构建命题意义	31	2.10%
R-B2.3 构建心理模型	83	5.62%
R-B2.4 创建文本表征	20	1.36%
R-B2.5 语用处理	109	7.38%
R-B2.5.1 解读发件人语气	22	1.49%
R-B2.5.2 解读发件人及收件人的身份及相互关系	74	5.01%
R-B2.5.3 解读沟通规范	5	0.34%
R-B2.5.4 创建沟通场景	8	0.54%
R-B 2.6 预测	10	0.68%
R-C. 无意识或意外阅读	**23**	**1.56%**

附录 2　读写综合沟通任务的写作过程

过程	数量	占比
W-A. 写作元认知活动	**408**	**14.50%**
W-A1. 评估	**408**	**14.50%**
W-A1.1　评估内容	136	4.83%
W-A1.2　评估语言	118	4.19%
W-A1.3　评估修辞	64	2.28%
W-A1.4　评估文本长度	37	1.32%
W-A1.5　避免重复	16	0.57%
W-A1.6　评估时间	2	0.07%
W-A1.7　评估任务完成度	32	1.14%
W-A1.8　考虑任务得分	3	0.11%
W-B. 写作认知活动	**2405**	**85.50%**
W-B1. 计划	**441**	**15.68%**
W-B1.1　计划内容	235	8.35%
W-B1.2　计划语篇结构	35	1.24%
W-B1.3　计划语言	62	2.20%
W-B1.4　计划修辞	94	3.34%
W-B1.5　计划写作顺序	5	0.18%
W-B1.6　计划文章长度	10	0.36%
W-B2. 生成文本	**574**	**20.41%**
W-B3. 修改	**780**	**27.73%**
W-B3.1　修改位置	780	27.73%

（待续）

（续表）

过程	数量	占比
W-B3.1.1　成文前修改	629	22.36%
W-B3.1.2　成文后修改	151	5.37%
W-B3.2　修改目的	780	27.73%
不明确	48	1.71%
W-B3.2.1　内容修改	105	3.73%
W-B3.2.2　修辞修改	80	2.84%
W-B3.2.3　组织修改	24	0.85%
W-B3.2.4　语言修改	157	5.58%
W-B3.2.5　键入错误修改	366	13.01%
W-B3.3　修改单位	780	27.73%
不明确	63	2.24%
W-B3.3.1　单词以下	573	20.37%
W-B3.3.2　句子以下	99	3.52%
W-B3.3.3　句子及以上	45	1.60%
W-B3.4a　修改动作	780	27.73%
不明确	30	1.07%
W-B3.4.1　添加	127	4.51%
W-B3.4.1.1　添加-字母	52	1.85%
W-B3.4.1.2　添加-标点符号	15	0.53%
W-B3.4.1.3　添加-单词及以上	60	2.13%
W-B3.4.2　删除	192	6.83%
W-B3.4.2.1　删除-字母	69	2.45%
W-B3.4.2.2　删除-标点符号	60	2.13%
W-B3.4.2.3　删除-单词及以上	63	2.24%
W-B3.4.3　替换	431	15.32%

（待续）

（续表）

过程	数量	占比
W-B3.4.3.1　替换–字母	250	8.89%
W-B3.4.3.2　替换–标点符号	29	1.03%
W-B3.4.3.3　替换–单词及以上	152	5.40%
W-B4.　与源文交互	**324**	**11.52%**
W-B4.1　提及源文	41	1.46%
W-B4.2　思考源文	26	0.92%
W-B4.3　情感回应源文	12	0.43%
W-B4.4　挖掘源文	166	5.90%
W-B4.4.1　获得语言支持	75	2.67%
W-B4.5.2　获得书面沟通写作风格支持	7	0.25%
W-B4.4.3　获得篇章组织支持	3	0.11%
W-B4.4.4　获得想法或灵感	81	2.88%
W-B4.5　关联写作内容与源文	77	2.74%
W-B4.6　学习源文	2	0.07%
W-B5.　联接	**153**	**5.44%**
W-B5.1　使用体裁及语域知识	26	0.92%
W-B5.2　使用主题知识（商业语境）	61	2.17%
W-B5.3　使用以往写作经历	33	1.17%
W-B5.4　联系以往生活经历	33	1.17%
W-B6.　思考写作任务	**111**	**3.95%**
W-B6.1　分析任务难易程度	8	0.28%
W-B6.2　分析任务要求	94	3.34%
W-B6.3　分析读者	9	0.32%
W-B7.　与生成文本交互	**22**	**0.78%**
W-B7.1　启发文本生成	22	0.78%

附录 3　各时段内过程成对对比结果汇总

初期

	阅读认知过程		写作元认知过程		写作认知过程	
	Mean Difference	*p*	*Mean Difference*	*p*	*Mean Difference*	*p*
阅读元认知过程	0.199	<0.001	0.334	<0.001	−0.078	1.000
阅读认知过程			0.135	<0.001	−0.277	<0.001
写作元认知过程					−0.413	<0.001

中期

	阅读认知过程		写作元认知过程		写作认知过程	
	Mean Difference	*p*	*Mean Difference*	*p*	*Mean Difference*	*p*
阅读元认知过程	0.14	<0.001	0.040	0.052	−0.548	<0.001
阅读认知过程			−0.100	<0.001	−0.688	<0.001
写作元认知过程					−0.588	<0.001

末期

	阅读认知过程		写作元认知过程		写作认知过程	
	Mean Difference	*p*	*Mean Difference*	*p*	*Mean Difference*	*p*
阅读元认知过程	0.204	<0.001	0.019	1	−0.340	<0.001
阅读认知过程			−0.186	<0.001	−0.544	<0.001
写作元认知过程					−0.359	<0.001

附录 4　整体停顿频次及时长成对比较结果

频次占比

	词间或从句间停顿		句间停顿		段间停顿	
	Mean Difference	*p*	*Mean Difference*	*p*	*Mean Difference*	*p*
词内停顿	−51.116	<0.001	−4.244	1.000	2.580	1.000
词间或从句间停顿			46.872	<0.001	53.696	<0.001
句间停顿					16.078	0.751

时长占比

	词间或从句间停顿		句间停顿		段间停顿	
	Mean Difference	*p*	*Mean Difference*	*p*	*Mean Difference*	*p*
词内停顿	−48.176	<0.001	−16.580	0.032	−8.172	0.209
词间或从句间停顿			31.596	0.009	40.004	<0.001
句间停顿					8.408	1.000